经济管理类创新融合精品教材

“互联网+”教育改革新理念教材

中级财务会计

李 松 吴艳杰 李凤琼 主 编

寇 冠 吕杨杨 副主编

中国商业出版社

图书在版编目（CIP）数据

中级财务会计 / 李松，吴艳杰，李凤琼主编.
北京 : 中国商业出版社，2024. 8. -- ISBN 978-7-5208-3021-8

Ⅰ. F234.4

中国国家版本馆 CIP 数据核字第 2024PQ6590 号

责任编辑：滕　耘

中国商业出版社出版发行

（www.zgsycb.com　100053　北京广安门内报国寺1号）

总编室：010-63180647　编辑室：010-83118925

发行部：010-83120835/8286

新华书店经销

唐山唐文印刷有限公司印刷

*

880毫米×1230毫米　16开　16印张　400千字

2024年8月第1版　2024年8月第1次印刷

定价：58.00元

* * * *

（如有印装质量问题可更换）

前 言

本书以《企业会计准则》和其他相关法律法规为依据，以培养中级会计职业岗位实践能力为主线，设计了13章，包括概述，金融资产，货币资金，应收及预付款，存货，长期股权投资，固定资产，无形资产及投资性房地产，流动负债，长期负债，所有者权益，收入、费用和利润，财务报表。

本书满足“以就业为导向，以能力为本位”的原则，每章由“学习要点”栏目引出学习内容，使学生能够有的放矢；每章中穿插了实际案例，将复杂的学习内容形象化、具体化，具有较强的实用性和可操作性；为了提高学生的分析能力与操作技能，每章后安排了习题，力求缩小理论学习与实践操作之间的差距。总的来说，本书内容丰富、体例新颖，并注重讲练结合，具有较强的实用性和可操作性，使教师易教、学生易学。

编者在编写本书的过程中参考了大量相关教材及网络资料，在此向所有作者表示衷心的感谢。鉴于编者水平有限和时间仓促，书中不足之处在所难免，恳请广大读者批评指正。

目　录

第一章

概　述

学习要点

1. 财务会计的含义与企业会计准则体系。
2. 会计的基本假设与会计基础。
3. 会计信息质量要求。
4. 会计要素的确认与计量。

第一节 财务会计的基本概念

一、财务会计的含义及其作用

财务会计又称对外报告会计，其主要目的是依据公认会计准则，对企业发生的会计事项进行确认、计量、记录和报告，向企业外部的信息使用者（如投资者、债权人、政府部门、公众等）定期提供反映企业财务状况、经营成果和现金流量等状况的信息，以满足其决策需要以及反映企业管理层受托责任履行情况。其在社会主义市场经济中的作用主要体现在以下三个方面。

第一，财务会计有助于会计信息使用者作出合理决策。

第二，财务会计有助于考核企业领导人经济责任的履行情况。

第三，财务会计有助于企业加强经营管理、提高经济效益，促进企业可持续发展。

二、企业会计准则体系

我国的企业会计准则作为法规体系的组成部分，具有强制性的特点，要求企业必须执行，是财务会计的重要规范。

我国企业会计准则体系由基本准则、具体准则、会计准则应用指南和解释公告组成。其中，基本准则在整个企业会计准则体系中扮演着概念框架的角色，规范了包括财务报告目标、会计基本假设、会计信息质量要求、会计要素的定义及其确认计量原则、财务报告等在内的基本问题，是制定具体准则的基础，对各项具体准则的制定起着统驭作用，可以确保各具体准则的内在一致性。同时，它也为会计实务中出现的具体准则尚未规范的新问题提供了会计处理依据，从而确保了企业会计准则体系对所有会计实务问题的规范作用。

具体准则是在基本准则的基础上，对各类企业各项经济交易或者事项进行会计处理的规范。具体准则分为一般业务准则、特殊业务准则和报告类准则，主要规范了各项具体业务事项的确认、计量和报告。

会计准则应用指南对具体准则的一些重点、难点问题作出了操作性规定。

解释公告是随着企业会计准则的贯彻实施，就实务中遇到的实施问题而对准则作出的具体解释。

三、财务会计的目标

财务会计的目标也就是财务报告的目标，在整个财务会计系统和企业会计准则体系中具有十分重要的地位，是构建会计要素确认、计量和报告原则并制定各项准则的基本出发点。

(1) 财务会计及其报告应当为现实和潜在的投资者、信贷者和其他会计信息用户提供有用的信息，以便他们作出合理的投资、信贷和其他类似的决策。

(2) 财务会计及其报告应当为现实和潜在的投资者、信贷者和其他会计信息用户提供有用的信息，以便他们能够合理地估量有关企业期望的净现金流入量的数额、时间和不确定性，包括与股利、利息、证券买卖、借款取得与偿还等有关的现金流动信息。

(3) 财务会计及其报告还应当为会计信息的使用者提供以下信息：关于企业的经济资源、这些资源上的索取权（包括债权和股东权益）以及引起这些资源和对资源索取权发生变动的各种交易、事项和情况的信息。这类信息由企业的经济资源、债务和股东权益，企业的收益和业绩，企业的变现能力、偿债能力和资金周转，管理当局的受托责任和业绩，管理方面的说明和解释等内容构成。

综上所述，财务会计的目标是提供对会计信息的使用者进行经济决策有用的财务及其他经济信息，这些信息主要包括某一主体在某一时日的财务状况、某一时期的经营成果和现金流动的原因及结果，以及重要的理财事项。

第二节 会计的基本假设和会计基础

一、会计的基本假设

会计的基本假设是企业会计确认、计量和报告的前提，是对会计核算所处时间、空间环境等所做的合理设定。

会计的基本假设包括会计主体、持续经营、会计分期、货币计量。

1. 会计主体

会计主体是指企业会计确认、计量和报告的空间范围，是会计工作为其服务的特定单位或组织。

2. 持续经营

持续经营是指在可以预见的将来，企业将会按照当前的规模和状态继续经营下去，不会停业，也不会大规模削减业务。在持续经营的前提下，会计确认、计量和报告应当以企业持续、正常的生产经营活动为前提，这是对企业会计核算时间范围的界定。

3. 会计分期

会计分期是指将企业持续不断的生产经营活动划分为一个个连续的、长短相同的期间。会计分期的目的，在于通过会计期间的划分将持续进行的生产经营活动划分为连续、相等的期间，据以结算盈亏，按期编制财务报告，从而及时向财务报告使用者提供有关企业财务状况、经营成果和现金流量的会计信息。

4. 货币计量

货币计量是指会计主体在财务会计确认、计量和报告时以货币计量，反映会计主体的生产经营活动。

二、会计基础

企业会计的确认、计量和报告应当以权责发生制为基础。权责发生制是指收入和费用的确认应当以收入和费用的实际发生与影响作为确认和计量的标准。以权责发生制为基础要求，凡是当期已经实现的收入和已经发生或应负担的费用，不论款项是否收付，都应当作为当期的收入和费用，计入利润表；凡是不属于当期的收入和费用，即使款项已经在当期收付，也不应当作为当期的收入和费用。

收付实现制是与权责发生制相对应的一种会计基础，它是以收到或支付现金作为确认收入和费用的依据。目前，我国的行政单位会计采用收付实现制；事业单位会计除经营业务可以采用权责发生制外，其他大部分业务采用收付实现制。

第三节 会计信息的质量要求

为了实现财务会计报告的目标，保证会计信息的质量，必须明确会计信息的质量要求。会计信息的质量要求是财务会计报告所提供的信息应达到的基本要求，是使财务会计报告中所提供的会计信息对投资者等使用者决策有用应具备的基本特征，会计信息的质量要求的内容主要包括可靠性、相关性、可理解性、可比性、实质重于形式、重要性、谨慎性和及时性等，其中，可靠性、相关性、可理解性、可比性是会计信息的首要质量要求，是财务报告中所提供的会计信息应具备的基本质量特征；实质重于形式、重要性、谨慎性和及时性是会计信息的次级质量要求，是对首要质量要求的补充和完善，尤其是对某些特殊交易或者事项进行处理时，需要根据这些质量要求来把握其会计处理原则。

一、可靠性

可靠性要求企业应当以实际发生的交易或者事项为依据进行会计确认、计量和报告，如实反映符合确认和计量要求的各项会计要素及其他相关会计信息，保证会计信息真实可靠、内容完整。

二、相关性

相关性要求企业提供的会计信息应当与投资者等财务报告使用者的经济决策需要相关，有助于财务报告使用者对企业过去、现在或者未来的情况作出评价或者预测。

三、可理解性

可理解性要求企业提供的会计信息应当清晰明了，便于投资者等财务报告使用者理解和使用。

四、可比性

可比性要求企业提供的会计信息应当相互可比，主要包括以下两层含义。

（1）同一企业不同时期可比。

（2）不同企业相同会计期间可比。

五、实质重于形式

实质重于形式要求企业应当按照交易或事项的经济实质进行会计确认、计量和报告，而不应仅仅以交易和事项的法律形式为依据。

六、重要性

重要性要求企业提供的会计信息应当反映与企业财务状况、经营成果和现金流量等有关的所有重要交易或事项。

七、谨慎性

谨慎性要求企业对交易和事项进行会计确认、计量和报告时，应当保持应有的谨慎，不应高估资产或收益、低估负债或费用。

八、及时性

及时性要求企业对已经发生的交易或者事项，应当及时进行会计确认、计量和报告，不得提前或延后。

第四节　会计要素的分类、计量属性及应用原则

会计要素是根据交易或者事项的经济特征所确定的财务会计对象的基本分类。会计要素按照其性质分为资产、负债、所有者权益、收入、费用和利润。其中，资产、负债、所有者权益要素侧重于反映企业的财务状况，收入、费用和利润要素侧重于反映企业的经营成果。会计要素的界定和分类可使财务会计系统更加科学、严密，为投资者等财务报告使用者提供更加有用的信息。

一、会计要素的分类

1. 资产

(1) 资产的含义及其特征。

资产是指企业过去的交易或事项形成的、由企业拥有或者控制的、预期会给企业带来经济利益的资源。它具有以下几个特征。

①资产预期会给企业带来经济利益。

②资产是由企业拥有或者控制的经济资源。

③资产是由企业过去的交易或者事项形成的。

(2) 资产的分类。

资产可以按照不同的标准进行分类，比较常见的是按照流动性进行分类。按照流动性对资产进行分类，可以分为流动资产和非流动资产。通常情况下，流动资产主要包括现金、银行存款、短期投资、应收及预付款项、存货等，非流动资产主要包括长期股权投资、固定资产、无形资产等。

(3) 资产的确认条件。

将一项资源确认为资产，首先应当符合资产的定义。除此之外，资产还应当同时满足以下两个条件。

①与该资源有关的经济利益很可能流入企业。

②该资源的成本或者价值能够可靠地计量。

2. 负债

（1）负债的含义及其特征。

负债是指企业过去的交易或事项形成的、预期会导致经济利益流出企业的现时义务。它具有以下几个特征。

①负债是企业承担的现时义务。负债必须是企业承担的现时义务，它是负债的一个基本特征。现时义务是指企业在现行条件下已承担的义务。未来发生的交易或事项形成的义务，不属于现时义务，不应当确认为负债。

②负债的清偿预期会导致经济利益流出企业。

③负债是由过去的交易或事项形成的。

（2）负债的分类。

负债按照流动性可以分为流动负债和非流动负债。通常情况下，流动负债主要包括短期借款、应付票据、应付账款、预收账款、应付职工薪酬、应付股利、应付税费、其他暂收应付款项和一年内到期的长期负债等，非流动负债包括长期借款、应付债券、长期应付款等。

（3）负债的确认条件。

将一项现时义务确认为负债，首先应当符合负债的定义。除此之外，还应当同时满足以下两个条件。

①与该义务有关的经济利益很可能流出企业。

②未来流出的经济利益的金额能够可靠地计量。

3. 所有者权益

（1）所有者权益的含义。

所有者权益是指资产扣除负债后，由所有者享有的剩余权益。公司的所有者权益又称股东权益。所有者权益是所有者对企业资产的剩余索取权，是企业资产扣除了债权人权益后应由所有者享有的部分。

（2）所有者权益的来源和构成。

所有者权益按其来源主要包括所有者投入的资本、直接计入所有者权益的利得和损失、留存收益等。通常由实收资本（或股本）、资本公积、盈余公积和未分配利润构成。

留存收益是企业历年实现的净利润留存企业的部分，主要包括累计计提的盈余公积和未分配利润。

（3）所有者权益的确认条件。

由于所有者权益体现的是所有者在企业中的剩余权益，因此，所有者权益的确认主要依赖于其他会计要素，尤其是资产和负债的确认；所有者权益的金额的确定也主要取决于资产和负债的计量。例如，企业接受所有者投入的资产，在该资产符合企业资产确认条件时，也符合了所有者权益的确认条件；当该资产的价值能够可靠计量时，所有者权益的金额也就可以确定。

4. 收入

（1）收入的含义及其特征。

收入是指企业在日常活动中所形成的、会导致所有者权益增加的、与所有者投入资本无关的经济利益的总流入。它具有以下几个特征。

①收入是企业在日常活动中形成的。

②收入是与所有者投入资本无关的经济利益的总流入，收入会引起经济利益的流入，从而引起资产的增加。

③收入最终会引起所有者权益增加，与收入相关的经济利益的流入最终会引起所有者权益增加，不会引起所有者权益增加的经济利益的流入不符合收入定义，不应确认为收入。

(2) 收入的分类。

按照收入的来源可以将其分为三类：一是销售商品取得的收入，二是提供劳务取得的收入，三是让渡资产使用权取得的收入。让渡资产使用权主要表现为对外贷款、对外投资或者对外出租等。

按照日常活动在企业所处的地位，收入可分为主营业务收入和其他业务收入。

(3) 收入的确认。

收入的确认除了应当符合收入的定义外，还应当满足严格的确认条件。收入只有在经济利益很可能流入，从而引起企业资产增加或者负债减少，且经济利益的流入金额能够可靠计量时才能予以确认。

5. 费用

(1) 费用的含义及其特征。

费用是指企业在日常活动中所发生的、会导致所有者权益减少的、与向所有者分配利润无关的经济利益的总流出。它具有以下几个特征。

①费用是企业在日常活动中发生的。

②费用是与向所有者分配利润无关的经济利益的总流出。

③费用会导致所有者权益减少。

(2) 费用的分类。

按照费用与收入的关系，费用可以分为营业成本和期间费用。营业成本按照其在企业日常活动中所处的地位可以分为主营业务成本和其他业务成本。期间费用包括管理费用、销售费用和财务费用。

(3) 费用的确认。

费用的确认除了应当符合费用的定义外，还应当满足严格的确认条件，即费用只有在经济利益很可能流出，从而导致资产减少或者负债增加，且经济利益的流出金额能够可靠计量时才能予以确认。

6. 利润

(1) 利润的含义。

利润是指企业在一定会计期间的经营成果。通常情况下，如果企业实现了利润，表明企业的所有者权益将会增加，业绩得到了提升；反之，如果企业出现了亏损，那么表明企业的所有者权益将会减少，业绩下滑。

(2) 利润的构成。

利润包括收入减去费用后的净额、直接计入当期利润的利得和损失等。收入减去费用后的净额反映的是企业日常活动的业绩，直接计入当期利润的利得和损失反映的是企业非日常活动的业绩。

(3) 利润的确认。

利润的确认主要依赖于收入和费用以及利得和损失的确认，其金额的确定也主要取决于收入、费用、利得、损失金额的计量。

二、会计要素的计量属性及应用原则

1. 会计要素的计量属性

会计计量是为了将符合确认条件的会计要素登记入账并列报于财务报表而确定其金额的过程。企业应当按照规定的计量属性进行计量，确定相关金额。计量属性是指所予计量的某一要素的特性方面，如绳子的长度、矿石的重量、楼房的面积等。从会计角度看，计量属性反映的是会计要素金额的确定基础。根据基本准则的规定，会计计量属性主要有历史成本、重置成本、可变现净值、现值和公允价值等。

(1) 历史成本。

历史成本又称实际成本，是指取得和制造某项财产物资时所实际支付的现金或其他等价物金额。

(2) 重置成本。

重置成本又称现行成本，是指按照当前市场条件，重新取得同样一项资产所需支付的现金或现金等价物金额。

(3) 可变现净值。

可变现净值是指在正常生产经营过程中，以预计售价减去进一步加工成本和预计销售费用以及相关税费后的净值。

(4) 现值。

现值是指对未来现金流量以恰当的折现率进行折现后的净值。在现值计量下，资产按照预计从其持续使用和最终处置中所产生的未来净现金流入量的折现金额计量，负债按照预计期限内需要偿还的未来净现金流出量的折现金额计量。

(5) 公允价值。

公允价值是指在公平交易中，熟悉情况的双方自愿进行资产交换或者债务清偿的金额。在公允价值计量下，资产和负债按照在公平交易中，熟悉情况的交易双方自愿进行资产交换或者债务清偿的金额计量。

2. 计量属性的应用原则

会计计量属性虽然包括历史成本、重置成本、可变现净值、现值和公允价值等，但是企业在对会计要素进行计量时，应当严格按照规定选择相应的计量属性。《企业会计准则——基本准则》规定，企业在对会计要素进行计量时，一般情况下，应当采用历史成本。采用重置成本、可变现净值、现值、公允价值计量的，应当保证所确定的会计要素金额能够取得并可靠计量。

在某些情况下，如果仅以历史成本作为计量属性，可能难以达到会计信息质量的要求，不利于实现财务报告目标。为了保证会计信息的有用性，有必要采用其他计量属性进行会计计量，以弥补历史成本计量属性的缺陷。鉴于应用其他计量属性往往需要依赖估计，《企业会计准则》要求，企业应当保证根据其他计量属性确定的会计要素金额能够取得并可靠计量；如果这些金额无法取得或者无法可靠计量，则不允许采用其他计量属性。

本章习题

1. 什么是财务会计？它的作用是什么？
2. 会计的基本假设包括哪些？
3. 会计信息的质量要求都有哪些？
4. 会计计量属性包括哪些？应遵循什么样的应用原则？

第二章

金融资产

学习要点

1. 金融资产的含义与分类。
2. 交易性金融资产的概念与核算。
3. 债权投资的概念与核算。
4. 其他债权投资的概念与核算。
5. 其他权益工具投资的概念与核算。
6. 金融资产之间重分类的核算。

第一节 认识金融资产

一、金融资产的定义

金融资产是指企业持有的现金、其他方的权益工具以及符合下列条件之一的资产。

(1) 从其他方收取现金或其他金融资产的权利。例如，企业的银行存款、应收账款、应收票据等均属于金融资产。

(2) 在潜在有利条件下，与其他方交换金融资产或金融负债的合同权利。例如，企业购入的看涨期权或看跌期权等。

(3) 将来须用或可用企业自身权益工具进行结算的非衍生工具合同，且企业根据该合同将收到可变数量的自身权益工具。

(4) 将来须用或可用企业自身权益工具进行结算的衍生工具合同，但以固定数量的自身权益工具交换固定金额的现金或其他金融资产的衍生工具合同除外。

二、金融资产的分类

金融资产可以从不同的角度分类，但最基本的分类是按经济内容分类，如分为货币资金、应收票据、应收账款、其他应收款、股权投资、债权投资等。我国《企业会计准则22号——金融工具确认与计量》规定，企业应根据其管理金融资产的业务模式和金融资产的合同现金流量特征，从金融资产后续计量的角度，将金融资产分为以下三类。

(1) 以摊余成本计量的金融资产。

(2) 以公允价值计量且其变动计入其他综合收益的金融资产。

(3) 以公允价值计量且其变动计入当期损益的金融资产。

对金融资产的分类一经确定，不得随意变更。

1. 企业管理金融资产的业务模式

企业管理金融资产的业务模式是指企业如何管理其金融资产以产生现金流量。业务模式决定企业所管理金融资产现金流量的来源是收取合同现金流量、出售金融资产，还是两者兼有。例如，企业持有一组以收取合同现金流量为目标的投资组合，同时还持有另一组既以收取合同现金流量为目标又以出售该金融资产为目标的投资组合。所以，企业管理金融资产的业务模式，应当以企业关键管理人员决定的对金融资产进行管理的特定业务目标为基础确定。企业确定管理金融资产的业务模式，应当以客观事实为依据，不得以按照合理预期不会发生的情形为基础确定。

2. 金融资产的合同现金流量特征

金融资产的合同现金流量特征是指金融工具合同约定的、反映相关金融资产经济特征的现金流量属性。企业分类以摊余成本计量的金融资产、以公允价值计量且其变动计入其他综合收益的金融资产，其合同现金流量特征应当与基本借贷安排相一致，即相关金融资产在特定日期产生的合同现金流量仅为本金和以未偿付本金金额为基础的利息支付。

第二节　以公允价值计量且其变动计入当期损益的金融资产

一、交易性金融资产概述

以公允价值计量且其变动计入当期损益的金融资产，是指以摊余成本计量的金融资产和以公允价值计量且其变动计入其他综合收益的金融资产以外的金融资产。企业取得该金融资产，主要是为了近期内出售，如企业以赚取差价为目的从二级市场购入的股票、债券、基金等。其特征是指企业能够随时变现，以获取证券交易差价。本书在此仅就购入方式形成的交易性金融资产的会计处理进行说明。

交易性金融资产是指企业为了近期内出售而持有的金融资产。交易性金融资产是企业为了利用闲置资金，在近期（1 年）内以赚取价差为目的购入的股票、债券、基金和权证等。

交易性金融资产是以进行交易为目的而持有的，应当按照公允价值计量，且在持有期间发生的公允价值变动应直接计入当期损益。为了集中反映企业各种交易性金融资产的公允价值，以使会计报表信息使用者了解和掌握企业交易性金融资产的现有规模，各种交易性金融资产应通过“交易性金融资产”账户核算，并按交易性金融资产的种类和品种（如股票、债券、基金、权证等），分别按“成本”和“公允价值变动”设置明细账进行明细核算。

二、交易性金融资产的核算内容

1. 交易性金融资产的取得

交易性金融资产的取得以购入方式为主，有时也可能以非货币性资产交换、债务重组、投资者投入等方式取得。本书在此仅以交易性股票、债券的购入为主说明交易性金融资产的会计处理原则和方法。

为了反映交易性金融资产的现值及其预计带来的收益情况，交易性金融资产应以公允价值反映，并详细记录每一个交易性金融资产的成本及其公允价值变动。

交易性金融资产以公允价值购入，其入账成本就是该交易性金融资产的购买价格。购买交易性金融资产时，还需要支付交易费用（如印花税、手续费、佣金等）。对于支付的交易费用，《企业会计准则》规定将其作为投资费用处理，直接借记“投资收益”账户，不再将其计入投资成本。

在会计处理上，购入交易性金融资产时，按其买价记入“交易性金融资产——成本”账户，支付的交易费用，记入“投资收益”账户。

需要注意的是，交易性金融资产的买价中包括的已宣告但未发放的股利或已到付息期尚未领取的债券利息，应进行专门记录，并通过“应收股利”或“应收利息”账户反映。

【例 2-1】　宏达集团有限公司 4 月 5 日从股票市场购入 A 公司股票 20 000 股，每股购买价格

10 元，另支付交易手续费等 500 元，款项以存入证券公司的投资款支付。

其会计处理如下：

借：交易性金融资产——成本　200 000
　　投资收益　500
　　贷：其他货币资金——存出投资款　200 500

【例 2-2】　宏达集团有限公司 5 月 10 日从证券市场购入 B 公司债券支付价款 500 000 元，以进行交易为目的，不准备持有到期。购买价中包含已到付息期但尚未领取的债券利息 5 000 元。购买该债券另支付交易费用 200 元。款项以银行存款支付。

其会计处理如下：

借：交易性金融资产——成本　500 000
　　应收利息　5 000
　　投资收益　200
　　贷：银行存款　505 200

2. 交易性金融资产持有期间收到的股利、利息

交易性金融资产在持有期间可以凭持有的交易性金融资产依法获得相关的股利或债券利息收入。

在会计处理上，交易性金融资产持有期间被投资单位宣告发放的现金股利，或在资产负债表日按分期付息、一次还本债券的票面利率计算的利息，应作为交易性金融资产持有期间实际实现的投资收益，借记“应收股利”或“应收利息”账户，贷记“投资收益”账户。

实际收到股利或债券利息时，借记“银行存款”“其他货币资金”等账户，贷记“应收股利”“应收利息”账户。

【例 2-3】　承例 2-1，4 月 30 日，A 公司宣告分配现金股利每股 0.1 元。

其会计处理如下：

借：应收股利　2 000
　　贷：投资收益　2 000

【例 2-4】　承例 2-2，5 月 31 日，宏达集团有限公司收到 B 公司分来的债券利息 5 000 元，由于宏达集团有限公司在购入该债券时已将此利息记入“应收利息”账户，则其所做的会计处理应为：

借：银行存款　5 000
　　贷：应收利息　5 000

3. 交易性金融资产的期末计价

交易性金融资产以获取价差为目的。为了使交易性金融资产能够反映预计给企业带来的经济利益以及交易性金融资产预计获得价差的能力，在资产负债表日，应按当日各项交易性金融资产的公允价值对其账面价值进行调整。

交易性金融资产账面价值＝交易性金融资产（成本）
　　　　＋交易性金融资产（公允价值变动借方余额）
或　　　　－交易性金融资产（公允价值变动贷方余额）

资产负债表日，交易性金融资产公允价值高于其原有账面价值的差额的，应增加交易性金融资产的账面价值，并确认为公允价值变动收益；交易性金融资产公允价值低于其原有账面价值的差额的，应减少交易性金融资产的账面价值，并确认为公允价值变动损失。即当交易性金融资产公允价值高于其账面价值时，应按其差额借记“交易性金融资产——公允价值变动”账户，贷记“公允价值变动损益”；当交易性金融资产公允价值低于其账面价值时，应按其差额作相反分录。

【例 2-5】　承例 2-1，宏达集团有限公司 12 月 31 日记录的持有 A 公司 20 000 股股票的账面价值：“交易性金融资产——成本”账户（借方余额）200 000 元。

12 月 31 日，该股票当日收盘价为每股 9 元，当日的公允价值为 180 000 元，应调低该股票账面价值 20 000 元。

其会计处理如下：

借：公允价值变动损益　　20 000

　　贷：交易性金融资产——公允价值变动　　20 000

【例 2-6】　承例 2-2，宏达集团有限公司 12 月 31 日记录的持有 B 公司债券的账面价值：“交易性金融资产——成本”账户（借方余额）500 000 元。

12 月 31 日，若该债券的公允价值为 503 000 元，应调增该债券账面价值 3 000 元。

其会计处理如下：

借：交易性金融资产——公允价值变动　　3 000

　　贷：公允价值变动损益　　3 000

4. 交易性金融资产的出售

交易性金融资产出售时，其损益已经实现。实现的损益应通过“投资收益”账户反映。

交易性金融资产出售所实现的损益由两部分构成：①出售该交易性金融资产时的出售收入与其账面价值的差额；②原来已经作为公允价值变动损益入账的金额。

交易性金融资产出售后，出售收入与其账面价值的差额以及原来已经作为公允价值变动损益入账的金额，均应作为投资收益入账，以集中反映出售该交易性金融资产实际实现的损益。如果交易性金融资产是部分出售的，无论是其账面价值，还是原来已经计入公允价值变动损益的金额，均应按出售的交易性金融资产占该交易性金融资产的比例计算。

出售交易性金融资产时，按实际收到的金额借记“银行存款”“其他货币资金”等账户；按出售交易性金融资产的成本贷记“交易性金融资产——成本”账户；按该项交易性金融资产的公允价值变动借记（原来记录的公允价值变动贷方余额）或贷记（原来记录的公允价值变动借方余额）“交易性金融资产——公允价值变动”账户；按两者的差额借记或贷记“投资收益”账户。

出售交易性金融资产时，应同时将出售的交易性金融资产的公允价值变动损益转为投资收益，借记“公允价值变动损益”账户，贷记“投资收益”账户；或者借记“投资收益”账户，贷记“公允价值变动损益”账户。

【例 2-7】　承例 2-5，宏达集团有限公司持有的交易性金融资产（A 公司股票）次年 1 月 31 日账户内反映的数据如下：

借：交易性金融资产——成本　　200 000

　　贷：交易性金融资产——公允价值变动　　200 000

假设宏达集团有限公司当日将该交易性金融资产出售，出售收入为205 000元，款项存入银行。

其会计处理如下：

借：银行存款　　205 000
　　交易性金融资产——公允价值变动　　20 000
　　贷：交易性金融资产——成本　　200 000
　　　　投资收益　　25 000

同时，将原来作为公允价值变动损益的金额作为已实现损益调整入账，即原来全额借记“公允价值变动损益”账户20 000元中，现已经实现，应转为“投资收益”账户。

其会计处理如下：

借：投资收益　　20 000
　　贷：公允价值变动损益　　20 000

以上两笔分录反映了出售该交易性金融资产实际实现投资收益5 000元，即该交易性金融资产购买成本为200 000元，出售收入为205 000元，因此实际实现投资收益5 000元。在会计处理上，该投资收益由两部分构成：一是出售交易性金融资产售价高于账面价值的差额25 000元（205 000－180 000），二是原来已经作为公允价值变动损益反映的本期已实现损失20 000元。

如果将上述两笔分录合并为一笔分录，则应为：

借：银行存款　　205 000
　　交易性金融资产——公允价值变动　　20 000
　　贷：交易性金融资产——成本　　200 000
　　　　公允价值变动损益　　20 000
　　　　投资收益　　5 000

从上面的分录，我们可以看出宏达集团有限公司将此交易性金融资产出售所实现的实际投资收益为5 000元，就是其出售收入205 000元与购入成本20 000元的差额。

【例2-8】　承例2-6，宏达集团有限公司持有的交易性金融资产（B公司债券）次年1月31日账户内反映的数据如下：

借：交易性金融资产——成本　　500 000
　　贷：交易性金融资产——公允价值变动　　500 000

假设宏达集团有限公司当日将该交易性金融资产全部出售，出售收入为510 000元，款项存入银行。

其会计处理如下：

借：银行存款　　510 000
　　贷：交易性金融资产——成本　　500 000
　　　　交易性金融资产——公允价值变动　　3 000
　　　　投资收益　　7 000

同时，将原来作为公允价值变动损益的金额作为已实现损益调整入账，即原来全额贷记“公允价值变动损益”账户3 000元，现已经全部实现，应转为“投资收益”账户。

其会计处理如下：

借：公允价值变动损益　　3 000

贷：投资收益　　3 000

以上两笔分录反映了出售该交易性金融资产实际实现投资收益 10 000 元，即该交易性金融资产购买成本为 500 000 元，出售 100%的成本为 500 000 元，出售收入为 510 000 元，因此实际实现投资收益 10 000 元。在会计处理上，该投资收益由两部分构成：一是出售交易性金融资产售价高于账面价值的差额 7 000 元（510 000－503 000）；二是原来已经作为公允价值变动损益反映的本期已实现收益 3 000 元。

如果将上述两笔分录合并为一笔分录，则应为：

借：银行存款　　510 000

公允价值变动损益　　3 000

贷：交易性金融资产——成本　　500 000

交易性金融资产——公允价值变动　　3 000

投资收益　　10 000

从上面的分录，我们可以看出宏达集团有限公司将此交易性金融资产出售所实现的实际投资收益为 10 000 元，就是其出售收入 510 000 元与购入成本 500 000 元的差额。

值得说明的是，交易性金融资产有关的“公允价值变动损益”和“投资收益”两个账户均属于损益类账户，期末均会计入利润表（营业利润）。在出售交易性金融资产时，“公允价值变动损益”和“投资收益”账户的结转分录，是不影响企业营业利润的。但是“公允价值变动损益”账户反映的是待实现的损益，而“投资收益”账户反映的是已实现的损益。

三、交易性金融资产的披露

交易性金融资产属于企业的流动资产，在资产负债表中列示为流动资产的项目，排在货币资金项目之后。资产负债表中列示的交易性金融资产反映的是它在资产负债表日的公允价值。

第三节　以摊余成本计量的金融资产

一、债权投资概述

以摊余成本计量的金融资产主要是债权投资。债权投资是指企业业务管理模式为以特定日期收取合同现金流量为目的的金融资产，具体指企业购入的到期日固定、回收金额固定或可确定，且有明确意图和能力持有至到期的各种债券投资。从企业管理金融资产的业务模式看，由于管理者的意图是持有至到期，不准备随时出售，其特征是收取合同现金流量，即在到期日收取合同现金流量仅为本金和以未偿付本金金额为基础的利息。

二、债权投资的取得

企业取得的债权投资，按债券的面值，借记“债权投资——成本”账户，支付价款中包含已到付息期但尚未领取的利息，应借记“应收利息”账户；按实际支付的金额，贷记“银行存款”等账户；按其差额，借记或贷记“债权投资——利息调整”账户。

债权投资取得时发生的利息调整实际上是企业债权投资取得时所发生的溢折价。

【例 2-9】 2022 年 1 月 1 日，宏达集团有限公司购入顺兴股份有限公司发行 3 年期债券，准备持有至到期，该债券每年付息一次，到期还本金。该债券面值 100 000 元，票面年利率为 5%。

其会计处理如下：

(1) 若实际支付价款为 100 000 元。

借：债权投资——成本	100 000	
贷：银行存款		100 000

(2) 若实际支付价款为 105 000 元。

借：债权投资——成本	100 000	
——利息调整	5 000	
贷：银行存款		105 000

(3) 若实际支付价款为 99 000 元。

借：债权投资——成本	100 000	
贷：银行存款		99 000
债权投资——利息调整		1 000

三、债权投资投资收益的确定

企业购入债券时发生的溢价，实际是企业预先垫付将来各期以较高利率多得利息的代价；企业购入债券发生的折价，实际是企业预先取得的以后各期少得利息的补偿。

债券的溢折价应在持有期内分期摊销，调整各期的实际利息收入，即以当期的票面应计利息减去当期应分摊的溢价额或加上当期应分摊的折价额作为当期利息收入。

对债权投资的溢折价摊销，企业应采用实际利率法。

实际利率法是指按照债权投资的实际利率，计算摊余成本及各期利息收入或利息费用的方法。

实际利率是指将债权投资在预期存续期间或适用的更短期间内的未来现金流量，折现为该债权投资当前账面价值所使用的利率。

在实际利率法下，债权投资各期投资收益计算的基本公式如下：

投资收益＝期初摊余成本×实际利率

资产负债表日，债权投资为分期付息、一次还本债券投资的，应按票面利率计算确定的应收未收利息，借记“应收利息”账户；按债权投资摊余成本和实际利率计算确定的利息收入，贷记“投资收益”账户；按其差额，借记或贷记“债权投资——利息调整”账户。收到分期付息、一次还本债权投资持有期间支付的利息，借记“银行存款”等账户，贷记“应收利息”账户。

债权投资为一次还本付息债券投资的，应于资产负债表日按票面利率计算确定的应收未收利息，借记“债权投资——应计利息”账户；按债权投资摊余成本和实际利率计算确定的利息收入，贷记“投资收益”账户；按其差额，借记或贷记“债权投资——利息调整”账户。

【例 2-10】 承例 2-9，若购入价格为 105 000 元，则该债券实际利率为 3.22%，采用实际利率法进行摊销，计算宏达集团有限公司各期应确认的投资收益、溢价摊销额。

采用实际利率法计算的各期利息调整额如表 2-1 所示。

表 2-1　债权投资溢价摊销额计算

单位：元

计息日期	应收利息①	投资收益②＝上期④×3.22％	溢价摊销额③＝①－②	摊余成本④＝上期余额＋②－①
2022 年 1 月 1 日	—	—	—	105 000
2022 年 12 月 31 日	5 000	3 381	1 619	103 381
2023 年 12 月 31 日	5 000	3 329	1 671	101 710
2024 年 12 月 31 日	5 000	3 290	1 710	100 000

注：最后一年的溢价摊销额采用倒挤方法确定。

根据表 2-1 计算结果，各年年末应编制的会计分录如下：

（1）2022 年 12 月 31 日，确定投资收益。

借：应收利息　　5 000
　　贷：投资收益　　3 381
　　　　债权投资——利息调整　　1 619

收到利息。

借：银行存款　　5 000
　　贷：应收利息　　5 000

（2）2023 年 12 月 31 日，确定投资收益。

借：应收利息　　5 000
　　贷：投资收益　　3 329
　　　　债权投资——利息调整　　1 671

收到利息。

借：银行存款　　5 000
　　贷：应收利息　　5 000

（3）2024 年 12 月 31 日，确定投资收益。

借：应收利息　　5 000
　　贷：投资收益　　3 290
　　　　债权投资——利息调整　　1 710

收到利息。

借：银行存款　　5 000
　　贷：应收利息　　5 000

四、债权投资的到期兑现

债权投资为分期付息、一次还本债券投资的，到期兑现时，借记“银行存款”账户，贷记“债权投资——成本”“应收利息”（最后一期利息）账户；债权投资为到期一次还本付息债券投资的，到期兑现时，借记“银行存款”账户，贷记“持有至到期投资——成本”“债权投资——应计利息”账户。

【例 2-11】　承例 2-9，债券到期时的会计分录如下：

借：银行存款　　100 000
　　贷：债权投资——成本　　100 000

【例 2-12】 2022 年 1 月 1 日，宏达集团有限公司支付价款 1 000 元（含交易费用）购入某公司当日发行 5 年期债券，面值 1 250 元，票面利率 4.72%，到期一次还本付息，实际利率 9.05%。采用实际利率法进行摊销，计算宏达集团有限公司各期应确认的投资收益、折价摊销金额，做出从购入债券到债券到期收回时的会计分录。

采用实际利率法计算的各期利息调整额如表 2-2 所示。

表 2-2 债权投资折价摊销额计算

单位：元

计息日期	现金流入①	投资收益②＝上期⑤×9.05%	应计利息③	折价摊销额④＝②－③	摊余成本⑤＝上期余额＋②－①
2022 年 1 月 1 日	—	—	—	—	1 000
2022 年 12 月 31 日	0	90.50	59	31.50	1 090.50
2023 年 12 月 31 日	0	98.69	59	39.69	1 189.19
2024 年 12 月 31 日	0	107.62	59	48.62	1 296.81
2025 年 12 月 31 日	0	117.36	59	58.36	1 414.17
2026 年 12 月 31 日	1 250＋295	130.83	59	71.83	0

注：最后一年数据采用倒挤方法确定。

（1）2022 年 1 月 1 日，购入债券。

借：债权投资——成本　　1 250

　　贷：银行存款　　1 000

　　　　债权投资——利息调整　　250

（2）2022 年 12 月 31 日，确认实际利息收入。

借：债权投资——应计利息　　59

　　　　　　——利息调整　　31.50

　　贷：投资收益　　90.50

（3）2023 年 12 月 31 日，确认实际利息收入。

借：债权投资——应计利息　　59

　　　　　　——利息调整　　39.69

　　贷：投资收益　　98.69

（4）2024 年 12 月 31 日，确认实际利息收入。

借：债权投资——应计利息　　59

　　　　　　——利息调整　　48.62

　　贷：投资收益　　107.62

（5）2025 年 12 月 31 日，确认实际利息收入。

借：债权投资——应计利息　　59

　　　　　　——利息调整　　58.36

　　贷：投资收益　　117.36

（6）2026 年 12 月 31 日，确认实际利息收入。

借：债权投资——应计利息　59
　　　　　　——利息调整　71.83
　　贷：投资收益　130.83

（7）2027 年 1 月 1 日，债券到期承兑，收到本金和名义利息。

借：银行存款　1 545
　　贷：债权投资——成本　1 250
　　　　　　　　——应计利息　295

五、债权投资的减值

资产负债表日，企业应对拥有的债权投资进行检查，有客观证据表明所拥有的债权投资发生减值的，应当根据其账面价值与预计未来现金流量现值之间的差额计算确认减值损失，计提减值准备。具体账务处理如下：借记“信用减值损失”账户，贷记“债权投资减值准备”账户；已计提减值准备的债权投资以后又得以恢复，应在原已计提的减值准备金额内，按恢复增加的金额，借记“债权投资减值准备”账户，贷记“信用减值损失”账户。

【例 2-13】　承例 2-9，假如 2023 年 12 月 31 日宏达集团有限公司持有的顺兴股份有限公司的债券有足够的证据表明发生了减值，预计持有的该债券未来现金流量的现值为 100 000 元，而其账面价值为 101 710 元，减值 1 710 元。

其会计处理如下：

借：信用减值损失　1 710
　　贷：债权投资减值准备　1 710

六、债权投资的处置

处置债权投资时，应按实际收到的金额，借记“银行存款”等账户；按其账面余额，贷记“债权投资——成本”“债权投资——利息调整”“债权投资——应计利息”账户；按其差额，借记或贷记“投资收益”账户。已经计提债权投资减值准备的，还应同时结转减值准备。

第四节　以公允价值计量且其变动计入其他综合收益的金融资产

一、以公允价值计量且其变动计入其他综合收益的金融资产的含义

金融资产同时符合下列条件的，应当分类为以公允价值计量且其变动计入其他综合收益的金融资产：①企业管理该金融资产的业务模式既以收取合同现金流量为目标又以出售该金融资产为目标；②该金融资产的合同条款规定，在特定日期产生的合同现金流量，仅为对本金和以未偿付本金金额

为基础的利息支付。

企业在初始确认时，除符合上述条件的金融资产外，还可以将非交易性权益工具投资（如企业持有的限售股等）指定为以公允价值计量且其变动计入其他综合收益的金融资产，并确认股票股利。该指定一经决定不得撤销。

以公允价值计量且其变动计入其他综合收益的金融资产主要包括其他债权投资和其他权益工具投资。

二、其他债权投资

1. 其他债权投资的含义及特征

其他债权投资是指既可能持有至到期收取合同现金流量，也可能在到期之前全部出售的债券投资。企业取得的其他债权投资应将其划分为以公允价值计量且其变动计入其他综合收益的金融资产。采用实际利率法计算利息收入计入当期损益；该金融资产由于公允价值变动产生的利得或损失计入其他综合收益；该金融资产发生的减值损失计入当期损益；该金融资产终止确认时，之前计入其他综合收益的累计利得或损失，应当从其他综合收益中转出，计入当期损益。

2. 其他债权投资的初始计量

企业取得债券如确认为其他债权投资，初始成本包括该债券交易日的公允价值和相关交易费用之和。如果支付的价款中包含已到付息期但尚未领取的利息，应单独确认为应收项目，不构成其他债权投资的初始入账金额。以后收到支付的价款中包含的已到付息期但尚未领取的利息时，借记“银行存款”账户，贷记“应收利息”账户。

企业应设置“其他债权投资”账户，并设置“成本”“利息调整”“应计利息”“公允价值变动”明细账户，核算其他债权投资的取得及变动业务。

【例 2-14】 2022 年 1 月 1 日，甲公司购入乙公司当日发行的面值 480 000 元、期限 3 年、票面利率 8%、每年 12 月 31 日付息、到期还本的债券，实际支付的购买价款（包括交易费用）496 000 元；乙公司既可能持有至到期，也可能提前出售，将其确认为其他债权投资。

其会计处理如下：

借：其他债权投资——成本（乙公司债券）　　480 000
　　　　　　　　——利息调整（乙公司债券）　　16 000
　贷：银行存款　　496 000

3. 其他债权投资的后续计量

其他债权投资的后续计量包括持有期间投资收益、期末计量、提前出售及减值等。

（1）其他债权投资收益的确认。

企业在持有其他债权投资期间，应按照债券的摊余成本和初始确认的实际利率确定投资收益。根据票面利息（应收利息），借记“其他债权投资——应计利息”或“应收利息”等账户；根据实际利息收入，贷记“投资收益”账户；根据两者的差额，贷记“其他债权投资——利息调整”账户。

【例 2-15】 2022 年 1 月 1 日，甲公司购入乙公司面值 480 000 元、期限 3 年、票面利率 8%、每年 12 月 31 日付息、到期还本的债券，初始确认金额为 496 000 元；经估算（估算过程此处从略）债券的实际利率为6.74%。甲公司既可能持有至到期，也可能提前出售，将其确认为其他债权投资。甲公司在持有期间确认利息收入的计算过程及合计处理如下。

① 采用实际利率法编制的利息收入与摊余成本，具体计算如表2-3所示。

表2-3　利息收入与摊余成本计算表

（实际利率法）　　单位：元

计息日期	应收利息①=面值×8%	利息收入②=上期④×6.74%	利息调整摊销③=①-②	摊余成本④=上期④-③
2022年1月1日				496 000
2022年12月31日	38 400	33 430	4 970	491 030
2023年12月31日	38 400	33 095	5 305	485 725
2024年12月31日	38 400	32 675	5 725	480 000
合计	115 200	99 200	16 000	—

注：最后一年数据采用倒挤方法确定。

② 根据表2-3，甲公司各年确认利息收入、摊销利息调整的会计处理如下：

A. 2022年12月31日，确认利息收入，并摊销债券溢价。

借：应收利息　　38 400
　　贷：投资收益——利息收入　　33 430
　　　　其他债权投资——利息调整　　4 970

B. 2023年12月31日，确认利息收入，并摊销债券溢价。

借：应收利息　　38 400
　　贷：投资收益——利息收入　　33 095
　　　　其他债权投资——利息调整　　5 305

C. 2024年12月31日，确认利息收入，并摊销债券溢价。

借：应收利息　　38 400
　　贷：投资收益——利息收入　　32 675
　　　　其他债权投资——利息调整　　5 725

（2）其他债权投资的期末计量。

其他债权投资的期末计量应以公允价值为基础，因公允价值变动形成的未实现利得和损失，作为所有者权益变动，计入其他综合收益，借记或贷记“其他债权投资——公允价值变动”账户，贷记或借记“其他综合收益——其他债权投资公允价值变动”账户。

资产负债表日，其他债权投资的公允价值高于其账面余额时，应按两者之间的差额调增其他债权投资的账面余额，同时将公允价值变动计入其他综合收益，借记“其他债权投资——公允价值变动”账户，贷记“其他综合收益——其他债权投资公允价值变动”账户，其他债权投资低于账面余额时，应按二者之间的差额调减其他债权投资的账面余额，同时按公允价值变动计入其他综合收益，借记“其他综合收益——其他债权投资公允价值变动”账户，贷记“其他债权投资——公允价值变动”账户。

【例 2-16】 甲公司各年末持有债券的公允价值见表 2-4。

表 2-4 公允价值变动计算表

单位：元

计息日期	摊余成本	公允价值	累计公允价值变动	本期公允价值变动
2022 年 12 月 1 日	157 000	157 208	208	208
2023 年 12 月 31 日	158 490	158 542	52	−156
2024 年 12 月 31 日	160 000	160 000	—	−52

根据上述资料，该公司各年末的会计处理如下：

①2022 年 12 月 31 日。

借：其他债权投资——公允价值变动 208
　　贷：其他综合收益——其他债权投资公允价值变动 208

②2023 年 12 月 31 日。

借：其他综合收益——其他债权投资公允价值变动 156
　　贷：其他债权投资——公允价值变动 156

③2024 年 12 月 31 日。

借：其他综合收益——其他债权投资公允价值变动 52
　　贷：其他债权投资——公允价值变动 52

（3）其他债权投资的减值。

如果企业在报告期末持有的其他债权投资发生信用损失（存在表明发生减值客观证据的债券），应当确认为减值损失，计提减值准备。对于以公允价值计量且其变动计入其他综合收益的其他债权投资，企业应在其他综合收益中确认其减值损失，并将减值损失或利得计入当期损益，且不减少该金融资产在资产负债表中列示的价值。

企业确认的其他债权投资减值损失，借记“信用减值损失”账户，贷记“其他综合收益——信用减值准备”账户；若该资产减值恢复，则编制相反的会计分录。

【例 2-17】 甲公司于 2022 年根据其他债权投资相关业务所做的会计处理如下。

①2022 年 1 月 1 日，甲公司购入面值 960 000 元、期限 5 年、票面利率 5%、到期还本付息的乙公司当日发行的债券作为其他债权投资，用银行存款支付初始入账金额 986 312 元，初始确认时确定的实际利率为 4%。

借：其他债权投资——成本（乙公司债券） 960 000
　　　　　　　　——利息调整（乙公司债券） 26 312
　　贷：银行存款 986 312

②2022 年 12 月 31 日，乙公司债券的市价为 1 020 000 元，甲公司预计到期时该债券的现金流量现值为 986 000 元，甲公司认为乙公司债券发生了减值。

A. 确认利息收入及利息调整摊销时：

借：其他债权投资——应计利息 48 000
　　贷：其他债权投资——利息调整（乙公司债券） 8 548
　　　　投资收益 39 452

该债券摊余成本＝986 312＋48 000－8 548＝1 025 764（元）

B. 确认公允价值变动时：

本期公允价值变动＝1 020 000－1 025 764＝ －5 764（元）

借：其他综合收益——其他债权投资公允价值变动　　5 764

　　贷：其他债权投资——公允价值变动（乙公司债券）　　5 764

C. 确认减值损失时：

减值损失＝ 1 020 000－ 986 000＝34 000（元）

借：信用减值损失　　34 000

　　贷：其他综合收益——信用减值准备　　34 000

（4）其他债权投资的处置。

企业处置其他债权投资时，应终止确认该金融资产，将取得的处置价款与该金融资产账面余额之间的差额计入投资收益；同时，将原直接计入所有者权益的累计公允价值变动对应处置部分的金额转出，计入投资收益。

处置其他债权投资时，应按实际收到的处置价款，借记“银行存款”账户；按其他债权投资面值，贷记“其他债权投资——成本”账户；按利息调整摊余金额，贷记或借记“其他债权投资——利息调整”账户；按累计公允价值变动金额，贷记或借记“其他债权投资——公允价值变动”账户；按上列差额，贷记或借记“投资收益”账户。同时，将原计入其他综合收益的累计公允价值变动对应处置部分的金额转出，借记或贷记“其他综合收益——其他债权投资公允价值变动”账户，贷记或借记“投资收益”账户。

【例 2-18】 2022 年 3 月 1 日，甲公司将持有的面值 480 000 元、期限 3 年、票面利率 8%、每年 12 月 31 日付息、到期还本的乙公司债券出售，实际收到出售价款 489 600 元。出售日，乙公司债券账面余额为 486 400 元，其中成本为 480 000 元，利息调整（借方）5 727 元，公允价值变动（借方）673 元。

甲公司的会计处理如下：

借：银行存款　　489 600

　　贷：其他债权投资——成本　　480 000

　　　　　　　　　　——利息调整　　5 727

　　　　　　　　　　——公允价值变动　　673

　　　　投资收益　　3 200

借：其他综合收益——其他债权投资公允价值变动　　673

　　贷：投资收益　　673

三、其他权益工具投资

1. 其他权益工具投资的含义及特征

其他权益工具投资是指不具有控制、共同控制和重大影响的股权及非交易性股票等。例如，企业持有的上市公司限售股，尽管在活跃市场上有报价，但由于出售受到限制，不能随时出售，可指定为以公允价值计量且其变动计入其他综合收益的金融资产。企业取得的其他权益工具投资，按公允价值计量，其公允价值变动计入其他综合收益；该金融资产终止确认时，之前计入其他综合收益的累计利得或损失，应当从其他综合收益中转出，计入留存收益。其他权益工具投资不需要计提减值准备。

2. 其他权益工具投资的初始计量

企业取得的股权投资如确认为其他权益工具投资，初始成本包括该股票交易日的公允价值和相关交易费用之和。如果支付的价款中包含已宣告但尚未发放的现金股利，应单独确认为应收项目，不构成其他权益工具投资的初始入账金额。以后收到支付的价款中包含的已宣告但尚未发放的现金股利时，借记“银行存款”账户，贷记“应收股利”账户。

企业应设置“其他权益工具投资”账户，并设置“成本”“公允价值变动”明细账户核算其他权益工具投资的取得及变动业务。

【例 2-19】 2022 年 3 月 20 日，甲公司按每股 7.60 元的价格购入乙公司每股面值 1 元的股票 68 000 股，并支付交易费用 1 440 元，该股票一年内不得出售，确认为其他权益工具投资。股票购买价格中包含每股 0.20 元已宣告但尚未领取的现金股利，该现金股利于 2022 年 4 月 20 日发放。

其会计处理如下：

（1）2022 年 3 月 20 日，购入乙公司股票。

借：其他权益工具投资——成本（乙公司股票）　504 640
　　应收股利　13 600
　　贷：银行存款　518 240

（2）2022 年 4 月 20 日，收到乙公司发放的现金股利。

借：银行存款　13 600
　　贷：应收股利　13 600

3. 其他权益工具投资的后续计量

（1）其他权益工具投资收益的确认。

其他权益工具投资在持有期间取得的现金股利（不包括取得该金融资产时已宣告但尚未发放的现金股利），应当计入投资收益。

其他权益工具投资持有期间，被投资单位宣告发放现金股利时，按应享有的份额，借记“应收股利”账户，贷记“投资收益”账户；收到发放的现金股利，借记“银行存款”账户，贷记“应收股利”账户。

【例 2-20】 续例 2-19，2022 年 3 月 15 日，乙公司宣告每股分派现金股利 0.5 元，该现金股利于 2022 年 5 月 10 日发放。

其会计处理如下：

①2022 年 3 月 15 日，乙公司宣告分派现金股利。

借：应收股利　34 000
　　贷：投资收益　34 000

②2022 年 5 月 10 日，收到乙公司发放的现金股利。

借：银行存款　34 000
　　贷：应收股利　34 000

（2）其他权益工具投资的期末计量。

其他权益工具投资的期末计量应以公允价值计量。资产负债表日，公允价值高于其账面余额时，应按两者之间的差额调增其他权益工具投资的账面余额，同时将公允价值变动计入其他综合收益，借记“其他权益工具投资——公允价值变动”账户，贷记“其他综合收益——其他权益工具投资公允价值变动”账户；其他权益工具投资的公允价值低于其账面余额时，应按两者之间的差额调减其他权益工具投资的账面余额，同时按公允价值变动减记所有者权益，借记“其他综合收益——其他权益工具投资公允价值变动”账户，贷记“其他权益工具投资——公允价值变动”账户。

【例 2-21】 甲公司持有乙公司股票 68 000 股，该股票在 2022 年 12 月 31 日的每股市价为 8.20 元；在 2023 年 12 月 31 日的每股市价为 7.50 元。2022 年 12 月 31 日，乙公司股票按公允价值调整前的账面余额（即初始确认金额）为 504 640 元。

甲公司的会计处理如下：

①2022 年 12 月 31 日，调整其他权益工具投资账面余额。

借：其他权益工具投资——公允价值变动（乙公司股票）　　52 960
　　贷：其他综合收益——其他权益工具投资公允价值变动　　52 960

②2023 年 12 月 31 日，调整其他权益工具投资账面余额。

借：其他综合收益——其他权益工具投资公允价值变动　　47 600
　　贷：其他权益工具投资——公允价值变动（乙公司股票）　　47 600

（3）其他权益工具投资的处置。

企业处置其他权益工具投资时，应将取得的处置价款与该金融资产账面余额之间的差额计入其他综合收益；同时将累计确认的其他综合收益转为留存收益，不得计入当期损益。

企业应根据实际收到的处置价款，借记“银行存款”等账户，根据其账面余额，贷记“其他权益工具投资”账户；根据其差额，贷记或借记“其他综合收益——其他权益工具投资公允价值变动”账户。同时，根据累计公允价值变动原计入其他综合收益的金额，借记或贷记“其他综合收益——其他权益工具投资公允价值变动”账户，贷记或借记“利润分配——未分配利润”账户。

【例 2-22】 2023 年 3 月 17 日，甲公司将持有的 68 000 股乙公司股票出售，实际收到价款 560 000 元。出售日，乙公司股票账面余额 510 000 元，其中成本 504 640 元，公允价值变动（借方）5 360 元。

甲公司的会计处理如下：

①出售乙公司股票。

借：银行存款　　560 000
　　贷：其他权益工具投资——成本（乙公司股票）　　504 640
　　　　　　　　　　　——公允价值变动（乙公司股票）　　5 360
　　　　其他综合收益——其他权益工具投资公允价值变动　　50 000

②结转累计计入其他综合收益的公允价值变动。

借：其他综合收益——其他权益工具投资公允价值变动　　55 360
　　贷：利润分配——未分配利润　　55 360

第五节 金融资产的重分类

一、金融资产重分类的原则

企业改变其管理金融资产的业务模式时，应当按照规定对所有受影响的相关金融资产进行重分类。金融资产重分类，是指金融资产可以在以摊余成本计量的金融资产、以公允价值计量且其变动计入其他综合收益的金融资产和以公允价值计量且其变动计入当期损益的金融资产之间进行重分类。

由于企业管理金融资产业务模式的变更是极其少见的情形，因此，企业对金融资产进行重分类时，应当自重分类日采用未来适用法进行相关会计处理，不得对以前已经确认的利得或损失进行追溯调整。重分类日，是指导致企业对金融资产进行重分类的业务模式发生变更后的首个报告期间的第一天。例如，甲公司决定于2022年3月25日改变其管理某金融资产的业务模式，则重分类日为2022年4月1日（即下一个季度会计期间的期初）；如果甲公司决定于2022年10月20日改变其管理某金融资产的业务模式，则重分类日为2023年1月1日。

二、金融资产重分类的计量

1. 以摊余成本计量的金融资产的重分类

（1）以摊余成本计量的金融资产重分类为以公允价值计量且其变动计入其他综合收益的金融资产。

企业将一项以摊余成本计量的金融资产重分类为以公允价值计量且其变动计入其他综合收益的金融资产的，应当按照该金融资产在重分类日的公允价值进行计量。原账面价值与公允价值之间的差额，计入其他综合收益。该金融资产重分类不影响其实际利率和预期信用损失的计量。

重分类日，企业应根据该金融资产的摊余成本，借记“其他债权投资”账户，贷记“债权投资”等账户。同时，根据该金融资产公允价值与账面价值的差额，借记或贷记“其他债权投资——公允价值变动”账户，贷记或借记“其他综合收益——其他债权投资公允价值变动”账户。

【例2-23】 甲公司2022年12月31日持有一项债权投资，账面价值为120 000元，其中，债券面值为100 000元，利息调整借差为2 000元，应计利息为18 000元。该债券到期日为2024年12月31日。当日，该债券的公允价值为116 000元，由于业务需要，甲公司将该项债权投资分类为以公允价值计量且其变动计入其他综合收益的金融资产。

其会计处理如下：

①结转该债券账面价值时。

借：其他债权投资——债券面值	100 000	
——利息调整	2 000	
——应计利息	18 000	
贷：债权投资——债券面值		100 000
——利息调整		2 000

——应计利息　　18 000

②调整公允价值时。

借：其他综合收益——其他债权投资公允价值变动　　4 000

　　贷：其他债权投资——公允价值变动　　4 000

2022 年 12 月 31 日，该以公允价值计量且其变动计入其他综合收益的金融资产的账面价值为 116 000 元（100 000＋2 000＋18 000－4 000）。

（2）以摊余成本计量的金融资产重分类为以公允价值计量且其变动计入当期损益的金融资产。

企业将一项以摊余成本计量的金融资产重分类为以公允价值计量且其变动计入当期损益的金融资产的，应当按照该资产在重分类日的公允价值进行计量。原账面价值与公允价值之间的差额，计入当期损益。

重分类日，企业应根据该金融资产的摊余成本，借记“交易性金融资产——成本”账户，贷记“债权投资”等账户。同时，根据该金融资产公允价值与账面价值的差额，借记或贷记“交易性金融资产——公允价值变动”账户，贷记或借记“公允价值变动损益”账户。

【例 2-24】　2022 年 12 月 31 日，甲公司将其持有的一项乙公司债券（债权投资）重分类为以公允价值计量且其变动计入当期损益的金融资产。重分类日，乙公司债券的公允价值为 405 960 元，账面价值为 399 040 元，其中成本 384 000 元，利息调整借差 9 280 元，应计利息 5 760 元。

其会计处理如下：

①结转该债券账面价值时。

借：交易性金融资产——成本（乙公司债券）　　399 040

　　贷：债权投资——成本（乙公司债券）　　384 000

　　　　　　——利息调整（乙公司债券）　　9 280

　　　　　　——应计利息（乙公司债券）　　5 760

②调整公允价值时。

借：交易性金融资产——公允价值变动　　6 920

　　贷：公允价值变动损益　　6 920

2. 以公允价值计量且其变动计入其他综合收益的金融资产的重分类

（1）以公允价值计量且其变动计入其他综合收益的金融资产重分类为以摊余成本计量的金融资产。

企业将一项以公允价值计量且其变动计入其他综合收益的金融资产重分类为以摊余成本计量的金融资产的，应当将之前计入其他综合收益的累计利得或损失转出，调整该金融资产在重分类日的公允价值，并以调整后的金额作为新的账面价值，即视同该金融资产一直以摊余成本计量。该金融资产重分类不影响其实际利率和预期信用损失的计量。

重分类日，企业应根据该金融资产的摊余成本，借记“债权投资”账户，贷记“其他债权投资”等账户。由于其减值准备是以公允价值为基础计算的，因此其公允价值变动属于减值准备的组成部分，应根据其公允价值变动，借记或贷记“其他债权投资——公允价值变动”账户，贷记或借记“债权投资减值准备”账户；同时，借记或贷记“其他综合收益——信用减值准备”账户，贷记或借记“信用减值损失”账户；根据累计确认的资产减值准备，借记“其他综合收益——信用减值准备”账户，贷记“债权投资减值准备”账户。

【例 2-25】 2022 年 1 月 1 日，甲公司将其持有的乙公司债券（其他债权投资）重分类为以摊余成本计量的金融资产（债权投资）。当日该债券的账面价值为 708 000 元，其中，债券面值 640 000 元，利息调整借差 7 197 元，应计利息 64 000 元，公允价值变动为－3 197 元。累计计提金融资产减值准备 12 000 元。

其会计处理如下：

①结转摊余成本。

借：债权投资——成本　　640 000
　　　　　　——利息调整　　7 197
　　　　　　——应计利息　　64 000
　贷：其他债权投资——成本　　640 000
　　　　　　　　——利息调整　　7 197
　　　　　　　　——应计利息　　64 000

②结转公允价值变动。

借：其他债权投资——公允价值变动　　3 197
　贷：债权投资减值准备　　3 197
借：信用减值损失　　3 197
　贷：其他综合收益——信用减值准备　　3 197

③结转金融资产减值准备。

借：其他综合收益——信用减值准备　　12 000
　贷：债权投资减值准备　　12 000

（2）以公允价值计量且其变动计入其他综合收益的金融资产重分类为以公允价值计量且其变动计入当期损益的金融资产。

企业将一项以公允价值计量且其变动计入其他综合收益的金融资产重分类为以公允价值计量且其变动计入当期损益的金融资产的，应当继续以公允价值计量该金融资产。同时，企业应当将之前计入其他综合收益的累计利得或损失从其他综合收益转入当期损益。

重分类日，企业应根据该金融资产的公允价值，借记“交易性金融资产”账户，贷记“其他债权投资”账户。根据原计入其他综合收益的公允价值变动，借记或贷记“其他综合收益”账户，贷记或借记“公允价值变动损益”账户。根据其减值准备，借记“其他综合收益——信用减值准备”账户，贷记“信用减值损失”账户。

【例 2-26】 甲公司于 2022 年 1 月 1 日决定，将原持有的作为其他债权投资的乙公司债券重分类为以公允价值计量且其变动计入当期损益的金融资产。当日该债券的账面价值（即公允价值）为 885 000 元，其中，债券面值为 800 000 元，利息调整借差为 8 996 元，应计利息为 80 000 元，公允价值变动为－3 996 元，累计计提的金融资产减值准备为 15 000 元。

其会计处理如下：

①结转摊余成本和公允价值。

借：交易性金融资产——成本　　885 000

其他债权投资——公允价值变动　　3 996

贷：其他债权投资——债券面值　　800 000

——利息调整　　8 996

——应计利息　　80 000

②结转金融资产减值准备。

借：其他综合收益——信用减值准备　　15 000

贷：信用减值损失　　15 000

③结转金融资产公允价值变动。

借：公允价值变动损益　　3 996

贷：其他综合收益——其他债权投资公允价值变动　　3 996

3.以公允价值计量且其变动计入当期损益的金融资产的重分类

(1) 以公允价值计量且其变动计入当期损益的金融资产重分类为以摊余成本计量的金融资产。

企业将一项以公允价值计量且其变动计入当期损益的金融资产重分类为以摊余成本计量的金融资产的，应当以其在重分类日的公允价值作为新的账面余额，以该金融资产在重分类日的公允价值确定实际利率。其后，按照以摊余成本计量的金融资产的相关规定进行后续计量。

企业将原准备随时出售的债券重分类为以摊余成本计量的金融资产债券投资时，重分类日，应根据该债券的公允价值，借记“债权投资”账户，贷记“交易性金融资产”账户。

【例 2-27】 甲公司于 2022 年 12 月 31 日决定将原准备随时出售的乙公司债券调整为持有至到期，将该以公允价值计量且其变动计入当期损益的金融资产重分类为以摊余成本计量的金融资产（债权投资）。当日该债券的公允价值为 1 105 000 元，其中成本为 1 080 000 元，公允价值变动为 25 000 元；该债券是乙公司于 2020 年 1 月 1 日发行，面值为 1 000 000 元，5 年期，票面利率为 4%，到期一次还本付息，假定甲公司于每年年末确认投资收益。

其会计处理如下：

债权面值＝1 000 000（元）

应计利息＝1 000 000×4%×3＝120 000（元）

利息调整＝1 105 000－1 000 000－120 000＝ －15 000（元）

借：债权投资——债权面值　　1 000 000

——应计利息　　120 000

贷：债权投资——利息调整　　15 000

交易性金融资产——成本　　1 080 000

——公允价值变动　　25 000

重新计算实际利率：为 4.21%（计算方式参见财务管理书籍）。

(2) 以公允价值计量且其变动计入当期损益的金融资产重分类为以公允价值计量且其变动计入其他综合收益的金融资产。

企业将一项以公允价值计量且其变动计入当期损益的金融资产重分类为以公允价值计量且其变动计入其他综合收益的金融资产的，应当继续以公允价值计量该金融资产。

企业将原准备随时出售的债券重分类为以公允价值计量且其变动计入其他综合收益的金融资产

时，重分类日，应根据该债券的公允价值，借记“其他债权投资”账户，贷记“交易性金融资产”账户。

【例 2-28】 2022 年 12 月 31 日，甲公司决定将原准备随时出售的乙公司债券（交易性金融资产）重分类为以公允价值计量且其变动计入其他综合收益的金融资产（其他债权投资）。当日该债券的公允价值为 885 000 元，其中成本 865 000 元，公允价值变动 20 000 元；该债券是乙公司于 2020 年 1 月 1 日发行，面值 800 000 元，5 年期，票面利率 4%，到期一次还本付息。甲公司于每年年末确认投资收益，重新确定的实际利率为 4.21%。

其会计处理如下：

借：其他债权投资——成本　　800 000
　　　　　　　　——应计利息　　96 000
　贷：交易性金融资产——成本　　865 000
　　　　　　　　　——公允价值变动　　20 000
　　其他债权投资——利息调整　　11 000

本章习题

一、简答题

1. 什么是金融资产？其如何分类？
2. 什么是以摊余成本计量的金融资产？
3. 什么是以公允价值计量且其变动计入其他综合收益的金融资产？
4. 什么是以公允价值计量且其变动计入当期损益的金融资产？
5. 如何对其他债权投资进行减值的会计处理。
6. 如何进行金融资产重分类的会计处理。

二、实训题

1. 完成交易性金融资产的相关会计核算。

资料：某企业 2021 年 12 月发生下列交易性金融资产业务。

（1）以存入的某证券公司投资款购入 B 公司股票 5 000 股，购买价格为 30 000 元，另支付交易手续费 500 元。

（2）2021 年 12 月 31 日，该股票每股收盘价为 6.5 元。

（3）2022 年 1 月 15 日，出售该股票，收入款项 32 000 元并存入证券公司。

要求：根据以上经济业务编制有关的会计分录。

2. 完成债权投资的相关会计核算。

资料：甲公司 2022 年 1 月 1 日购入某企业当天发行的面值 100 000 元、期限 2 年、到期一次还本付息、票面利率 6%的债券，作为债权投资。该债券的初始投资成本为 104 000 元。

要求：采用实际利率法分别编制甲公司购入债券、年末确认应计利息及利息调整摊销和到期收回本息的会计分录（不考虑增值税因素）。

第三章

货币资金

学习要点

1. 库存现金的核算。
2. 银行存款的核算。
3. 银行存款余额调节表的编制。

第一节 认识货币资金

一、货币资金的概念特点及分类

1. 货币资金的概念及特点

货币资金是可以随时用作购买手段和支付手段的资金。

货币资金有以下几个基本特点。

（1）它是资金的一般形态。商品交换必须以它为媒介，并且是能够直接转化为其他任何资产形态的流动资产，使用时不受任何特定用途的限制。

（2）它具有普遍的接受性和最强的流动性。企业拥有一定数量的货币资金，可以向任何供应单位购买材料，可以向税务机关缴纳税金，可以给员工及股东发放工资、股利，可以向银行支付利息，还可以向其他企业进行投资等。

（3）它是分析判断偿债能力和支付能力的重要指标。凡不能立即支付使用的，如银行冻结存款等，均不能视为货币资金。

2. 货币资金的分类

货币资金按用途和存放地点的不同，可分为以下几种。

（1）现金。现金是可直接使用的现钞，包括人民币和外币。

（2）银行存款。银行存款是存放在银行或其他金融机构的货币资金。

（3）其他货币资金。其他货币资金是指除现金、银行存款以外的货币资金，包括外埠存款、银行汇票存款和银行本票存款等。

会计上的现金有狭义和广义之分。狭义的现金一般是指库存现金，即人们经常接触的纸币和硬币等。广义的现金即货币资金，包括库存现金、银行存款、其他货币资金。本书此处所讲的现金是狭义的现金。

二、现金的使用范围与库存限额管理

企业日常支出业务既多又复杂，但并不是任何支出业务都可以用现金来支付的。现金的使用要遵循其使用范围的规定。这是现金管理的一项重要内容。我国政府颁布的《现金管理暂行条例》对现金的使用范围有明确的规定。《现金管理暂行条例》规定了在银行开立账户的企业可以用现金办理结算的具体经济业务。这些经济业务如下。

（1）职工工资、津贴。

（2）个人劳动报酬。

（3）根据国家规定颁发给个人的科学技术、文化艺术、体育等各种奖金。

（4）各种劳保、福利费用以及国家规定的对个人的其他支出。

（5）向个人收购农副产品和其他物资的价款。

（6）出差人员必须随身携带的差旅费。

（7）结算起点以下的零星支出（结算起点为 1 000 元）。

（8）中国人民银行确定需要支付现金的其他支出。

为了满足企业日常零星开支所需的现金，企业的库存现金都要由银行根据企业的实际需要核定一个最高的限额，这个最高限额一般要满足一个企业 3～5 天的日常零星开支所需的现金，边远地区和交通不便地区的企业库存现金可多于 5 天，但最多不能超过 15 天的日常零星开支。企业每日的现金结存数不得超过核定的限额，超过的部分应当及时送存银行，企业如需要增加或减少库存限额，应当向开户银行提出申请，由开户银行核定。

现金的流动性决定了现金内部控制的必要性。除了个人的道德与法治观念的建立之外，企业必须强调现金的内部控制，要加强现金内部控制的措施，建立健全现金的内部控制制度，这样才能防止现金的丢失、被盗，以及违法乱纪行为的发生，以保持现金流动的合理性、安全性，提高现金的使用效果与获利能力。

第二节　现金的核算

为了加强现金管理，企业应当设置现金日记账和现金总分类账对库存现金进行序时核算与总分类核算。现金日记账由出纳人员根据收付款凭证按照业务发生的顺序逐日逐笔登记，每日终了应当在现金日记账上计算出当日的现金收入合计额、现金支出合计额和结余额，并将现金日记账的账面结余额与实际库存现金额相核对，以保证账实相符。月度终了，现金日记账的余额应当与库存现金总账的余额核对，做到账账相符。

一、现金的序时核算

现金的序时核算是指对现金的收支业务逐日逐笔地在现金日记账上进行记录，并对其增减及结存情况做出计算与反映。

现金日记账是核算和监督现金日常收付结存情况的序时账簿。通过它，可以全面、连续地了解和掌握企业每日现金的收支动态与库存余额，为日常分析、检查企业的现金收支活动提供资料。

现金日记账一般采用收入、付出及结存三栏式格式，如表 3-1 所示。

表 3-1　现金日记账示例

202×年		凭证种类及号数	摘要	对方科目	收入（元）	付出（元）	结存（元）
月	日						
6	1	现收 601	零星销售	主营业务收入	700		700
	1	现付 601	王刚差旅费	备用金		500	200
	1	银付 601	提取现金	银行存款	1 000		1 200
	1	现付 602	困难补助	支付职工薪酬		200	1 000

现金日记账的收入栏和付出栏，是根据审核签字后的现金收款付款凭证和从银行提取现金时填制的银行存款付款凭证，按照经济业务发生的时间顺序，由出纳人员逐日逐笔地进行登记的。为了简化现金日记账的登记手续，对于同一天发生的相同经济业务，也可以汇总一笔登记。

现金日记账的格式也可以采用多栏式现金日记账。在此种格式下，每月月末，要结出与现金账户相对应各账户的发生额合计数，并据以登记有关各总账账户。由于采用多栏式现金日记账时所涉及的栏目很多，因此对现金的收入和支出一般分别设置日记账予以核算，即现金收入日记账和现金支出日记账。多栏式现金日记账能够如实反映收入现金的来源和支出现金的用途，简化凭证编制手续。

二、现金的总分类与明细分类的核算

为了总括地反映和监督企业库存现金的收支结存情况，需要设置库存现金总分类账。库存现金总账的登记，可以根据现金收款付款凭证和从银行提取现金时填制的银行存款付款凭证逐笔登记，但是在现金收付款业务较多的情况下，这样登记必然会加大工作量。所以，在实际工作中，一般是把现金收付款凭证按照对方科目进行归类，定期（10 天或 15 天）填制汇总收款付款凭证，据以登记现金总账。

【例 3-1】 宏达集团有限公司 2022 年 6 月 5 日发生如下现金收入业务：收到零星销售收入 565 元（其中应交增值税 65 元），收到职工张三应交款项 300 元。

其会计处理如下：

借：库存现金　　865

　　贷：主营业务收入　　500

　　　　应交增值税（销项税额）　　65

　　　　其他应收款　　300

【例 3-2】 宏达集团有限公司 2022 年 6 月 8 日发生如下现金支出业务：支付职工李四差旅费 500 元，购买办公用品现金支出 150 元，发放职工工资 73 500 元。

其会计分录如下：

借：其他应收款　　500

　　管理费用　　150

　　应付职工薪酬　　73 500

　　贷：库存现金　　74 150

库存现金在一般企业没有明细分类核算，但在有多币种业务的情况下，库存现金也需要按币种设置明细分类账进行明细分类核算。

三、现金的清查

为了保护现金的安全、完整，做到账实相符，必须做好现金的清查工作。现金清查的基本方法是实地盘点库存现金，并将现金实存数与现金日记账上的余额进行核对。现金实存数是指企业金库内实有的现款额，清查时不能用借条等单据来抵充现金。每日终了应查对库存现金实存数与其账面余额是否相符。为了防止挪用现金，各部门或车间必须配备备用金负责人进行管理，财会部门应进行抽查。对于现金清查中发现的账实不符，即现金溢缺情况，通过“待处理财产损溢——待处理流动资产损溢”账户进行核算。现金清查中发现短缺的现金，应按短缺的金额，借记“待处理财产损溢——待处理流动资产损溢”账户，贷记“库存现金”账户；现金清查中发现溢余的现金，应按溢余的金额，借记“库存现金”账户，贷记“待处理财产损溢——待处理流动资产损溢”账户，待查明原因后按如下要求进行处理。

（1）如为现金短缺，属于应由责任人赔偿的部分，借记“其他应收款”或“库存现金”等账户，贷记“待处理财产损溢——待处理流动资产损溢”账户；属于应由保险公司赔偿的部分，借记“其他应收款”账户，贷记“待处理财产损溢——待处理流动资产损溢”账户；属于无法查明的其他原因，根据管理权限，经批准后处理，借记“管理费用”账户，贷记“待处理财产损溢——待处理流动资产损溢”账户。

（2）如为现金溢余，属于应支付给有关人员或单位的，应借记“待处理财产损溢——待处理流动资产损溢”账户，贷记“其他应付款”账户；属于无法查明原因的现金溢余，经批准后，借记“待处理财产损溢——待处理流动资产损溢”账户，贷记“营业外收入”账户。

【例 3-3】　宏达集团有限公司 2022 年 5 月 10 日，在对现金进行清查时，发现短缺 50 元。

其会计分录如下：

借：待处理财产损溢——待处理流动资产损溢　　50

　　贷：库存现金　　50

【例 3-4】　承例 3-3，经查明，现金短缺系出纳人员责任，应由其赔偿。

其会计分录如下：

借：其他应收款　　50

　　贷：待处理财产损溢——待处理流动资产损溢　　50

【例 3-5】　博雅股份有限公司 2022 年 6 月 15 日，在对现金进行清查时，发生溢余 30 元。

其会计分录如下：

借：库存现金　　30

　　贷：待处理财产损溢——待处理流动资产损溢　　30

【例 3-6】　承例 3-5，现金溢余原因不明，经批准转作营业外收入。

其会计分录如下：

借：待处理财产损溢——待处理流动资产损溢　　30

　　贷：营业外收入　　30

第三节　银行存款的核算

一、开立和使用银行存款账户的规定

银行存款是指企业存放于本地银行和其他金融机构的货币资金。

企业收入的一切款项，除银行允许留存限额内的现金之外，都必须送存银行。企业的一切支出除规定可用现金支付之外，都必须遵守《人民币银行结算账户管理办法》的有关规定，通过银行办理转账结算。

中国人民银行制定的《人民币银行结算账户管理办法》规定，一个企业可以根据需要在银行开立四种账户，包括基本存款账户、一般存款账户、临时存款账户和专用存款账户。

基本存款账户是企业办理日常结算和现金收付业务的账户，企业的工资、奖金等现金的支取只能通过本账户办理。

一般存款账户是存款人因借款或其他结算需要，在基本存款账户开户银行以外的银行营业机构开立的银行结算账户。一般存款账户是存款人的辅助结算账户，借款转存、借款归还和其他结算的资金收付可通过该账户办理。该账户可以办理现金缴存，但不得办理现金支取。该账户的开立数量没有限制。

临时存款账户是企业因临时经营活动需要而开立的账户，企业可以通过该账户办理转账结算和根据国家现金管理的规定办理现金收付。

专用存款账户是企业因特殊用途需要而开立的账户。

一个企业只能在一家银行开立一个基本存款账户，不得在同一家银行的几个分支机构开立一般存款账户。企业在办理存款账户以后，在使用账户时应严格执行银行结算纪律的规定。具体内容包括：合法使用银行账户，不得转借给其他单位或个人使用；不得利用银行账户进行非法活动；不得签发没有资金保证的票据和远期支票，套取银行信用；不得签发、取得和转让没有真实交易和债权债务的票据，套取银行和他人的资金；不准无理由拒绝付款，任意占用他人资金；不准违反规定开立和使用账户。

二、银行结算方式

银行结算方式一般是指转账结算。

转账结算，是指企业单位之间的款项收付由银行从付款单位的存款账户划转到收款单位存款账户的货币清算行为。转账结算包括票据结算方式和非票据结算方式。

1. 票据结算方式

票据结算方式一般包括银行汇票、银行本票、支票和商业汇票结算。

（1）银行汇票。

银行汇票是指由出票银行签发的，由其在见票时按照实际结算金额无条件支付给收款人或者持票人的票据。单位和个人在异地、同城或统一票据交换区域的各种款项结算，均可使用银行汇票。

银行汇票的出票银行为银行汇票的付款人。企业与异地单位和个人的各种款项结算，均可使用银行汇票。银行汇票可以用于转账，填明“现金”字样的银行汇票也可以用于提取现金，其中现金银行汇票的申请人与收款人必须均为个人。银行汇票的提示付款期限一般是自出票日起1个月。持票人超过付款期限提示付款的，代理付款人不予受理。

收款人受理申请人交付的银行汇票时，应在出票金额以内，根据实际需要的款项办理结算，并将实际结算金额和多余金额准确、清晰地填入银行汇票与解讫通知的有关栏内。未填明实际结算金额和多余金额或实际结算金额超过出票金额的，银行不予受理。银行汇票的实际结算金额不得更改，更改实际结算金额的银行汇票无效。银行汇票的实际结算金额低于出票金额的，其多余金额由出票银行退交申请人。

银行汇票可以背书转让给被背书人。银行汇票的背书转让以不超过出票金额的实际结算金额为准。未填写实际结算金额或实际结算金额超过出票金额的银行汇票不得背书转让。

申请人因银行汇票超过付款提示期限或其他原因要求退款时，应将银行汇票和解讫通知同时提交到出票银行。申请人缺少解讫通知要求退款的，出票银行应于银行汇票提示付款期满 1 个月后办理。银行汇票丧失，失票人可以凭人民法院出具的其享有票据权利的证明，向出票银行请求付款或退款。

（2）银行本票。

银行本票是指由银行签发的，承诺自己在见票时无条件支付确定的金额给收款人或者持票人的票据。银行本票适用于单位和个人在同一票据交换区域需要支付各种款项的结算。

银行本票可以用于转账，也可以用于支取现金。申请人或收款人为单位的，不得申请签发现金银行本票。银行本票分为不定额本票和定额本票两种，其中定额本票分为 1 000 元、5 000 元、10 000 元和 50 000 元四种面额。银行本票的提示付款期限自出票日起最长不得超过 2 个月。持票人超过付款期限提示付款的，代理付款人不予受理。持票人可在票据权利时效内向出票银行做出说明，并提供本人身份证件或单位证明，可持银行本票向出票银行请求付款。银行本票的代理付款人是代理出票银行审核支付银行本票款项的银行。银行本票可以背书转让给被背书人。

申请人使用银行本票，应向银行填写银行本票申请书，填明收款人名称、申请人名称、支付金额、申请日期等事项并签章；申请人和收款人均为个人需要支取现金的，应在“支付金额”栏先填写“现金”字样，后填写支付金额。

若银行本票丢失，失票人可以凭人民法院出具的其享有票据权利的证明，向出票银行请求付款或退款。

（3）支票。

支票是指出票人签发的，委托办理支票存款业务的银行在见票时无条件支付确定的金额给收款人或者持票人的票据。支票适用于单位和个人在同一票据交换区域的各种款项的结算。

支票分为现金支票、转账支票、普通支票和划线支票四种。在支票上印有“现金”字样的支票为现金支票，现金支票只能用于支取现金；在支票上印有“转账”字样的支票为转账支票，转账支票只能用于转账；支票上没有“现金”或“转账”字样的为普通支票，普通支票可以用于支取现金，也可以用于转账；在普通支票左上角画两条平行线的，为划线支票，划线支票只能用于转账，不得支取现金。

支票的出票人为在经中国人民银行当地分支行批准办理支票业务的银行机构开立可以使用支票的存款账户的单位和个人。

支票的提示付款期限自出票日起 10 日，中国人民银行另有规定的除外。超过提示付款期限提示付款的，持票人开户银行不予受理，付款人不予付款。

单位和个人签发支票的金额不得超过付款时在付款人处实有的存款金额，同时不得签发空头支票、与预留银行签章不符的支票以及支付密码错误的支票。否则，银行应予以退票，并按票面金额处以 5%但不低于 1 000 元的罚款；持票人有权要求出票人赔偿支票金额 2%的赔偿金。对屡次签发空头支票的，银行应停止其签发支票。另外，单位和个人在签发支票时应使用碳素墨水或墨汁填写，中国人民银行另有规定的除外。

（4）商业汇票。

商业汇票是指由出票人签发的，委托付款人在指定日期无条件支付确定的金额给收款人或者持票人的票据。这种结算方式同城和异地均可使用。

商业汇票结算方式要求在银行开立账户的法人以及其他组织之间，必须具有真实的交易关系或债权债务关系，如购买材料、销售商品等业务。

商业汇票的付款期限可由交易双方自行约定，但最长不得超过 6 个月。商业汇票的提示付款期限，自汇票到期日起 10 日内。持票人应在提示付款期限内通过开户银行委托收款或直接向付款人提示付款。对异地委托收款的，持票人可匡算邮程，提前通过开户银行委托收款。持票人超过提示付款期限提示付款的，持票人开户银行不予受理。商业汇票可以背书转让，符合条件的商业汇票在到期前可以向银行申请贴现，并按银行规定的贴现利率向银行支付贴现利息。

按承兑人的不同，商业汇票可分为商业承兑汇票和银行承兑汇票两种。

商业承兑汇票由银行以外的付款人承兑，属于商业信用范畴。商业承兑汇票可以由付款人签发并承兑，也可以由收款人签发交由付款人承兑。收款人或者持票人在提示付款期限内应填写委托收款凭证，并连同商业承兑汇票送交银行办理收款。在收到银行转来的收款通知后，就可办理收款的账务处理。付款人收到开户银行转来的付款通知，应在当日通知银行付款。付款人在接到通知日的次日起 3 日内（遇法定休假日顺延，后文若无特别说明，均适用此设定）未通知银行付款的，银行视同付款人承诺付款，并应于付款人接到通知日的次日起第 4 日上午开始营业时，将票款划给持票人。银行在办理划款时，付款人存款账户不足以支付的，应填制付款人未付票款通知书，连同商业承兑汇票邮寄持票人开户银行转交持票人。

银行承兑汇票由银行承兑，属于银行信用范畴。银行承兑汇票应由在承兑银行开立存款账户的存款人签发。存款人应与承兑银行具有真实的委托付款关系，而且资信状况良好，具有支付汇票金额的可靠资金来源。银行承兑汇票的出票人应于汇票到期前将票款足额交存其开户银行。承兑银行应在汇票到期日或到期日后的见票当日支付票款。承兑银行如存在合法抗辩事由拒绝支付的，应自接到商业汇票的次日起 3 日内，做出拒绝付款证明，连同银行承兑汇票邮寄持票人开户银行转交持票人。如出票人于汇票到期日未能足额交存票款的，承兑银行除凭票向持票人无条件付款外，对出票人尚未支付的汇票金额按照每天万分之五计收利息。

2. 非票据结算方式

非票据结算方式包括汇兑、托收承付、委托收款和信用卡结算等。

（1）汇兑。

汇兑是指汇款人委托银行将其款项支付给在外地的收款人的结算方式。

企业与异地单位和个人的各种款项的结算，均可使用汇兑结算方式。汇兑分为信汇和电汇两种，由汇款人选择使用。

（2）托收承付。

托收承付是指根据购销合同由收款人发货后，委托银行向异地付款人收取款项，由付款人向银行承诺付款的结算方式。

按照《人民币银行结算账户管理办法》的规定，使用托收承付结算方式的收款单位和付款单位，必须是国有企业、供销合作社以及经营管理较好，并经开户银行审查同意的城乡集体所有制企业。收款单位和付款单位之间的结算必须是商品交易，以及因商品交易而产生的劳务供应的款项。但有些交易，如代销、寄销、赊销商品的款项，不得办理托收承付结算。

采用托收承付进行结算的交易双方必须签有购销合同，并在合同上注明使用托收承付结算方式进行结算。采用托收承付结算方式，销货单位在按合同规定向购货单位发货以后，应填写一式五联的托收承付结算凭证，连同合同以及能够证明货物确实发出的发运证件送交银行办理托收。银行经审查同意办理托收以后，根据回单联进行销售货物的账务处理，待收到开户银行转来的收款通知时，可编制收款凭证，将款项收入账内。购货单位收到银行转来的付款通知以后，应在承付期内及时组织审查核对，安排资金，支付货款。

承付货款分为验单付款和验货付款两种方式，由收付双方选择使用，并在合同中明确加以规定。验单付款的承付期时间很短，仅为 3 日，从付款人开户银行发出承付通知的次日算起（承付期内遇法定休假日顺延）。付款人在承付期内，未向银行表示拒绝付款，银行即视作承付，并在承付期满的次日上午银行开始营业时，将款项主动从付款人的账户内付出，按照收款人指定的划款方式，划给收款人。验货付款的承付期时间长一些，为 10 日，从运输部门向付款人发出提货通知的次日算起。对收付双方在合同中明确规定，并在托收凭证上注明验货付款期限的，银行从其规定。付款人收到提货通知后，应立即向银行交验提货通知。付款人在银行发出承付通知的次日起 10 日内，未收到提货通知的，应在第 10 日将货物尚未到达的情况通知银行。在第 10 日付款人没有通知银行的，银行即视作已经验货，于 10 日期满的次日上午银行开始营业时，将款项划给收款人；在第 10 日付款人通知银行货物未到，而以后收到提货通知没有及时送交银行，银行仍按 10 日期满的次日作为划款日期，并按超过的天数，计扣逾期付款赔偿金。

不论验单付款还是验货付款，付款人都可以在承付期内提前向银行表示承付，并通知银行提前付款，银行应立即办理划款；因商品的价格、数量或金额变动，付款人应多承付款项的，须在承付期内向银行提出书面通知，银行据以随同当次托收款项划给收款人。付款人不得在承付货款中，扣抵其他款项或以前托收的货款。付款人在承付期满日银行营业终了时，如无足够资金支付，其不足部分，即为逾期未付款项。对付款人逾期支付的款项，银行根据逾期付款金额和逾期天数按每天万分之五计算逾期付款赔偿金。

付款人在承付期内如果有完整的拒付手续和充足的理由，可以向银行提出拒付。对于付款人提出拒绝付款的手续不全、依据不足、理由不符合规定等情况的，以及超过承付期拒付和应当部分拒付提为全部拒付的，银行均不得受理，并应实行强制扣款。

（3）委托收款。

委托收款，是指收款人委托银行向付款人收取款项的结算方式。

根据《人民币银行结算账户管理办法》的规定，单位和个人凭已承兑商业汇票、债券、存单等付款人债务证明办理款项的结算，均可以使用委托收款结算方式。这种结算方式在同城、异地均可以使用。委托收款结算款项的划回方式，分为邮寄和电报两种，由收款人选择使用。

收款人委托银行向付款人收取款项时，应填写一式五联的委托收款结算凭证，连同有关债务证明送交银行办理委托收款手续。收款人开户行受理后，应将有关凭证寄交付款单位开户银行并由其审核后通知付款单位。付款人应于接到通知的当日书面通知银行付款。按照规定，付款人未在接到通知的次日起 3 日内通知银行付款的，视同付款人同意付款，银行应于付款人接到通知的次日起第 4

日上午开始营业时，将款项划给收款人。银行在办理划款时，付款人存款账户不足支付应付金额时，应通过被委托银行向收款人发出未付款项通知书。按照规定，债务证明留存付款人开户银行的，付款人开户银行应将其债务证明连同未付款项通知书邮寄被委托银行并转交收款人。付款人审查有关债务证明后，对收款人委托收取的款项产生异议，需要拒绝付款的，应在付款期内出具拒付理由书连同有关凭证向银行办理拒绝付款。

(4) 信用卡结算。

信用卡，是指银行向个人和单位发行的，凭以向特约单位购物、消费和向银行存取现金，且具有消费信用的特制载体卡片。

信用卡按使用对象可分为单位卡和个人卡，按信誉等级分为金卡和普通卡。

凡在中国境内金融机构开立基本存款账户的单位可申领单位卡。单位卡可申领若干张，持卡人资格由申领单位法定代表人或其委托的代理人书面指定和注销。单位申领使用信用卡时，应按规定填制申请表，连同有关资料一并送交发卡银行。符合条件的单位应按银行的要求交存一定金额的备用金后，银行才能为申领人开立信用卡存款账户，并发给信用卡。信用卡备用金存款利息，按照活期存款利率及计息办法计算。单位卡账户的资金一律从其基本存款账户转账存入，不得交存现金，不得将销货收入的款项存入其账户。单位卡销户时账户余额要转入其基本存款账户，不能提取现金。

利用单位卡进行结算的商品交易、劳务供应款项的金额不能高于 10 万元。信用卡可以透支，但不能恶意透支，而且透支金额有明确的规定，金卡不能超过 1 万元，普通卡不能超过 5 000 元。信用卡透支期限最长为 60 天。

3. 信用证结算方式

信用证，是指由银行依照客户的要求和指示开立的有条件承诺付款的书面文件。

信用证一般为不可撤销的跟单信用证。

“不可撤销”是指信用证一经开出，在有效期内未经受益人及有关当事人的同意，开证行不能片面修改和撤销，只要受益人提供的单据符合信用证的规定，开证行必须履行付款的义务。

“跟单”是指信用证项下的汇票必须附有货运单据。信用证属于银行信用，供销双方的权利和义务都会得到保障，因此，只要双方有合作的意愿，交易是很容易促成的。我国国内企业与国外企业之间的贸易业务基本上采用这一结算方式进行结算。

三、银行存款的日常核算

1. 银行存款的序时核算

银行存款的序时核算，是指根据银行存款的收支业务逐日逐笔地记录与计算银行存款的增减及结存情况。

银行存款的序时核算的方法是设置与登记银行存款日记账。

银行存款日记账是核算和监督银行存款日常收付结存情况的序时账簿。通过它，可以全面、连续地了解和掌握企业每日银行存款的收支动态和余额，为日常分析、检查企业的银行存款收支活动提供资料。

银行存款日记账一般采用收入、付出及结存三栏式格式，如表 3-2 所示。

表 3-2　银行存款日记账示例

202×年		凭证种类及号数	摘要	对方科目	收入（元）	付出（元）	结存（元）
月	日						
8	31		本月合计		80 000	30 000	50 000
9	1	银付 901	支付购货款	原材料		23 400	
	1	银收 901	收取 N 公司销货款	主营业务收入	58 500		
	1	银付 902	支付 M 公司货款	应付账款		11 700	73 400

银行存款日记账应由财会部门出纳人员根据银行存款收、付款凭证及存入银行现金时的现金付款凭证，按照经济业务发生的先后顺序，逐日逐笔登记，如果业务多，还须逐日加计收入合计、付出合计和结余数，月末时还应结出本月收入、付出的合计数和月末结余数。

2. 银行存款的总分类与明细分类核算

银行存款的总分类核算是为了总括地反映和监督企业在银行开立结算账户的收支结存情况，为此，应设置银行存款总分类账。企业的外埠存款、银行本票存款、银行汇票存款等通过“其他货币资金”账户核算，不通过“银行存款”账户核算。银行存款总账可以根据银行存款的收款凭证和付款凭证或记账凭证汇总表登记。

【例 3-7】　宏达集团有限公司 2022 年 9 月 1 日发生如下收入银行存款业务：销售商品收到销售货款 56 500 元，其中应交增值税 6 500 元。

其会计处理如下：

借：银行存款　　56 500

　　贷：主营业务收入　　50 000

　　　　应交税费——应交增值税（销项税额）　　6 500

【例 3-8】　宏达集团有限公司 2022 年 9 月 1 日发生如下支付银行存款业务：采购生产产品用材料支付银行存款 22 600 元，其中增值税进项税额 2 600 元；支付前欠 M 公司货款 11 700 元。

其会计处理如下：

借：原材料　　20 000

　　应交税费——应交增值税（进项税额）　　2 600

　　应付账款——M 公司　　11 700

　　贷：银行存款　　34 300

银行存款对于一般企业没有明细分类核算，但在有多币种业务的情况下，银行存款也需要按币种设置明细分类账进行明细分类核算。

四、银行存款余额调节表

企业的往来结算业务大部分通过银行进行办理，为了正确掌握企业银行存款的实有数，需要定期将企业银行存款日记账的记录与银行转来的对账单进行核对，每月至少要核对一次，如两者不符，应查明原因，予以调整。企业银行存款日记账按时间的先后顺序记录了引起银行存款增减变动的每一笔经济业务，银行转给企业的对账单列示了从上次对账到本次对账之间银行对引起企业银行存款增减变动的经济业务所做的全部记录。一般情况下，两者是能够核对相符的，但也有核对不符的情况。造成不符的原因通常有两个方面：一是企业和银行双方存在一方或双方同时记账错误，如银行将企业支票存款串户记账，或者银行、企业记账时发生数字错误等；二是存在未达账项。未达账项是指由于企业间的交易采用的结算方式涉及的收付款结算凭证在企业和银行之间的传递上存在着时间的先后差别，造成一方收到凭证并已入账，而另一方尚未接到凭证仍未入账的款项。很显然，未达账项会使银行对账单上的存款余额同企业银行存款日记账的余额不相一致。

未达账项归纳起来，一般有如下四种情况。

（1）企业已收款记账，而银行尚未收款记账。例如，企业将收到的转账支票存入银行，但银行尚未转账。

（2）企业已付款记账，而银行尚未付款记账。例如，企业开出支票并已根据支票存根记账，而持票人尚未到银行取款或转账。

（3）银行已收款记账，而企业尚未收款记账。例如，托收货款，银行已经入账，而企业尚未收到收款通知。

（4）银行已付款记账，而企业尚未付款记账。例如，借款利息，银行已经入账，而企业尚未收到付款通知。

上述第（1）种和第（4）种情况会使得企业银行存款日记账余额大于银行对账单存款余额，第（2）种和第（3）种情况会使得企业银行存款日记账余额小于银行对账单存款余额。

如上所述，由于记账错误和未达账项的存在，银行存款日记账的余额与银行对账单的余额是不相等的。此时，银行存款日记账的余额与银行对账单的余额有可能都不能代表企业银行存款的实有数。为了掌握企业银行存款的实有数，企业在收到银行转来的对账单以后，要仔细将企业银行存款日记账的记录与对账单的记录进行核对，判明企业和银行双方是否有记账错误，同时确定所有的未达账项。经过上述工作以后，可以通过编制银行存款余额调节表的方法来确定企业银行存款的实有数。

实务中常用的银行存款余额调节表的编制方法是，根据错记金额和未达账项同时将银行存款日记账余额和对账单余额调整到银行存款实有数。这种方法不仅能检验企业或银行的错记金额及未达账项的确定是否准确，而且还能确定企业银行存款的实有数。银行存款余额调节表格式如表 3-3 所示。

表 3-3　银行存款余额调节表示例

202×年　　月　　日　　　　单位：元

项目	金额	项目	金额
银行对账单的余额 加： 　企业已收款记账，而银行尚未收款记账的款项 减： 　企业已付款记账，而银行尚未付款记账的款项 加或减：银行错账		企业银行存款日记账的余额 加： 　银行已收款记账，而企业尚未收款记账的款项 减： 　银行已付款记账，而企业尚未付款记账的款项 加或减：企业错账	
调整后的余额		调整后的余额	

【例 3-9】 宏达集团有限公司 2022 年 12 月 31 日银行存款日记账的余额为 52 600 元，银行对账单的余额为 57 700 元，经过银行存款日记账与银行送来的对账单核对，发现未达账项情况如下：

（1）12 月 20 日，委托银行收款，金额 2 000 元，银行已收妥入账，但企业尚未收到收款通知。

（2）12 月，公司开出的转账支票共有 3 张，持票人尚未到银行办理转账手续，金额合计 6 700 元。

（3）12 月 30 日，存入银行支票一张，金额 1 500 元，银行已承办，企业已凭回单记账，银行尚未记账。

（4）12 月 31 日，银行代付电费 2 100 元，企业尚未收到付款通知。

根据上述资料编制银行存款余额调节表，如表 3-4 所示。

表 3-4 银行存款余额调节表

2022 年 12 月 31 日 单位：元

项目	金额	项目	金额
银行对账单的余额	57 700	企业银行存款日记账的余额	52 600
加：		加：	
已存入银行，但银行尚未入账的款项	1 500	银行已收款入账，但收款通知尚未收到，而未入账的款项	2 000
减：		减：	
支票已开出，但持票人尚未到银行转账的款项	6 700	银行已付款入账，但付款通知尚未到达企业，而未入账的款项	2 100
调整后的余额	52 500	调整后的余额	52 500

从表 3-4 可以看出，表中左右两方调整后的余额相等。这说明该公司银行存款的实有数既不是 57 700 元，也不是 52 600 元，而是 52 500 元。值得注意的是，对于银行已经入账，而公司尚未入账的未达账项，应在收到有关收付款原始凭证后，才能进行账务处理，不能直接以银行转来的对账单作为原始凭证记账。

第四节 其他货币资金的核算

一、其他货币资金的内容

其他货币资金，是指除现金、银行存款之外的货币资金。其他货币资金包括外埠存款、银行汇票存款、银行本票存款、信用卡存款、信用证保证金存款以及存出投资款等。

（1）外埠存款，是指企业到外地进行临时或零星采购时，汇往采购地银行开立采购专户的款项。

（2）银行汇票存款，是指企业为取得银行汇票按照规定存入银行的款项。

(3) 银行本票存款，是指企业为取得银行本票按照规定存入银行的款项。

(4) 信用卡存款，是指企业为取得信用卡按照规定存入银行的款项。

(5) 信用证保证金存款，是指企业为取得信用证按规定存入银行的保证金。

(6) 存出投资款，是指企业已存入证券公司但尚未进行短期投资的款项。

二、其他货币资金的核算

为了总括地反映企业其他货币资金的增减变动和结余情况，应设置“其他货币资金”账户进行其他货币资金的总分类核算。同时为了详细反映企业各项其他货币资金的增减变动及结余情况，还应在“其他货币资金”总账下按其他货币资金的组成内容的不同分设明细账户，并且按外埠存款的开户银行、银行汇票或银行本票的收款单位等设置明细账。

1. 外埠存款的核算

为满足企业临时或零星采购的需要，将款项委托当地银行汇往采购地银行开立采购专户时，借记“其他货币资金”账户，贷记“银行存款”账户；会计部门在收到采购员交来的供应单位的材料账单、货物运单等报销凭证时，借记“在途物资”“应交税费”等账户，贷记“其他货币资金”账户；采购员在离开采购地时，采购专户如有余额款项，应将剩余的外埠存款转回企业当地银行结算户，会计部门根据银行的收账通知，借记“银行存款”账户，贷记“其他货币资金”账户。

2. 银行汇票存款的核算

企业使用银行汇票办理结算时，应填写银行汇票委托书，并将相应金额的款项交存银行，取得银行汇票后，根据银行盖章退回的委托书存根联，借记“其他货币资金”账户，贷记“银行存款”账户。企业使用银行汇票后，应根据发票账单及开户银行转来的银行汇票第四联等有关凭证，借记“在途物资”等账户，贷记“其他货币资金”账户。银行汇票如有多余款项或出于超过付款期等原因而退回款项时，借记“银行存款”账户，贷记“其他货币资金”账户。

3. 银行本票存款的核算

企业使用银行本票办理结算时，应填写银行本票申请书，并将相应金额的款项交存银行，取得银行本票后，根据银行盖章退回的申请书存根联，借记“其他货币资金”账户，贷记“银行存款”账户。企业付出银行本票后，应根据发票账单等有关凭证，借记“原材料”“应交税费”等账户，贷记“其他货币资金”账户。企业因本票超过付款期等原因而要求退款时，应填制进账单一式两联，连同本票一并交存银行，根据银行盖章退回的进账单第一联，借记“银行存款”账户，贷记“其他货币资金”账户。银行本票核算的账务处理程序与银行汇票是相同的，不同的是两者涉及的明细科目不一样。

4. 信用卡存款的核算

企业申请使用信用卡时，应按规定填制申请表，并连同支票和有关资料一并送交发卡银行，根据银行盖章退回的进账单第一联，借记“其他货币资金”账户，贷记“银行存款”账户。企业用信用卡购物或支付有关费用时，借记有关账户，如“管理费用”“原材料”等，贷记“其他货币资金”账户。企业信用卡在使用过程中，需要向其账户续存资金的，借记“其他货币资金”账户，贷记“银行存款”账户。

5. 信用证保证金存款的核算

企业申请使用信用证进行结算时，应向银行缴纳保证金，根据银行退回的进账单，借记“其他货币资金”账户，贷记“银行存款”账户。根据开证行交来的信用证来单通知书及有关单据列明的金额，借记“在途物资”“原材料”“库存商品”“应交税费——应交增值税”等账户，贷记“其他货币资金”账户。

6. 存出投资款的核算

企业在向证券市场进行股票、债券投资时，应向证券公司申请资金账号并划出资金，会计部门应按实际划出的金额，借记“其他货币资金”账户，贷记“银行存款”账户。购买股票、债券时，应按实际支付的金额，借记“交易性金融资产”等账户，贷记“其他货币资金”账户。

本章习题

一、简答题

1. 什么是货币资金？它包括哪些内容？
2. 什么是其他货币资金？它包括哪些具体内容？
3. 库存现金的使用范围是什么？银行结算办法有哪些？
4. 什么是未达账项？它包括哪些具体情况？

二、实训题

某企业2022年7月31日银行存款日记账的账面余额为68 200元，银行对账单上的余额为67 500元，经逐笔核对，发现有下列未达账项。

（1）7月29日，企业支付货款开出转账支票一张计4 500元，企业已登记入账，银行尚未入账。

（2）7月30日，企业销售产品收到转账支票一张计12 300元，企业已登记入账，而银行尚未入账。

（3）7月30日，银行收到企业委托收款10 900元，银行已登记入账，企业尚未入账。

（4）7月31日，银行代企业支付水电费3 800元，银行已登记入账，企业尚未入账。

要求：根据上述未达账项，编制银行存款余额调节表。

第四章

应收及预付款

学习要点

1. 应收票据的计价和会计处理。
2. 应收票据的贴现计算及会计处理。
3. 应收账款总价法的会计处理。
4. 应收账款坏账准备的计提方法。

第一节 应收票据的核算

一、应收票据的含义

在我国，除商业汇票外，大部分票据是即期票据，如支票、银行本票及银行汇票，可以即刻收款或存入银行成为货币资金，不需要作为应收票据核算。我国的应收票据实际只有商业汇票。所以，应收票据是指企业持有的、尚未到期兑现的商业汇票。

我国相关法律规定商业汇票的付款期限最长为6个月，依此规定，企业收到的商业汇票正常情况下将在6个月内得到兑现，因而会计核算中将其作为流动资产核算。

商业汇票可以根据不同的标准加以分类：根据承兑人的不同，分为由付款人承兑的商业承兑汇票和由银行承兑的银行承兑汇票；根据计息与否，还可分为带息商业汇票和不带息商业汇票。

带息商业汇票是指商业汇票到期时，持票人根据票据面值和利率计算自票据生效日起至票据到期日的利息，收取本息的票据。

不带息商业汇票，是指商业汇票到期时，持票人只根据票据面值收款的票据。

二、应收票据的日常核算

对应收票据的日常核算一般可设置"应收票据"账户，核算应收票据的取得及收回票款的经济业务。

"应收票据"账户借方登记取得的应收票据的票面金额，贷方登记到期收回票款或到期前向银行贴现的应收票据的票面金额，期末余额在借方，反映企业持有的应收票据的票面金额。它可按照开出或承兑商业汇票的单位设置明细账户，进行明细核算。

应收票据入账价值的确定存在两种方法，一种是按其票面价值入账，另一种是按票面价值的现值入账。虽然按现值入账比较合理和科学（考虑到货币时间价值），但是，由于我国商业汇票的期限一般较短（不超过6个月），利息金额相对较小，如用现值记账，不仅计算麻烦而且其折价还要逐期摊销，过于烦琐。因此，为了简化核算，一般规定，应收票据一律按照面值确定其入账价值。但对于带息的应收票据，按照现行制度的规定，应于期末（指中期期末和年度终了）按应收票据的票面价值和确定的利率计提利息，计提的利息应单独以"应收利息"账户予以核算和反映。

1. 不带息应收票据的核算

不带息商业汇票的到期价值等于应收票据的面值。《企业会计制度》规定，企业收到商业汇票时，应当按照应收票据的票面金额，借记"应收票据"账户；按实现的营业收入或应收票据抵偿应收账款的金额，贷记"主营业务收入""应收账款"等账户；按专用发票上注明的增值税，贷记"应交税费——应交增值税（销项税额）"账户；按不带息票据到期收回的面值，借记"银行存款"账户，贷记“应收票据”账户。若该商业汇票到期，承兑人违约拒付或无力偿还票款，收款企业应将到期票据的票面金额转入“应收账款”账户核算。

【例 4-1】 宏达集团有限公司 2022 年 6 月 1 日向乙公司销售产品一批，货款为 200 000 元，尚未收到，已办妥托收手续，适用增值税税率为 13%。

其会计处理如下：

(1) 宏达集团有限公司向乙公司销售产品一批。

借：应收账款——乙企业　　226 000

　贷：主营业务收入　　200 000

　　应交税费——应交增值税（销项税额）　　26 000

(2) 7 日后，宏达集团有限公司收到乙企业寄来一份 2 个月的商业承兑汇票，面值为 226 000 元，抵付产品货款。

借：应收票据　　226 000

　贷：应收账款——乙企业　　226 000

(3) 2 个月后，应收票据到期收回票面金额 226 000 元存入银行。

借：银行存款　　226 000

　贷：应收票据　　226 000

(4) 如果该票据到期，乙企业无力偿还票款，将到期票据的票面金额转入“应收账款”账户。

借：应收账款——乙企业　　226 000

　贷：应收票据　　226 000

2. 带息应收票据的核算

对于带息应收票据，应当定期计算票据利息，金额较大的可以按月计提，金额较小的可以按季度计提。一般而言，企业至少应于中期期末和年度终了计算票据利息，并单独以“应收利息”账户予以核算和反映；同时，冲减财务费用。其计算公式如下：

应收票据利息＝应收票据票面金额×利率×期限

式中，利率一般以年利率表示；期限是指票据签发日至到期日的时间间隔（有效期），一般用月或日表示。在实际业务中，为了计算方便，常把一年定为 360 天。

票据期限按月表示时，应以“对月当日”为原则确定到期日，即以到期月份中与出票日相同的那一天为到期日。例如，4 月 15 日签发的一个月票据，到期日应为 5 月 15 日。月末签发的票据，不论月份大小，以到期月份的月末那一天为到期日。例如，2022 年 12 月 31 日签发的期限两个月的商业汇票，到期日应为 2023 年 2 月 28 日。与此同时，计算利息使用的利率要换算成月利率（年利率÷12）。

票据期限按日表示时，应从出票日起按实际经历天数计算。通常出票日和到期日，只能计算其中的一天，即“算头不算尾”或“算尾不算头”。例如，5 月 15 日签发的 90 天票据，其到期日应为 8 月 13 日［90 天－5 月剩余天数－6 月实有天数－7 月实有天数＝90－(31－15)－30－31＝13］。同时，计算利息使用的利率，要换算成日利率（年利率÷360）。

带息的应收票据到期收回款项时，应按收到的本息，借记“银行存款”账户；按票面价值，贷记“应收票据”账户；按已计提的利息，贷记“应收利息”账户，未计提的利息部分则直接贷记“财务费用”账户。

【例 4-2】 宏达集团有限公司 2022 年 9 月 1 日销售一批产品给光大公司，货已发出，发票上注明的销售收入为 200 000 元，增值税税额为 26 000 元。收到光大公司开出的商业承兑汇票一张，期限为 6 个月，票面利率为 6%。

其会计处理如下：

(1) 收到票据。

借：应收票据　　226 000

　　贷：主营业务收入　　200 000

　　　　应交税费——应交增值税（销项税额）　　26 000

(2) 年度终了（2022 年 12 月 31 日），计提票据利息。

票据利息＝226 000×6%÷12×4＝4 520（元）

借：应收利息　　4 520

　　贷：财务费用　　4 520

(3) 票据到期收回货款。

2023 年的票据利息＝226 000×6%÷12×2＝2 260（元）

借：银行存款　　232 780

　　贷：应收票据　　226 000

　　　　应收利息　　4 520

　　　　财务费用　　2 260

三、应收票据贴现

当企业需要资金时，可以将未到期的票据经过背书向银行贴现。所谓贴现，就是指企业以支付贴现息为代价，在票据到期之前，将票据的收款权转让给银行或其他金融机构，提前取得现金的方式。票据贴现实质上是一种融资行为。在贴现中，企业贴给银行的利息称为贴现息，所用的利率称为贴现率，票据到期值与贴现息之差称为贴现所得。

向银行申请贴现的票据必须经过背书。所谓背书，就是票据的持有人在票据转让的时候，在票据背面签字。签字人称为背书人，对票据到期付款负有法律责任。应收票据贴现的处理可以采用无追索权和有追索权两种方式。无追索权方式是指票据到期如果付款人无力付款，背书人不承担连带责任，而有追索权方式是指当票据到期时，如果遭到付款单位的拒付，银行可以根据法律向背书人追索。换言之，如果贴现的票据到期，付款单位无力支付款项，贴现企业有责任代出票人或承兑人向银行兑付。根据《中华人民共和国票据法》的规定，我国现行票据贴现和转让均采用有追索权方式处理。

企业以应收票据向银行贴现的贴现息和贴现所得的计算公式如下：

票据到期值＝票据面值＋票据到期利息

贴现息＝票据到期值×年贴现率×贴现期

贴现所得＝票据到期值－贴现息

1. 不带息票据的贴现

不带息票据的到期值就是票据的面值，向银行申请贴现时，应按上述公式计算贴现息和贴现所得。在会计处理上，考虑到无追索权和有追索权两种情况，对于无追索权的情况采用直接冲销“应收票据”的方法。对于有追索权的情况可以冲销“应收票据”，同时用旁注的方式在资产负债表上反映票据的贴现；也可以设置“应收票据贴现”账户进行核算，在资产负债表内反映。我国现行的企业会计制度采用第一种方法，而中外合资企业会计制度则采用第二种方法。下面举例说明第一种方法的会计处理。

【例 4-3】 宏达集团有限公司将面值为 10 000 元、期限为半年的商业汇票在公司持有 1 个月以后向银行申请贴现，贴现率为 8%。贴现息和贴现所得计算如下：

贴现息=10 000×8%×5÷12=333.33（元）

贴现所得=10 000−333.33=9 666.67（元）

（1）贴现时，公司根据计算结果作如下会计分录：

借：银行存款	9 666.67	
财务费用	333.33	
贷：应收票据		10 000

（2）上述票据到期时，如果付款单位已经付款，则不作处理；如果付款人或承兑人无力还款，企业收到贴现银行退回的票据时，应作如下会计分录：

借：应收账款	10 000	
贷：银行存款（或短期借款）		10 000

（3）期末编制会计报表时，对于尚未到期的已贴现商业汇票，应作为企业一项或有负债，在会计报表附注中说明，以便会计报告使用者更全面地了解企业财务状况。

2. 带息票据的贴现

带息票据的到期值由面值和利息两部分组成，若企业向银行申请贴现，可按上述公式计算贴现息和贴现所得。如果贴现所得大于应收票据面值，说明应收票据已取得的利息大于应支付的贴现息，形成企业的利息收入；如果贴现所得小于应收票据面值，说明企业取得的利息收入不足以支付贴现息，形成贴现的利息费用。无论是利息收入还是利息费用，均通过“财务费用”账户核算。

【例 4-4】 宏达集团有限公司于 2022 年 4 月 1 日将 2 月 1 日开出并承兑的面值为 100 000 元、年利率为 8%、5 月 1 日到期的商业承兑汇票向银行申请贴现，贴现率为 10%。贴现息和贴现所得计算如下：

票据到期值=100 000×(1+8%×90/360)=102 000（元）

贴现息=102 000×10%×30÷360=850（元）

贴现所得=102 000−850=101 150（元）

（1）其会计分录如下：

借：银行存款	101 150	
贷：应收票据		100 000
财务费用		1 150

（2）若 5 月 1 日该商业汇票的付款人如实付款，则不作处理；如果付款人或承兑人无力还款，企业收到贴现银行退回的票据时，应作如下会计分录：

借：应收账款　　102 000

　　贷：银行存款（或短期借款）　　102 000

四、应收票据转让

应收票据在到期前，持票人可将其作为其他交易的结算凭证转让给交易对方，如可用于抵偿购买商品的欠款、偿还债务等。商业汇票转让时同样要背书。如果付款人到期不能兑付，背书人负有连带的付款责任。在会计上，当商业汇票转让时，通常作为冲减应收票据处理，但由此产生的或有负债需要在报表附注中加以说明。

第二节　应收账款的核算

一、应收账款的含义

应收账款，是指企业因销售商品或提供劳务而形成的债权。

企业出于销售商品或提供劳务等原因，应向购货单位或接受劳务单位收取的款项，包括代垫的运杂费等。它是由于赊销向客户提供的信用。

应收账款有其特定的范围：一是因销售活动形成的债权，不包括应收职工欠款、应收债务人的利息等其他应收款；二是流动资产性质的债权，不包括长期的债权，如购买的长期债券等；三是本企业应收客户的款项，不包括本企业付出的各类存出保证金，如投标保证金和租入包装物保证金等。

二、应收账款的日常核算

由于应收账款是因赊销业务而产生的，因此其入账时间与确认销售收入的时间是一致的，应收账款应于收入实现时予以确认。简单而言，必须符合两个条件，即与收入项目有关的经济利益能够流入企业，以及收入能够可靠地计量。

按照历史成本计价的原则，应收账款通常应根据交易实际发生的金额入账，包括发票金额和代购货单位垫付的运杂费两部分。当有商业折扣和现金折扣等发生时，应收账款入账价值的确定方法会复杂一点。

1. 商业折扣

商业折扣，是指企业根据市场供需情况，或针对不同的顾客，在商品价格上给予的扣除。企业为了扩大销售、占领市场，对于批发商往往给予商业折扣，采用销量越多、价格越低的促销策略，即“薄利多销”，“返”是企业最常用的促销手段。例如，企业制定销售政策，凡一次性购入某种产品500件的客户可以享受20%的价格优惠，就是商业折扣。

由于商业折扣的实质是重新确认实际的销售价格，开出的发票价格是由扣除商业折扣以后的价格决定的，对应收账款的入账价值没有影响，在会计上可不作处理。

2. 现金折扣

现金折扣，是指债权人为鼓励债务人在规定的期限内提前付款，而向债务人提供的债务扣除。

现金折扣通常发生在以赊销方式销售商品及提供劳务的交易中。企业为了鼓励客户提前偿付货款，通常与债务人达成协议，债务人在不同期限内付款可享受不同比例的折扣。现金折扣一般用符号“折扣/付款期限”表示。例如，买方在 10 天内付款可按售价给予 2%的折扣，用符号“2/10”表示；在 20 天内付款按售价给予 1%的折扣，用符号“1/20”表示；在 30 天内付款，则不给折扣，用符号“n/30”表示。

现金折扣是否影响应收账款的入账价值，取决于所采用的会计处理方法是总价法还是净价法。也就是说，在存在现金折扣的情况下，应收账款入账金额的确认有两种方法，一种是总价法，另一种是净价法。

总价法是将未减去现金折扣前的金额作为实际售价，记作应收账款的入账价值。现金折扣只有客户在折扣期内支付货款时，才予以确认。在这种方法下，销售方把给予客户的现金折扣作为冲减销售收入处理。

净价法是将扣减现金折扣后的金额作为实际售价，据以确认应收账款的入账价值。这种方法是把客户取得折扣视为正常现象，认为客户一般会提前付款，将由于客户超过折扣期限而多收入的金额，视为提供信贷获得的收入。

总价法和净价法相比，从理论上讲，净价法更为合理。因为在净价法下，应收账款按可实现的金额入账，销售收入按扣除现金折扣以后的价格入账，符合会计信息的谨慎性质量要求。但是，在净价法下，当客户的付款时间超过折扣期时，需要对每一笔应收账款作详细的分析，进而调整应收账款，工作量大，手续比较烦琐。在总价法下，应收账款计量比较简单，不论现金折扣是否发生，应收账款金额都是确定的。我国的会计实务中通常采用总价法。

【例 4-5】　宏达集团有限公司销售给顺昌公司一批产品，价款 20 000 元。宏达集团有限公司规定的现金折扣条件为 2/10，n/30，适用的增值税税率为 13%，产品交付并办妥托收手续。该企业按总价法处理，假设折扣时不考虑增值税。

其会计处理如下：

（1）宏达集团有限公司销售给顺昌公司一批产品。

科目	借方	贷方
借：应收账款——顺昌公司	22 600	
贷：主营业务收入		20 000
应交税费——应交增值税（销项税额）		2 600

收到货款时，根据顺昌公司是否得到现金折扣的情况入账。

（2）如果上述货款在 10 天内收到。

科目	借方	贷方
借：银行存款	22 200	
主营业务收入	400	
贷：应收账款——顺昌公司		22 600

（3）如果超过了现金折扣的最后期限。

科目	借方	贷方
借：银行存款	22 600	
贷：应收账款——顺昌公司		22 600

三、应收账款的坏账处理

应收账款坏账，是指由于购货方拒付、破产、死亡等原因而无法收回的账款。

由于坏账而遭受的损失，称为坏账损失。

1. 坏账损失的确认

企业确认坏账时，应遵循财务会计的目标和会计核算的基本原则，具体分析各项应收款项（包括应收账款、其他应收账款等）的特性、金额的大小、信用期限、债务人的信誉和当时的经营情况等因素。一般来讲，企业的应收款项符合下列条件之一的，应确认为坏账。

（1）债务人死亡，以其遗产清偿后仍然无法收回。

（2）债务人破产，以其破产财产清偿后仍然无法收回。

（3）债务人较长时期内未履行其偿债义务，并有足够的证据表明无法收回或收回的可能性极小。

由于不同的行业和不同规模的企业，其应收款项的性质不一样，产生坏账损失的可能性也不一样。企业应当在期末对应收款项进行检查，并预计可能产生的坏账损失。对预计可能产生的坏账损失，计提坏账准备。

企业计提坏账准备的方法由企业自行确定。在确定计提方法时，应注意它的客观性，不得过度计提或者不计提坏账准备，利用计提坏账准备调节利润。因此，企业应当制定计提坏账准备的政策，明确计提坏账准备的范围、提取方法、账龄的划分和提取比例，按照法律、行政法规的规定报有关各方备案。

坏账准备的计提方法通常有账龄分析法、余额百分比法、销货百分比法和个别认定法等。企业无论采用何种方法，或者根据情况分别采用不同的方法，都应当在制定的有关会计政策和会计估计目录中明确，不得随意变更。如需变更，应当按会计政策、会计估计变更的程序和方法进行处理并在会计报表附注中予以说明。

为了正确运用好企业会计制度所规定的计提坏账准备的原则，企业必须把握好以下几点。

第一，企业应向债务人函证应收款项，对应收款项的可回收性进行评价。

第二，企业应根据具体情况，自行确定计提坏账准备的方法、计提比例等，如果企业历史上发生坏账损失的记录较少，且债务人的信用较好，企业仍然可以在较低的水平上计提坏账准备。

第三，企业在确定坏账准备的计提比例时，应根据其以往的经验、债务单位的实际财务状况和现金流量的情况，以及其他相关信息合理地估计，如市场情况和行业惯例，特别是赊销金额巨大的客户的支付能力等因素。

第四，除有确凿证据表明该项应收款项不能够收回或收回的可能性不大（如债务单位已撤销、破产，资不抵债、现金流量严重不足、发生严重的自然灾害等导致停产而在短时间内无法偿付债务等，以及 3 年以上的应收款项）外，与关联方之间发生的应收款项不能全额计提坏账准备。

还应注意，下列情况不能全额计提坏账准备。

一是当年发生的应收款项。

二是计划对应收款项进行重组。

三是与关联方发生的应收款项。

四是其他已逾期，但无确凿证据表明不能收回的应收款项。

企业利用制度提供可选择空间，随意大量计提坏账准备，在来年又对已计提坏账准备的应收款项进行冲回，以实现收益的做法，就属于人为操纵利润，设置秘密准备的现象。所谓秘密准备，是指超过资产实际损失金额而计提的准备。

需要特别说明的是，上述规定并不意味着企业对与关联方之间发生的应收款项可以不计提坏账准备。企业与关联方之间发生的应收款项与其他应收款项一样，也应当在期末时分析其能否收回，并预计可能发生的坏账损失。对预计可能发生的坏账损失，计提相应的坏账准备。企业与关联方之间发生的应收款项一般不能全额计提坏账准备，但如果有确凿证据表明关联方（债务单位）已撤销、破产、资不抵债、现金流量严重不足等，并且不准备对应收款项进行重组或无其他收回方式的，则对预计无法收回的应收关联方的款项也可以全额计提坏账准备。

企业的预付账款如有确凿证据表明其不符合预付账款性质，或者出于供货单位破产、撤销等原因已无望再收到所购货物的，应当按规定计提坏账准备。

企业持有的未到期应收票据，如有确凿证据证明不能够收回或收回的可能性不大时，应当计提相应的坏账准备。

应当指出，对已确认为坏账的应收款项，并不意味着企业放弃了追索权，一旦重新收回，应及时入账。

2. 坏账损失的会计处理

《企业会计准则》规定，企业应设置“信用减值损失”账户对坏账进行核算。坏账的核算方法一般有两种：直接转销法和备抵法。

我国企业现在一般采用的是备抵法。

（1）直接转销法。

直接转销法，是指日常核算中对应收款项可能发生的坏账损失不予以考虑，只有在实际发生坏账时，才作为损失计入当期损益，同时注销该笔应收款项。

【例 4-6】　B公司欠宏达集团有限公司的账款 10 000 元已超过 3 年，屡催无效，断定无法收回，则宏达集团有限公司应对 B 公司的应收账款作坏账损失处理。

其会计处理如下：

借：信用减值损失　　10 000

　　贷：应收账款——B 公司　　10 000

如果已冲销的应收账款以后又收回时，其会计处理如下：

借：应收账款——B 公司　　10 000

　　贷：信用减值损失　　10 000

同时，

借：银行存款　　10 000

　　贷：应收账款——B 公司　　10 000

采用直接转销法，会计处理简便，易于理解。但是，在这种处理方式下，确认坏账的时间与实际确认销售收入的时间不一致。一般情况下，赊销的同时应收账款已经存在坏账的可能。采用直接转销法，只有等到发生坏账时才能确定当期计入信用减值损失的金额，这部分因坏账而发生的费用与销售收入往往不在同一个会计期间，确认收入时因无相应的坏账费用配比而虚计该期利润，企业应收账款也因未考虑坏账而扩大。因而采用直接转销法不符合收入与费用配比原则以及企业确认收入和费用的权责发生制原则。因此，《企业会计制度》规定，不允许企业采用直接转销法核算坏账损失。

(2) 备抵法。

备抵法，是指按期估计坏账建立坏账准备，以备抵销今后实际发生的坏账损失的方法。

采用备抵法，一方面按期估计坏账损失列入“信用减值损失”账户；另一方面设置“坏账准备”账户，待实际发生坏账时冲销坏账准备和应收款项金额，使资产负债表上的应收款项反映扣减估计坏账后的净值。采用这种方法，坏账损失计入与相应销售收入同一期间的损益，体现了配比原则的要求，避免了企业明盈实亏；在资产负债表中列示应收款项净额，使报表使用者能了解企业应收款项的可变现金额。目前，《企业会计制度》规定，应收账款应采用备抵法进行坏账的核算。除应收账款外，预付账款、应收利息和其他应收款均应计提坏账准备。本书在此主要以应收账款为例，说明坏账的核算方法。

【例 4-7】 宏达集团有限公司 2022 年估计坏账损失为 7 000 元。

其会计处理如下：

借：信用减值损失　　7 000

　　贷：坏账准备　　7 000

2022 年确认坏账损失为 5 500 元。

其会计处理如下：

借：坏账准备　　5 500

　　贷：应收账款——××客户　　5 500

备抵法首先要按期估计坏账损失。估计坏账损失主要有三种方法，即赊销百分比法、余额百分比法、账龄分析法。

①赊销百分比法。赊销百分比法是指根据当期赊销金额的一定百分比估计坏账损失的方法。

采用这一方法是因为坏账只与当期因赊销而发生的应收款项有关，与当期的现销收入无关。当期赊销业务越多，产生的坏账损失越大。因此，可以根据过去的经验和有关资料，估计坏账损失与赊销金额之间的比率，也可用其他更合理的方法进行估计。

【例 4-8】 博雅股份有限公司 2021 年全年赊销金额为 200 000 元，根据以往资料和经验，估计坏账损失率为 1.5%。

年末估计坏账损失：200 000×1.5%=3 000（元）

其会计处理如下：

借：信用减值损失　　3 000

　　贷：坏账准备　　3 000

在采用赊销百分比法的情况下，估计坏账损失百分比可能由于企业生产经营情况的不断变化而不相适应，因此，需要经常检查百分比是否能足以反映企业坏账损失的实际情况，倘若发现存在过高或过低的情况，应及时调整百分比。

②余额百分比法。余额百分比法是指根据期末应收账款的余额乘以估计坏账率，即为当期应估计的坏账损失，并据此提取坏账准备的方法。

估计坏账率可以按照以往的数据资料加以确定，也可根据规定的百分率计算。理论上讲，这一比例应按坏账占应收账款的概率计算，企业发生的坏账多，比例相应就高些；反之则低些。会计期末，企业应提取的坏账准备大于其账面余额的，按其差额提取；应提取的坏账准备小于其账面余额的，按其差额冲回坏账准备。

其计算公式如下：

年末应提取坏账准备＝年末应收账款余额×估计坏账率－坏账准备余额

式中，坏账准备余额一般在贷方，当其借方出现余额时，则应加其借方余额。

【例 4-9】 宏达集团有限公司年末应收账款的余额为 100 000 元，提取坏账准备的比例为 5‰。第二年，发生了坏账损失 600 元，其中 A 公司 100 元，B 公司 500 元，年末应收账款余额为 120 000 元。第三年，已冲销的上年 B 公司应收账款 500 元又收回，期末应收账款余额为 130 000 元。

相应会计处理如下：

A. 第一年提取坏账准备。

借：信用减值损失　　500

　　贷：坏账准备　　500

B. 第二年冲销坏账。

借：坏账准备　　600

　　贷：应收账款——A 公司　　100

　　　　　　　　——B 公司　　500

C. 第二年末，按应收账款的余额计算提取坏账准备，提取后坏账准备余额为 600 元（120 000×5‰），但在期末提取坏账准备前，“坏账准备”账户有借方余额 100 元，所以应补提坏账准备 100 元，应提取的坏账准备合计为 700 元（120 000×5‰＋100）。

借：信用减值损失　　700

　　贷：坏账准备　　700

上例如图 4-1 所示。

借		坏账准备	贷
		期初余额	0
		A	500
B	600		
		C	700
		期末余额	600

图 4-1 坏账准备（1）

D. 第三年，上年已冲销的 B 公司账款 500 元又收回入账。

借：应收账款——B 公司　　500

　　贷：坏账准备　　500

同时，

借：银行存款　　500

　　贷：应收账款——B 公司　　500

E. 第三年末，按应收账款的余额计算提取坏账准备，提取后坏账准备余额应为 650 元（130 000×5‰），但在期末提取坏账准备前，“坏账准备”账户已有贷方余额 1 100 元，即期初贷方余额 600 元加上收回的已冲销坏账 500 元，超过应提坏账准备数，所以，应冲回多提的坏账准备 450 元

(1 100－130 000×5‰)，冲回记在借方。

借：坏账准备　　450

　贷：信用减值损失　　450

上例如图 4-2 所示。

借	坏账准备		贷
		期初余额	600
		D	500
E	450		
		期末余额	650

图 4-2　坏账准备（2）

会计核算上应注意以下两个问题。

第一，已确认并转销的信用减值损失，如果以后又收回，应及时借记和贷记该项应收账款科目，而不应直接从“银行存款”科目转入“坏账准备”科目。这样处理，便于提供分析债务人财务状况的信息，便于确认将来是否与其进行财务往来，并能反映债务人企图重新建立其信誉的愿望。

第二，收回的已作为坏账核销的应收账款，应贷记“坏账准备”账户，而不能直接冲减“信用减值损失”。虽然先贷记“坏账准备”账户，然后在年末时少提或冲销坏账准备，以减少信用减值损失，最终结果是一样的，但采用贷记“坏账准备”账户的做法，能够使“信用减值损失”账户仅反映企业提取或冲回多提的坏账准备数额。而“坏账准备”账户则集中反映了坏账准备的提取、坏账损失的核销、收回的已作为坏账核销的应收账款情况。这样处理，使得坏账准备的提取、核销、收回、结余，反映得更为清楚，便于进行分析利用。

③账龄分析法。账龄分析法，是指根据应收账款入账时间的长短来估计坏账损失的方法。

账龄分析法的设计，对提取坏账准备来说应该是比较科学的，虽然应收账款能否收回以及能收回多少，不一定完全取决于时间的长短，但一般来说，账款拖欠的时间越长，发生坏账的可能性就越大。

【例 4-10】　宏达集团有限公司采用应收账款账龄分析法计算坏账损失，有关资料如表 4-1 和表 4-2 所示。

表 4-1　宏达集团有限公司应收账款账龄分析

2022 年 12 月 31 日　　单位：元

客户名称	余额	未过期	已过期				
			1～30 天	31～60 天	61～90 天	91～180 天	180 天以上
甲	105 000	40 000	20 000	15 000	12 000	10 000	8 000
乙	128 000	35 000	40 000	25 000	15 000	3 000	10 000
丙	90 000	40 000	20 000	12 000	10 000	5 000	3 000
丁	70 000	30 000	10 000	12 000	8 000	5 000	5 000
戊	53 000	15 000	5 000	8 000	5 000	10 000	10 000
合计	446 000	160 000	95 000	72 000	50 000	33 000	36 000

表 4-2 宏达集团有限公司估计坏账损失

2022 年 12 月 31 日

单位：元

账龄	应收账款余额	估计坏账百分比（%）	估计坏账损失
未过期	160 000	1	160
1～30 天	95 000	2	190
31～60 天	72 000	5	360
61～90 天	50 000	10	500
91～180 天	33 000	20	660
180 天以上	36 000	40	1 440
合计	446 000		3 310

根据表 4-1 和表 4-2 计算结果，本期计提的坏账损失为 3 310 元。若调整前“坏账准备”账户余额为 0，则应作如下会计处理：

借：信用减值损失——坏账损失　　3 310

　　贷：坏账准备　　3 310

账龄分析法是根据期末应收账款余额计算预计的坏账损失，计算出的坏账损失金额应与应收账款余额相呼应。每次计提时要考虑“坏账准备”账户期初是否有余额，若有余额，则应作相应的调整。

【例 4-11】 若例 4-10 中宏达集团有限公司 2022 年坏账准备期初余额为 1 200 元，则本期坏账准备应计提金额为 2 110(3 310－1 200）元，则会计处理如下：

借：信用减值损失——坏账损失　　2 110

　　贷：坏账准备　　2 110

实际确认发生坏账时，应冲销应收账款和坏账准备，其会计分录与应收账款余额百分比法相同。

账龄分析法将应收账款分为不同的时段，并按时段确定坏账百分比，计算出的坏账损失率比赊销百分比更为精确。但是，估计坏账的时间可能要等到该销货期以后的某一个日期，因此，同一笔与销售有关的营业收入与列作费用的坏账损失分别在两个不同的会计期间入账，违背了收入和费用配比原则。

《企业会计制度》规定，坏账准备的计提方法和计提比例由企业自行确定，提取方法一经确定，不能随意变更；如需变更，应在会计报表附注中予以说明。除了应收账款应该计提坏账准备外，其他应收账款也应计提坏账准备。若企业的预付账款有确凿证据表明不符合预付账款的性质，或者出于供货单位破产、撤销等原因已无望再收到所购货物时，应将原计入预付账款的金额转入其他应收账款，并按规定计提坏账准备。企业持有的未到期应收票据，如有确凿证据证明不能够收回或者收回的可能性不大时，应将其账面余额转入应收账款，并计提相应的坏账准备。

第三节 预付账款与其他应收款项的核算

一、预付账款的核算

预付账款，是指企业按照购货合同或劳务合同规定，预先支付给供货方或提供劳务方的款项。

为了加强对预付账款的管理，一般应单独设置“预付账款”账户进行核算，预付账款不多的企业，也可以将预付的货款记入“应付账款”账户的借方。但在编制会计报表时，仍然要将“预付账款”和“应付账款”的金额分开报告，将“应付账款”所属明细账的借方余额列示于资产负债表中流动资产类下的预付账款项目。若通过“预付账款”账户核算并在所属明细账中出现贷方余额，则应将其列示于资产负债表中流动负债类下的应付账款项目。

预付账款按实际付出的金额入账，期末预付账款按历史成本反映。

企业按购货合同的规定预付货款时，按预付金额借记“预付账款”账户，贷记“银行存款”账户。企业收到预定的货物时，应根据发票账单等列明的应计入购入货物成本的金额，借记“原材料”等账户；按专用发票上注明的增值税，借记“应交税费——应交增值税（进项税额）”账户；按应付的金额，贷记“预付账款”账户；补付货款时，借记“预付账款”账户，贷记“银行存款”账户。退回多付的款项时，借记“银行存款”账户，贷记“预付账款”账户。

【例 4-12】 宏达集团有限公司 2022 年 10 月 18 日以银行存款预付正大公司货款 60 000 元。

其会计处理如下：

借：预付账款——正大公司　　60 000
　　贷：银行存款　　60 000

【例 4-13】 宏达集团有限公司 2022 年 11 月 28 日收到预购正大公司货物的发票账单及运单等结算凭证，货款 60 000 元，增值税税额 7 800 元，运费 800 元，以银行存款补付货款 8 600 元，所购甲材料尚未到达。

其会计处理如下：

借：在途物资——甲材料　　60 800
　　应交税费——应交增值税（进项税额）　　7 800
　　贷：预付账款——正大公司　　68 600
借：预付账款——正大公司　　8 600
　　贷：银行存款　　8 600

【例 4-14】 假设前两例中，宏达集团有限公司预付账款业务不多，则其可以不设“预付账款”账户，通过“应付账款”账户进行核算。

其会计处理如下：

（1）2022 年 10 月 18 日。

借：应付账款——正大公司　　60 000
　　贷：银行存款　　60 000

（2）2022 年 11 月 28 日。

借：在途物资——甲材料　　60 800
　　应交税费——应交增值税（进项税额）　　7 800
　　贷：应付账款——正大公司　　68 600
借：应付账款——正大公司　　8 600
　　贷：银行存款　　8 600

二、应收股利的核算

应收股利，是指企业由于投资活动产生的应收取的现金股利和应收取被投资单位分配的利润。

对于应收股利的发生和收回情况，应单独设置“应收股利”账户进行核算。应收股利产生时，记入“应收股利”账户的借方，收回应收股利则记入“应收股利”账户的贷方。本账户可以按照被投资单位设置明细账户，进行明细核算。

【例 4-15】　2022 年 7 月 20 日，宏达集团有限公司年初购入的、计划短期持有的康辉公司股票 50 000 股，现康辉公司宣告分派现金股利，每股 0.1 元。

其会计处理如下：

借：应收股利　　5 000
　　贷：投资收益　　5 000

三、应收利息的核算

应收利息，是指企业交易性金融资产、债权投资和可供出售金融资产、发放贷款等应收取的利息。

对于应收利息的发生和收回情况，应单独设置“应收利息”账户进行核算。应收利息产生时，记入“应收利息”账户的借方，收回应收利息则记入“应收利息”账户的贷方。本账户可以按照借款人或被投资单位设置明细账户，进行明细核算。

企业购入的一次还本付息的债权投资持有期间取得的利息，通过“债权投资”账户核算，不通过本账户核算。

【例 4-16】　2022 年 6 月 30 日，宏达集团有限公司确认 4 月 1 日购入的、计划短期持有的嘉和公司债券本季度的利息收益 2 000 元。

其会计处理如下：

借：应收利息　　2 000
　　贷：投资收益　　2 000

四、其他应收款的核算

其他应收款，是指除应收账款、应收票据和预付账款等以外的其他各种应收及预付款项。

其他应收款一般包括应收的各种赔款、罚款；应收的出租包装物租金；应向员工收取的各种垫付款项，如预支给出差人员的差旅费；备用金（向企业各职能科室、车间等拨出的备用金）；存出保证金，如租入包装物支付的押金；其他的各种应收、暂付款项。将这类项目单独归类，以便会计报表的使用者把这些项目与由于购销业务而发生的应收项目识别清楚。

1. 备用金的核算

备用金，是指企业财会部门单独拨付给企业内部各部门或报账单位作差旅费、零星采购或零星开支及其他业务上必需的周转资金。

备用金的需要量，也要经过银行核准，包括在库存现金的限额之内。备用金具有指定的用途，必须单独核算、单独管理。

备用金的核算，可通过“其他应收款”账户核算，也可单独设置“备用金”账户。它属于资产类账户，借方登记增加数，贷方登记减少数，余额表示库存的备用金数额，并按照领用单位或个人设明细分类账户核算。

备用金的管理有定额备用金和非定额备用金两种办法。

（1）定额备用金。

定额备用金，是指财会部门根据经常需要使用备用金的部门的实际需要，核定备用金定额，并按定额拨付备用金的管理办法。

备用金的使用部门在规定期限内，按照规定的开支范围使用备用金后，填写报销单并随附原始凭证向财会部门报销，财会部门按照核准报销的数额付给现金，补足备用金定额。这种管理方式既方便了使用备用金的部门和单位，又简化了核算手续。一般对用于费用开支的小额备用金实行定额管理的办法。为了总括反映备用金的领用和报销情况，应在“其他应收款”账户下设置“备用金”明细账户。

【例 4-17】 宏达集团有限公司 2022 年 8 月 1 日批准其总务部门采用定额备用金制度，核定该部门备用金定额为 2 500 元，已经付给其现金。

其会计处理如下：

①付给总务部门备用金 2 500 元。

借：其他应收款——备用金	2 500	
贷：库存现金		2 500

②2022 年 8 月 6 日，总务部门报销办公费用 500 元，付给现金。

借：管理费用	500	
贷：库存现金		500

③2022 年 10 月 30 日，财会部门核定总务部门不再采用定额备用金制度，收到总务部门交来的 2 500 元现金。

借：库存现金	2 500	
贷：其他应收款——备用金		2 500

（2）非定额备用金。

非定额备用金是指用款部门根据实际需要或临时需要向财会部门领款，每次借用，都按实报实销的管理办法。用款部门在凭原始凭证向财会部门报销时，作为减少备用金处理，直到用完为止。

如需补充备用金，再另行办理拨款和领款手续。

【例 4-18】　宏达集团有限公司 2022 年 8 月 1 日批准某外设销售机构采用非定额备用金制度，已经付给其现金 2 000 元。

其会计处理如下：

①付给某外设销售机构非定额备用金 2 000 元。

借：其他应收款——备用金　　2 000

　　贷：库存现金　　2 000

②2022 年 8 月 3 日，该外设销售机构报销运费 500 元。

借：销售费用　　500

　　贷：其他应收款——备用金　　500

③2022 年 8 月 15 日，该外设销售机构撤销，交回 300 元备用金余额，已经收讫。

借：库存现金　　300

　　贷：其他应收款——备用金　　300

总而言之，无论实行哪种管理办法，都要建立健全备用金的领用、保管和报销等手续制度，并指定专人负责管理备用金。经管人员发生变动时，必须办理交接手续，以明确经济责任。

2. 差旅费及其他核算

单位内部的出差人员预支差旅费时，应单独设置“其他应收款”账户进行核算。付差旅费借款时，记入“其他应收款”账户的借方；当其出差返回报销差旅费时，按其实际支出借记费用类账户，同时按其预支差旅费的金额记入“其他应收款”账户的贷方，借贷方差额为收到或补付的“库存现金”。此账户可以按照对方单位或个人设置明细账户，进行明细核算。

【例 4-19】　2022 年 10 月 28 日，宏达集团有限公司财务部门将现金 800 元预支给采购员王华，以应其出差所需。

其会计处理如下：

借：其他应收款——王华　　800

　　贷：库存现金　　800

【例 4-20】　2022 年 11 月 6 日，王华出差归来，到财务部门凭单据报销出差费用 1 000 元，补付给王华 200 元现金。

其会计处理如下：

借：管理费用　　1 000

　　贷：其他应收款——王华　　800

　　　　库存现金　　200

应当说明一点，企业用于投资、购买原材料和物资的各种款项，不得在此账户中核算。企业应当定期或者至少于每年年度终了对其他应收款进行检查，预计其可能发生的坏账损失，并计提坏账准备。对于不能收回的其他应收款应查明原因，追究责任。对确实无法收回的，按照企业的管理权限，经股东大会或董事会，或经理（厂长）会议或类似机构批准作为坏账损失，冲减提取的坏账准备。

本章习题

一、简答题

1. 什么是应收票据的贴现？贴现息如何计算？
2. 什么是应收账款？
3. 什么是商业折扣、现金折扣？
4. 总价法和净价法有何不同？
5. 表述确认坏账损失的条件。
6. 备抵法下估计坏账损失的方法有哪些？

二、实训题

某公司于5月10日收到甲企业一张面值100 000元、期限90天、利率9%的商业承兑汇票作为应收账款；6月9日，公司持此票据到银行贴现，贴现率为12%；票据到期后，出票人和该公司均无款支付，银行已通知该公司将贴现票款转作逾期贷款。

要求：根据以上资料计算票据贴现净额，并作出相关会计分录。

第五章

存　货

学习要点

1. 存货的概念与分类。
2. 存货的入账价值的确定与取得存货的核算。
3. 存货发出的计价方法与发出存货的核算。
4. 存货在计划成本法下的核算。
5. 存货期末计价方法与核算。
6. 存货的清查方法。

第一节 认识存货

一、存货的性质与确认

1. 存货的性质

存货是指企业在日常活动中持有以备出售的产成品或商品、处在生产过程中的在产品、在生产过程或提供劳务过程中耗用的材料和物料等。

存货是一种具有物质实体的有形资产，但其物质实体经常处于不断被销售或耗用以及不断被重置之中，因而属于一项流动资产，具有较强的变现能力和较大的流动性。

一个资产项目是否属于存货，主要取决于其在生产经营过程中的用途或所起的作用，而不是物质实体。例如，同样一台机器设备，对于生产和销售机器设备的企业来说，属于存货；而对于使用机器设备进行生产的企业来说，则属于固定资产。再如，企业为建造固定资产而储备的各种材料，虽然在物质实体上与原材料等存货类似，但并不符合存货的概念，因而不能列入存货进行核算。此外，企业为国家储备的特种物资、专项物资等，并不参加企业的经营周转，因而也不能列入存货进行核算。

2. 存货的确认

企业在确认某项资产是否作为存货时，首先要视其是否符合存货的概念，在此前提下，应当同时满足以下存货确认的两个条件，才能加以确认：一是该存货包含的经济利益很可能流入企业；二是该存货的成本能够可靠地计量。

通常，随着存货实物的交付，存货所有权也随之转移，而随着存货所有权的转移，所有权上的主要风险和报酬也一并转移，此时，一般可以同时满足存货确认的两个条件。因此，存货确认的一个基本标志就是，企业是否拥有某项存货的法定所有权。在会计期末，凡企业拥有法定所有权的货物，无论存放何处，通常都应包括在本企业的存货之中；而尚未取得法定所有权或者已将法定所有权转移给其他企业的货物，即使存放在本企业，也不应包括在本企业的存货之中。但必须注意，存货的交易方式是多种多样的，在有些情况下，存货实物的交付、所有权的转移、所有权上主要风险和报酬的转移可能并不同步。因此，存货的确认也不能一概而论，还应当注意以下几种特殊情形。

（1）在途存货。

在途存货是指销货方已将货物发运给购货方，但购货方尚未验收入库的存货。

对于在途存货，购货方通常应根据所有权是否转移来判定是否应作为其存货入账。存货的交货方式可分为目的地交货和起运地交货两种。在目的地交货的情况下，货物应运至购货方指定的地点并交货后，所有权才转移给购货方，此时，购货方才将货物确认为本企业的存货；在起运地交货的情况下，销货方根据合同或协议的约定，在起运地办理完货物发运手续后，货物的所有权即转移给购货方，此时，购货方就应将该货物包括在本企业的存货之中，并通过“在途物资”账户核算。

（2）代销商品。

代销商品是指在委托代销方式下，由委托方交付受托方、受托方作为代理人代委托方销售的商品。

代销商品在售出之前，商品的所有权属于委托方，因此，应包括在委托方的存货之中，可通过“委托代销商品”账户核算。对于受托方来说，尽管商品由其保管，但除了要保证代销商品的安全完整外，并不承担其他持有资产的风险，因此，不属于受托方的存货。需要注意的是，为了促使受托方加强对代销商品的管理，我国企业会计制度要求受托方将受托代销的商品作为其存货入账，通过“受托代销商品”账户进行核算，同时，与受托代销商品对应的“代销商品款”作为一项负债反映。

（3）购货约定。

购货约定是指购销双方就未来某一时日进行的商品交易所做的事先约定。

对购货方来说，由于目前尚未发生实际的购货行为，因此，约定未来将购入的商品不能作为其存货入账，也不确认有关的负债和费用。

二、存货的分类

存货分布于企业生产经营的各个环节，而且种类繁多、用途各异。为满足存货管理与核算的需要，应当对存货进行适当分类。

1. 存货按经济用途分类

不同行业的企业，由于经济业务的具体内容各不相同，因此存货的构成也不尽相同。例如，服务性企业的主要业务是提供劳务，其存货以办公用品、家具用具为主；商品流通企业的主要业务是商品购销，其存货以待销售的商品为主，也包括少量的包装物、低值易耗品以及其他物料用品；制造企业的主要业务是生产和销售产品，其存货构成比较复杂，不仅包括各种将在生产过程中耗用的原材料、包装物和低值易耗品，也包括为了出售仍然处在生产过程中的在产品，还包括准备出售的产成品。因此，存货的具体内容和类别应依企业所处行业的性质而定。一般来说，存货按经济用途可作如下分类。

（1）原材料。

原材料是指在生产过程中经加工改变其形态或性质，构成产品实体和有助产品形成的各种材料。

原材料一般包括原料及主要材料、辅助材料、外购半成品（外购件）、修理用备件（备品备件）、包装材料、燃料等。

（2）在产品。

在产品是指仍处于生产过程中、尚未完工入库的生产物。

在产品包括正处于各个生产工序尚未制造完成的在产品，以及虽已制造完成但尚未检验或虽已检验但尚未办理入库手续的产成品。

（3）半成品。

半成品是指经过一定生产过程并经检验合格交付半成品仓库保管，但尚未最终制造完成、仍需进一步加工的中间产品。

半成品不包括从一个生产车间转到另一个生产车间继续加工的自制半成品，以及不能单独计算成本的自制半成品。

(4) 产成品。

产成品是指已经完成全部生产过程并经验收入库，可以按照合同规定的条件送交订货单位，或者可以作为商品对外销售的产品。

企业接受外来原材料加工制造的代制品和为外单位加工修理的代修品，制造和修理完成验收入库后，应视同企业的产成品。

(5) 商品。

商品是指可供销售的各种产品及商品。

工业企业的商品包括使用本企业自备原材料生产的产成品和对外销售的半成品等；商品流通企业的商品包括外购或委托加工完成验收入库用于销售的各种商品。

(6) 包装物。

包装物是指为了包装本企业产品及商品而储备的各种包装容器。

包装物一般包括桶、箱、瓶、坛、袋等。

需要注意的是下列包装物品，会计上不作为包装物（存货）核算。

①各种包装材料，如纸、绳、铁丝、铁皮等。包装材料应作为辅助材料，列入原材料核算。

②生产经营过程中为储存和保管产品及商品、半成品、材料、零部件等而使用的包装物品。这些包装物品不随同产品及商品出售、出租或出借，而由本企业自己内部使用，企业应按其价值大小和使用年限长短，分别列入固定资产或低值易耗品进行核算。

(7) 低值易耗品。

低值易耗品是指单位价值相对较低、使用期限相对较短，或在使用过程中容易损坏，因而不能列入固定资产的各种用具物品。

低值易耗品一般包括工具、管理用具、玻璃器皿、劳动保护用品，以及在经营过程中周转使用的包装容器等。

2. 存货按存放地点分类

存货按存放地点，可以分为库存存货、在途存货、在制存货和发出存货。

(1) 库存存货。

库存存货是指已经购进或生产完工并经验收入库的各种原材料、包装物、低值易耗品、半成品、产成品以及商品等。

(2) 在途存货。

在途存货是指已经取得所有权但尚在运输途中，或虽已运抵企业但尚未验收入库的各种材料物资及商品。

(3) 在制存货。

在制存货是指正处于本企业各生产工序加工制造过程中的在产品，以及委托外单位加工但尚未完成的材料物资。

（4）发出存货。

发出存货是指已发运给购货方但货物所有权并未同时转移，因而仍应作为销货方存货的发出商品、委托代销商品等。

3. 存货按取得方式分类

存货按取得方式，可以分为外购存货、自制存货、委托加工存货、投资者投入的存货、接受捐赠取得的存货、接受抵债取得的存货、非货币性资产交换换入的存货、盘盈的存货等。

第二节 存货的初始计价

一、存货入账价值的确定

存货的初始计价是指企业在取得存货时，对存货入账价值的确定。

存货的入账价值应以取得存货的实际成本为基础，实际成本包括采购成本、加工成本和其他成本。

1. 存货的采购成本

存货的采购成本一般包括购买价款、存货的相关税费、运输费、装卸费、保险费以及其他可归属于存货采购成本的费用。

购买价款是指购入材料或商品的发票账单上列明的按价格计算的款额（不包括按规定可以抵扣的增值税税额）。

存货的相关税费是指企业购买存货发生的进口关税、消费税、资源税和不能抵扣的进货税额以及相应的教育费附加等应计入存货采购成本的税费。

其他可归属于存货采购成本的费用，是指采购成本中除上述各项以外的可归属于存货采购的费用，如在存货采购过程中发生的仓储费、包装费、运输途中的合理损耗、入库前的挑选整理费用等。

商品流通企业在采购商品过程中发生的运输费、装卸费、保险费以及其他可归属于存货采购成本的费用等进货费用，应当计入存货采购成本，也可以先进行归集，期末再根据所购商品的存销情况进行分摊。对于已售商品的进货费用，计入当期损益；对于未售商品的进货费用，计入期末存货成本。企业采购商品的进货费用金额较小的，可以在发生时直接计入当期损益。

2. 存货的加工成本

存货的加工成本是指在存货的加工过程中发生的追加费用。

存货的加工成本一般包括直接材料、直接人工以及按照一定方法分配的制造费用。

直接材料是指在生产产品和提供劳务过程中所使用的原料及主要材料、辅助材料、外购半成品（外购件）、修理用备件（备品备件）、包装材料、燃料等。

直接人工是指在生产产品和提供劳务过程中发生的直接从事产品生产与劳务提供人员的职工薪酬。

制造费用是指为生产产品和提供劳务而发生的各项间接费用。

制造费用的计入，应当根据制造费用的性质，合理地选择制造费用的分配方法。

在同一生产过程中，同时生产两种或两种以上的产品，并且每种产品的加工成本不能直接区分的，其加工成本应当按照合理且比较科学的方法在各种产品之间进行分配。

3. 存货的其他成本

存货的其他成本是指除采购成本、加工成本以外的，使存货达到目前场所和状态所发生的其他支出。

由于存货的取得方式是多种多样的，而在不同的取得方式下，存货成本的具体构成内容并不完全相同。因此，企业应结合存货的不同取得方式，分别确定存货的实际成本。企业外购存货的成本即为采购成本。加工生产取得的存货的成本包括直接耗用材料的采购成本和加工成本等。投资者投入存货的成本，应当按照投资合同或协议约定的价值确定，但合同或协议约定价值不公允的除外。企业还可以通过非货币性资产交换、债务重组和企业合并等方式取得存货，其存货成本应当分别按照《企业会计准则》的有关规定进行确定，此处不再单独介绍。

企业提供劳务的，所发生的从事劳务提供人员的直接人工和其他直接费用以及可归属的间接费用，计入存货成本。

下列费用应当在发生时确认为当期损益，不计入存货成本。

(1) 非正常消耗的直接材料、直接人工和制造费用，如由于自然灾害而发生的直接材料、直接人工和制造费用，由于这些费用的发生无助于使该存货达到目前场所和状态，不应计入存货成本，而应确认为当期损益。

(2) 仓储费用是指在存货采购入库后发生的储存费用。仓储费用一般应在发生时计入当期损益。但是，在生产过程中为达到下一个生产阶段所必需的仓储费用应计入存货成本。例如，某种酒类产品生产企业为使生产的酒达到规定的产品质量标准而必需发生的仓储费用，应计入酒的成本。

(3) 不能归属于使存货达到目前场所和状态的其他支出，应在发生时计入当期损益，不得计入存货成本。

二、存货取得的核算

1. 外购存货

企业外购存货，由于距离采购地点远近不同、货款结算方式不同等，可能会导致存货的入库和货款的支付不在同一时间完成，此外，还存在预付款购货、附有现金折扣条件的购货等情况，这就需要根据具体情况，分别进行处理。

(1) 存货验收入库和支付货款同时完成（简称货单同到或单货同到）。

在单货同到的情况下，企业应于支付货款或开出、承兑商业汇票，并且存货验收入库后，按发票账单等结算凭证确定的存货成本，借记“原材料”“库存商品”等存货账户；按增值税专用发票上注明的增值税税额，借记“应交税费——应交增值税（进项税额）”账户；按实际支付的款项或应付票据面值，贷记“银行存款”“应付票据”等账户。

【例 5-1】 宏达集团有限公司购入一批原材料，增值税专用发票上注明的原材料价款为

20 000 元，增值税税额为 2 600 元。货款已通过银行转账支付，材料也已验收入库。

其会计处理如下：

借：原材料　　20 000

　　应交税费——应交增值税（进项税额）　　2 600

　　贷：银行存款　　22 600

（2）已经支付货款或开出、承兑商业汇票，但存货尚未运达或尚未验收入库（简称单到货未到）。

在单到货未到的情况下，企业应于支付货款或开出、承兑商业汇票时，按发票账单等结算凭证确定的存货成本，借记“在途物资”账户；按增值税专用发票上注明的增值税税额，借记“应交税费——应交增值税（进项税额）”账户；按实际支付的款项或应付票据面值，贷记“银行存款”“应付票据”等账户。待存货运达企业并验收入库后，再根据有关验货凭证，借记“原材料”“库存商品”等存货账户，贷记“在途物资”账户。

【例 5-2】 宏达集团有限公司购入一批原材料，增值税专用发票上注明的材料价款为 50 000 元，增值税税额为 6 500 元。货款已通过银行转账支付，材料尚在运输途中。

其会计处理如下：

①支付货款。

借：在途物资　　50 000

　　应交税费——应交增值税（进项税额）　　6 500

　　贷：银行存款　　56 500

②原材料运达企业并验收入库。

借：原材料　　50 000

　　贷：在途物资　　50 000

（3）存货已运达企业并验收入库，但发票账单等结算凭证尚未到达，货款尚未支付（简称货到单未到）。

在货到单未到的情况下，企业在收到存货时可先不作会计处理。如果在本月内结算凭证能够到达企业，则应在结算凭证到达后，按存货验收入库和支付货款同时完成的情况进行会计处理。如果月末时结算凭证仍未到达，为全面反映资产及负债情况，以收到存货的暂估价值入账，借记“原材料”“库存商品”等存货账户，贷记“应付账款——暂估应付账款”账户，下月初，再编制相同的红字记账凭证予以冲回；待结算凭证到达，企业付款或开出、承兑商业汇票后，再按存货验收入库和支付货款同时完成的情况进行会计处理。

【例 5-3】 宏达集团有限公司购入一批原材料，2022 年 3 月，材料运达企业并已验收入库，但发票账单等结算凭证月末时仍未到达，该公司对该批材料估价 40 000 元入账。4 月，发票账单等结算凭证到达企业，增值税专用发票上注明的原材料价款为 40 000 元，增值税税额为 5 200 元，货款已通过银行转账支付。

其会计处理如下：

①3 月末，对原材料暂估价值入账。

借：原材料　　40 000

　　贷：应付账款——暂估应付账款　　40 000

②4 月初，编制红字记账凭证冲回。

借：原材料　　40 000（红字）

　　贷：应付账款——暂估应付账款　　40 000（红字）

③4 月，收到结算凭证并支付货款。

借：原材料　　40 000

　　应交税费——应交增值税（进项税额）　　5 200

　　贷：银行存款　　45 200

（4）外购存货附有现金折扣条件。在外购存货附有现金折扣条件的情况下，如前文所述，会计上有总价法和净价法两种处理方法。

采用总价法时，如果购货方在现金折扣期限内付款，则取得的现金折扣应当作为购货价格的扣减，调减购货成本。

采用净价法时，如果购货方超过现金折扣期限付款，则丧失的现金折扣视为购货价格的增加，调增购货成本。

我国企业一般采用的是总价法。

【例 5-4】　宏达集团有限公司从甲公司赊购一批原材料，增值税专用发票上注明的原材料价款为 100 000 元，增值税税额为 13 000 元。根据购货合同约定，现金折扣条件为（2/10，n/30）。

其会计处理如下：

①购进原材料时：

借：原材料　　100 000

　　应交税费——应交增值税（进项税额）　　13 000

　　贷：应付账款——甲公司　　113 000

②支付货款。

A. 假定 10 天内支付货款。

现金折扣＝100 000×2%＝2 000（元）

实际付款金额＝113 000－2 000＝111 000（元）

借：应付账款——甲公司　　113 000

　　贷：银行存款　　111 000

　　　　原材料　　2 000

B. 假定超过 10 天支付货款。

借：应付账款——甲公司　　113 000

　　贷：银行存款　　113 000

（5）采用预付货款方式购入存货。此种情况下，企业应在预付存货的价款时，按照实际预付金额，借记“预付账款”账户，贷记“银行存款”账户；预付货款购入的存货验收入库时，按照发票账单上注明的存货价款、增值税税额等，借记“原材料”“库存商品”等存货账户和“应交税费——应交增值税（进项税额）”账户，贷记“预付账款”账户；预付的货款不足，需补付货款时，按照补付的金额，借记“预付账款”账户，贷记“银行存款”账户；供货方退回多付的货款时，借记“银行存款”账户，贷记“预付账款”账户。

【例 5-5】 宏达集团有限公司向甲公司预付货款 65 000 元，采购一批原材料。甲公司交付所购材料，增值税专用发票上注明的材料价款为 60 000 元，增值税税额为 7 800 元，应补付的货款通过银行转账支付。

其会计处理如下：

①预付货款。

借：预付账款——甲公司　　65 000

　　贷：银行存款　　65 000

②材料验收入库。

借：原材料　　60 000

　　应交税费——应交增值税（进项税额）　　7 800

　　贷：预付账款——甲公司　　67 800

③补付货款。

借：预付账款——甲公司　　2 800

　　贷：银行存款　　2 800

2. 自制存货

自制存货的成本由材料采购成本和加工成本等构成。

自制存货成本一般是指产品生产成本。

产品生产成本是指产品从投入原材料开始到产品生产完工经验收入库为止整个生产过程的成本。

产品生产成本一般包括直接计入生产成本的直接材料、直接人工和间接计入生产成本的制造费用。

自制完工并已验收入库的产成品，按确定的实际成本，借记“库存产品”或“库存商品”等存货账户，贷记“生产成本”账户。

【例 5-6】 宏达集团有限公司的基本生产车间制造完成一批产成品，实际生产成本为 80 000 元。

其会计处理如下：

借：库存商品　　80 000

　　贷：生产成本　　80 000

3. 委托加工存货

委托加工存货的成本，一般包括在委托外单位加工存货的加工过程中实际耗用的原材料，或半成品成本、加工费、往返运杂费以及按规定应计入成本的税金等。

企业发出材料物资，委托外单位加工存货，按发出材料物资的实际成本，借记“委托加工物资”账户，贷记“原材料”“库存商品”等账户；支付的加工费、运杂费等，计入委托加工存货成本，借记“委托加工物资”账户，贷记“银行存款”账户；支付的增值税，借记“应交税费——应交增值税（进项税额）”账户，贷记“银行存款”账户；需要缴纳消费税的委托加工存货，由受托加工方代收代缴的消费税，应分别以如下情况处理。

（1）委托加工存货收回后直接用于销售时，由受托加工方代收代缴的消费税计入委托加工存货成本，借记“委托加工物资”账户，贷记“银行存款”等账户。

(2) 委托加工存货收回后用于连续生产应税消费品时，由受托加工方代收代缴的消费税按规定准予抵扣的，借记“应交税费——应交消费税”账户，贷记“银行存款”等账户。

委托加工存货加工完成并已验收入库，按“委托加工物资”账户计算的实际成本，借记“原材料”“库存商品”等账户，贷记“委托加工物资”账户。

【例 5-7】 宏达集团有限公司委托甲公司加工一批物资（属于应税消费品），发出 A 材料实际成本为 30 000 元，支付加工费 10 000 元，支付增值税 1 300 元，支付消费税 4 000 元（由受托方代收代缴），加工的物资收回后直接用于销售。

其会计处理如下：

①发出 A 材料，委托甲公司加工商品。

借：委托加工物资	30 000	
贷：原材料——A 材料		30 000

②支付加工费和税金。

借：委托加工物资	10 000	
贷：银行存款		10 000
借：应交税费——应交增值税（进项税额）	1 300	
贷：银行存款		1 300
借：委托加工物资	4 000	
贷：银行存款		4 000

③商品加工完成，收回后验收入库。

商品实际成本＝30 000＋10 000＋4 000＝44 000（元）

借：库存商品	44 000	
贷：委托加工物资		44 000

上述例题中，若委托加工的物资收回后（形成 B 材料）用于继续生产消费品，则支付给加工方消费税。

其会计处理如下：

借：应交税费——应交消费税	4 000	
贷：银行存款		4 000

物资加工完成，收回后验收入库的会计处理如下：

B 材料实际成本＝30 000＋10 000＝40 000（元）

借：原材料——B 材料	40 000	
贷：委托加工物资		40 000

4. 投资者投入的存货

投资者投入存货价值，按照投资合同或协议约定的价值确定（合同或协议约定的价值不公允的除外）。核算时，企业按照投资合同或协议约定的价值，借记“原材料”“库存商品”等存货类账户；按在注册资本中应享有的份额贷记“实收资本”“股本”账户；超出其在注册资本或股本中所占份额部分，贷记“资本公积”账户。

第三节 存货发出的计价

一、存货成本流转假设

企业取得存货的目的是满足生产和销售的需要。随着存货的取得，存货源源不断地流入企业，而随着存货的销售或耗用，存货则从一个生产经营环节流向另一个生产经营环节，并最终流出企业。存货的这种不断流动，就形成了生产经营过程中的存货流转。

存货流转包括实物流转和成本流转两个方面。从理论上说，存货的成本流转应当与实物流转相一致，即取得存货时确定的各项存货入账成本应当随着该存货的销售或耗用而同步结转。但在实务中，由于存货品种繁多，流进流出频繁且数量较大，而且同一存货因在不同时间、不同地点、不同方式取得而单位成本各异，很难保证存货的成本流转与实物流转完全一致。因此，会计上很自然地出现了存货成本流转假设。

存货成本流转假设，是指确定发出存货成本时，对成本流转方式所做的逻辑假定。

存货成本流转假设忽略存货的成本流转与实物流转相一致，而只做出计算发出存货成本的逻辑假定。采用不同的存货成本流转假设，在期末结存存货与本期发出存货之间分配存货成本，就产生了不同的发出存货计价方法，如个别计价法、先进先出法、加权平均法和移动平均法等。

由于不同的存货计价方法得出的计价结果各不相同，因此，存货计价方法的选择，将对企业的财务状况和经营成果产生一定的影响。这些影响主要体现在以下三个方面。

1. 对损益结果有影响

如果期末存货计价过低，发出成本就会过高，就会低估当期收益；反之，则会高估当期收益。而如果期初存货计价过低，就会高估当期收益；反之，则会低估当期收益。

2. 对资产负债表和利润表的有关项目数额的结果有直接影响

采用不同的计价方法对营业成本、流动资产、所有者权益等项目数额的大小，可以产生直接影响。

3. 对应所得税的数额有一定影响

由于以上两项所产生的影响，会使利润数发生变动，因此所得税不可能不受影响。

因此，企业在选择发出存货成本计价方法时，应当根据实际情况和存货成本流转假设，综合考虑存货收发的特点和管理要求，以及财务报告目标、税收负担、现金流量、股票市价、经理人员业绩评价等各种因素，选择适当的存货计价方法，合理确定发出存货的实际成本。

存货计价方法一经确定，除特殊情况外，前后各期应当保持一致，并在会计报表附注中予以披露。

二、存货发出成本的计价方法

1. 个别计价法

个别计价法是以个别发生假设为依据设计的。

个别计价法，也称个别认定法或具体辨认法，是指本期发出存货和期末结存存货的成本，完全按照该存货所属购进批次或生产批次入账时的实际成本进行确定的一种方法。

由于采用该方法要求各批发出存货必须可以逐一辨认所属的购进批次或生产批次，因此，需要对每一存货的品种规格、入账时间、单位成本、存放地点等作详细记录。

【例 5-8】 宏达集团有限公司的甲商品本月收入、发出和结存资料如表 5-1 所示。

表 5-1 存货明细账

计量单位：件

存货类别：

金额单位：元

存货编号：

最高存量：

存货名称及规格：甲商品

最低存量：

2022 年		凭证编号	摘要	收入			发出			结存		
月	日			数量	单价	金额	数量	单价	金额	数量	单价	金额
11	1		期初结存							100	60	6 000
	6		购进	500	62	31 000				600		
	8		发出				300			300		
	17		购进	400	65	26 000				700		
	19		发出				600			100		
	28		购进	500	66	33 000				600		
	29		发出				400			200		
11	30		期末结存	1 400		90 000	1 300			200		

经具体辨认，2022 年 11 月 8 日发出的 300 件甲商品中，有 100 件属于期初结存的商品，有 200 件属于 11 月 6 日第一批购进的商品；11 月 19 日发出的 600 件甲商品中，有 200 件属于 11 月 6 日第一批购进的商品，其余 400 件属于 11 月 17 日第二批购进的商品；11 月 29 日发出的 400 件甲商品均属于 11 月 28 日第三批购进的商品。宏达集团有限公司采用个别计价法计算的甲商品 11 月发出和期末结存成本如下：

11 月 8 日发出甲商品成本＝100×60＋200×62＝18 400（元）

11 月 19 日发出甲商品成本＝200×62＋400×65＝38 400（元）

11 月 29 日发出甲商品成本＝400×66＝26 400（元）

期末结存甲商品成本＝100×62＋100×66＝12 800（元）

根据上述计算，11 月甲商品的收、发、存情况如表 5-2 所示。

表 5-2 存货明细账（个别计价法）

存货类别：
存货编号：
存货名称及规格：甲商品

计量单位：件
金额单位：元
最高存量：
最低存量：

2022 年		凭证编号	摘要	收入			发出			结存		
月	日			数量	单价	金额	数量	单价	金额	数量	单价	金额
11	1		期初结存							100	60	6 000
	6		购进	500	62	31 000				600		37 000
	8		发出				300		18 400	300		18 600
	17		购进	400	65	26 000				700		44 600
	19		发出				600		38 400	100		6 200
	28		购进	500	66	33 000				600		39 200
	29		发出				400		26 400	200		12 800
11	30		期末结存	1 400		90 000	1 300		83 200	200		12 800

个别计价法的特点是成本流转与实物流转完全一致，因而能准确地反映本期发出存货和期末结存存货的成本。但采用该方法必须具备详细的存货收、发、存记录，日常核算非常烦琐，存货实物流转的操作程序也相当复杂。

个别计价法适用于不能替代使用的存货或为特定项目专门购入或制造的存货的计价，以及品种数量不多、单位价值较高或体积较大、容易辨认的存货的计价，如房产、船舶、飞机、重型设备以及珠宝、名画等贵重物品。

2. 先进先出法

先进先出法是以先进先出假设为依据设计的。

先进先出法是指对先发出的存货按先入库的存货单位成本计价，后发出的存货按后入库的存货单位成本计价，据以确定本期发出存货和期末结存存货成本的一种方法。

【例 5-9】 承例 5-8，宏达集团有限公司采用先进先出法计算的甲商品 11 月发出和期末结存成本如下：

11 月 8 日发出甲商品成本＝100×60＋200×62＝18 400（元）

11 月 19 日发出甲商品成本＝300×62＋300×65＝38 100（元）

11 月 29 日发出甲商品成本＝100×65＋300×66＝26 300（元）

期末结存甲商品成本＝200×66＝13 200（元）

根据上述计算，11 月甲商品的收、发、存情况如表 5-3 所示。

采用先进先出法进行存货计价，可以随时确定发出存货的成本，从而保证了产品成本和销售成本计算的及时性，并且期末存货成本是按最近购货成本确定的，比较接近现行的市场价值。但采用该方法计价，有时对同一批发出存货要采用两个或两个以上的单位成本计价，计算烦琐，对存货进出频繁的企业更是如此。从该方法对财务报告的影响来看，在物价上涨期间，会高估当期利润和存货价值；反之，会低估当期利润和存货价值。

表 5-3　存货明细账（先进先出法）

存货类别：　　　　　　　　　　　　　　计量单位：件
存货编号：　　　　　　　　　　　　　　金额单位：元
存货名称及规格：甲商品　　　　　　　　最高存量：
最低存量：

2022年		凭证编号	摘要	收入			发出			结存		
月	日			数量	单价	金额	数量	单价	金额	数量	单价	金额
11	1		期初结存							100	60	6 000
	6		购进	500	62	31 000				600		37 000
	8		发出				300		18 400	300		18 600
	17		购进	400	65	26 000				700		44 600
	19		发出				600		38 100	100		6 500
	28		购进	500	66	33 000				600		39 500
	29		发出				400		26 300	200		13 200
11	30		期末结存	1 400		90 000	1 300		82 800	200		13 200

3. 加权平均法

加权平均法是以混合假设为依据设计的。

加权平均法也称全月一次加权平均法，是指以月初结存存货数量和本月各批收入存货数量作为权数，计算本月存货的加权平均单位成本，据以确定本期发出存货成本和期末结存存货成本的一种方法。加权平均单位成本的计算公式如下：

$$加权平均单位成本=\frac{月初结存存货成本+本月购进存货成本}{月初结存存货数量+本月购进存货数量}$$

【例 5-10】　承例 5-8，宏达集团有限公司采用加权平均法计算的甲商品 11 月加权平均单位成本及 11 月发出和期末结存成本如下：

加权平均单位成本=(6 000+90 000)÷(100+1 400)=64（元）

期末结存甲商品成本=200×64=12 800（元）

本月发出甲商品成本=6 000+90 000−12 800=83 200（元）

由于加权平均单位成本往往不能除尽，为了保证期末结存商品的数量、单位成本与总成本的一致性，应先按加权平均单位成本计算期末结存商品成本，然后倒减出本月发出商品成本，将计算尾差计入发出商品成本。

根据上述计算，11 月甲商品的收、发、存情况如表 5-4 所示。

采用加权平均法，只在月末一次计算加权平均单位成本并结转发出存货成本即可，平时不对发出存货计价，因而日常核算工作量较小，简便易行，适用于存货收发比较频繁的企业。但也正因为存货计价集中在月末进行，所以平时无法提供发出存货和结存存货的单价及金额，不利于存货的管理。

表 5-4　存货明细账（加权平均法）

计量单位：件
金额单位：元
最高存量：
最低存量：

存货类别：
存货编号：
存货名称及规格：甲商品

2022 年		凭证编号	摘要	收入			发出			结存		
月	日			数量	单价	金额	数量	单价	金额	数量	单价	金额
11	1		期初结存							100	60	6 000
	6		购进	500	62	31 000				600		
	8		发出				300			300		
	17		购进	400	65	26 000				700		
	19		发出				600			100		
	28		购进	500	66	33 000				600		
	29		发出				400			200		
11	30		期末结存	1 400		90 000	1 300		83 200	200	64	12 800

4. 移动平均法

移动平均法是以顺序移动假设为依据设计的。

移动平均法也称移动加权平均法，是指平时每入库一批存货，就以原有存货数量和本批入库存货数量为权数，计算一个加权平均单位成本，据以对其后发出存货进行计价的一种方法。

移动加权平均单位成本的计算公式如下：

$$移动加权平均单位成本=\frac{原有存货成本+本批入库存货成本}{原有存货数量+本批入库存货数量}$$

【例 5-11】　承例 5-8，宏达集团有限公司采用移动平均法计算的甲商品 11 月移动加权平均单位成本及 11 月发出和期末结存成本如下：

11 月 6 日购进后移动加权平均单位成本＝(6 000＋31 000)÷(100＋500)＝61.67(元)

11 月 8 日结存甲商品成本＝300×61.67＝18 501(元)

11 月 8 日发出甲商品成本＝37 000－18 501＝18 499(元)

11 月 17 日购进后移动加权平均单位成本＝(18 501＋26 000)÷(300＋400)≈63.57(元)

11 月 19 日结存甲商品成本＝100×63.57＝6 357(元)

11 月 19 日发出甲商品成本＝44 501－6 357＝38 144(元)

11 月 28 日购进后移动加权平均单位成本＝(6 357＋33 000)÷(100＋500)≈65.60(元)

11 月 29 日结存甲商品成本＝200×65.60＝13 120(元)

11 月 29 日发出甲商品成本＝39 357－13 120＝26 237(元)

期末结存甲商品成本＝200×65.60＝13 120(元)

根据上述计算，11 月甲商品的收、发、存情况如表 5-5 所示。

表 5-5　存货明细账（移动平均法）

存货类别：　　　　　　　　　　　　　　　　计量单位：件
存货编号：　　　　　　　　　　　　　　　　金额单位：元
存货名称及规格：甲商品　　　　　　　　　　最高存量：
　　　　　　　　　　　　　　　　　　　　　最低存量：

2022 年		凭证编号	摘要	收入			发出			结存		
月	日			数量	单价	金额	数量	单价	金额	数量	单价	金额
11	1		期初结存							100	60	6 000
	6		购进	500	62	31 000				600	61.67	37 000
	8		发出				300		18 499	300	61.67	18 501
	17		购进	400	65	26 000				700	63.57	44 501
	19		发出				600		38 144	100	63.57	6 357
	28		购进	500	66	33 000				600	65.60	39 357
	29		发出				400		26 237	200	65.60	13 120
11	30		期末结存	1 400		90 000	1 300		82 880	200	65.60	13 120

和全月一次加权平均法相比，移动加权平均法的特点是将存货的计价和明细账的登记分散在平时进行，从而可以随时掌握发出存货的成本和结存存货的成本，为存货管理及时提供所需信息。但采用这种方法，每次购货都要计算一次平均单位成本，计算工作量较大，不适合收发货比较频繁的企业使用。

我国《企业会计准则第 1 号——存货》中规定，企业应当采用先进先出法、加权平均法（包括全月一次加权平均法和移动加权平均法）或者个别计价法确定发出存货的实际成本。对于性质和用途相似的存货，应当采用相同的成本计算方法确定发出存货的成本。

三、存货发出的核算

存货是为了满足企业生产经营的各种需要而储备的，其经济用途各异，消耗方式也各不相同。因此，企业应当根据各类存货的用途及特点，选择适当的核算处理方法，对发出的存货进行会计处理。

1. 库存商品

库存商品通常用于对外销售，但也可能用于本企业的固定资产建造工程、职工福利、对外投资、捐赠赞助等方面。

【例 5-12】　宏达集团有限公司本月销售甲产品的成本为 500 000 元。

其会计处理如下：

借：主营业务成本　　　　500 000

　　贷：库存商品　　　　　　500 000

2. 原材料

原材料在生产经营过程中领用后，其原有实物形态会发生改变乃至消失，其成本也随之形成产品成本的一部分或直接转化为费用。根据原材料的消耗特点，企业应按发出原材料的用途，将其成本直接计入有关产品成本或当期费用。

(1) 生产经营领用的原材料，应根据领用部门和用途，分别计入有关成本费用项目。

领用原材料时，按其实际成本，借记“生产成本”“制造费用”“销售费用”“管理费用”等账户，贷记“原材料”账户。

【例 5-13】 宏达集团有限公司本月领用原材料的实际成本为 500 000 元。其中，基本生产领用 400 000 元，车间一般耗用 70 000 元，管理部门领用 30 000 元。

其会计处理如下：

借：生产成本——基本生产成本 400 000
　　制造费用 70 000
　　管理费用 30 000
　　贷：原材料 500 000

(2) 基建工程或福利等部门领用的原材料，相应的增值税进项税额不予抵扣，应当随同原材料成本一并计入有关工程成本或作为福利费开支。

领用原材料时，按实际成本加上不予抵扣的增值税进项税额，借记“在建工程”“应付职工薪酬”等账户；按实际成本，贷记“原材料”账户；按不予抵扣的增值税进项税额，贷记“应交税费——应交增值税（进项税额转出）”账户。

【例 5-14】 宏达集团有限公司自建一座仓库，领用库存材料 10 000 元，不予抵扣的增值税税额为 1 300 元。

其会计处理如下：

借：在建工程 11 300
　　贷：原材料 10 000
　　　　应交税费——应交增值税（进项税额转出） 1 300

(3) 出售的原材料，取得的收入作为其他业务收入，相应的原材料成本应计入其他业务成本。

出售原材料时，按已收或应收的价款，借记“银行存款”“应收账款”等账户；按实现的营业收入，贷记“其他业务收入”账户；按增值税销项税额，贷记“应交税费——应交增值税（销项税额）”账户；月末，按出售原材料的实际成本结转销售成本，借记“其他业务成本”账户，贷记“原材料”账户。

【例 5-15】 宏达集团有限公司销售一批原材料，售价 2 000 元，增值税税额 260 元，原材料实际成本 1 500 元。

其会计处理如下：

借：银行存款 2 260
　　贷：其他业务收入 2 000
　　　　应交税费——应交增值税（销项税额） 260

借：其他业务成本 1 500

贷：原材料 1 500

3. 包装物

包装物既有在生产环节领用的，也有在销售环节领用的，还有用于出租或出借的。不同环节领用的包装物以及不同用途的包装物，会计处理不尽相同。对于包装物的核算，可以设置“周转材料——包装物”账户，也可单独设置“包装物”账户。

（1）生产部门领用的用于包装产品的包装物，构成产品实体的一部分，因此，应将包装物成本计入产品生产成本。领用包装物时，借记“生产成本”账户，贷记“包装物”账户。

（2）随同商品出售的包装物，应分别以如下两种情况进行会计处理：

①随同商品出售但不单独计价的包装物，应将包装物的成本计入销售费用。领用包装物时，借记“销售费用”账户，贷记“包装物”账户。

②随同商品出售并单独计价的包装物，应视同材料销售，将出售包装物取得的收入作为其他业务收入，相应的包装物成本计入其他业务成本。结转出售包装物的成本时，借记“其他业务成本”账户，贷记“包装物”账户。

【例 5-16】 宏达集团有限公司销售一批产品，随同产品一并销售若干包装物。产品售价 100 000 元，增值税税额 13 000 元，实际成本 60 000 元；包装物售价 2 000 元，增值税税额 260 元，实际成本 1 000 元。

其会计处理如下：

A. 销售产品及包装物。

借：银行存款 113 000
　　贷：主营业务收入 100 000
　　　　应交税费——应交增值税（销项税额） 13 000
借：银行存款 2 260
　　贷：其他业务收入 2 000
　　　　应交税费——应交增值税（销项税额） 260

B. 结转销售成本。

借：主营业务成本 60 000
　　贷：库存商品 60 000
借：其他业务成本 1 000
　　贷：包装物 1 000

（3）出租或出借的包装物。

出租包装物属于企业的一项附加业务，收取的包装物租金应作为其他业务收入，相应的包装物成本应计入其他业务成本；出借包装物通常是为了方便本企业商品的销售，因而其成本应计入销售费用。出租或出借包装物报废时，其残料价值应相应冲减其他业务成本或销售费用。

出租或出借包装物收取的押金，性质上属于暂收应付款项，应作为其他应付款入账。对逾期未退还包装物而没收的押金，应视为销售包装物取得的收入，计入其他业务收入，并计算相应的增值税销项税额。

由于出租或出借的包装物可以重复周转使用，并且在使用过程中基本不改变原来的物质形态，其价值是随着使用而逐渐消耗的，因此，包装物成本应当采用适当的摊销方法，分期计入各期损益。

出租或出借包装物的摊销方法有一次转销法和五五摊销法两种。

①一次转销法是指包装物在领用时，将其账面价值一次计入有关成本费用的一种方法。

采用一次转销法，领用包装物时，按其实际成本，借记“其他业务成本”或“销售费用”账户，贷记“包装物”账户。

【例 5-17】 宏达集团有限公司领用了 10 个周转箱，无偿提供给客户使用。周转箱单位成本为 20 元，领用时一次计入销售费用。

其会计分录如下：

借：销售费用 200

  贷：包装物 200

一次转销法适合出租或出借包装物业务不多、一次领用金额不大的企业使用。

②五五摊销法是指包装物在领用时先摊销 50%的账面价值，待报废时再摊销其余 50%账面价值的一种摊销方法。

采用五五摊销法时，“包装物”账户下应设置“库存未用包装物”“库存已用包装物”“出租包装物”“出借包装物”“包装物摊销”五个明细账户。领用包装物时，按包装物的实际成本，借记“包装物——出租包装物”或“包装物——出借包装物”账户，贷记“包装物——库存未用包装物”或“包装物——库存已用包装物”账户；同时，按库存未用包装物账面价值的 50%，借记“其他业务成本”或“销售费用”账户，贷记“包装物——包装物摊销”账户。出租或出借的包装物收回入库时，借记“包装物——库存已用包装物”账户，贷记“包装物——出租包装物”或“包装物——出借包装物”账户。包装物报废时，按包装物其余 50%的账面价值，借记“其他业务成本”或“销售费用”账户，贷记“包装物——包装物摊销”账户，并按包装物的全部成本，借记“包装物——包装物摊销”账户，贷记“包装物——出租包装物”或“包装物——出借包装物”账户。报废包装物的残料价值，借记“原材料”等账户，贷记“其他业务成本”或“销售费用”账户。

【例 5-18】 宏达集团有限公司领用了 500 个全新的包装箱，无偿提供给客户使用。包装箱单位成本为 100 元，采用五五摊销法摊销。

其会计处理如下：

A. 领用包装物，摊销其价值的 50%。

借：包装物——出借包装物 50 000

  贷：包装物——库存未用包装物 50 000

借：销售费用 25 000

  贷：包装物——包装物摊销 25 000

B. 包装物报废，摊销剩余 50%的价值，并转销包装物。

借：销售费用 25 000

  贷：包装物——包装物摊销 25 000

借：包装物——包装物摊销 50 000

  贷：包装物——出借包装物 50 000

采用五五摊销法计算出租或出借包装物的摊销价值，虽然会计处理略显烦琐，但出租或出借包装物在报废之前，始终有50%的价值保留在账面上，有利于加强对出租或出借包装物的管理与核算，适合于出租或出借包装物频繁、数量多、金额大的企业使用。

4. 低值易耗品

低值易耗品在生产经营过程中可以重复使用且原有物质形态基本保持不变，因而投入使用后可以使若干期间受益。对于低值易耗品的核算，可以设置“周转材料——低值易耗品”账户，也可单独设置“低值易耗品”账户。

根据低值易耗品的特点，企业应按其价值大小或耐用程度不同，选择适当的方法，对领用低值易耗品的成本进行摊销，计入有关成本费用。

低值易耗品报废时，其残料价值应冲减有关成本费用。

常用的低值易耗品摊销方法一般有一次转销法和五五摊销法。

一次转销法的会计处理与出租或出借包装物类似；在采用五五摊销法时，“低值易耗品”账户应设置“在库低值易耗品”“在用低值易耗品”“低值易耗品摊销”三个明细账户进行核算。

【例5-19】 宏达集团有限公司生产车间本月领用低值易耗品1 000元，采用一次转销法。

其会计处理如下：

借：制造费用　　1 000
　　贷：低值易耗品　　1 000

【例5-20】 宏达集团有限公司管理部门领用低值易耗品40 000元，采用五五摊销法摊销。

其会计处理如下：

(1) 领用低值易耗品，摊销其价值的50%。

借：低值易耗品——在用低值易耗品　　40 000
　　贷：低值易耗品——在库低值易耗品　　40 000
借：管理费用　　20 000
　　贷：低值易耗品——低值易耗品摊销　　20 000

(2) 低值易耗品报废，摊销剩余50%的价值，并转销低值易耗品。

借：管理费用　　20 000
　　贷：低值易耗品——低值易耗品摊销　　20 000
借：低值易耗品——低值易耗品摊销　　40 000
　　贷：低值易耗品——在用低值易耗品　　40 000

第四节 计划成本法的核算

一、计划成本法概述

存货采用实际成本进行日常核算，要求存货的收入和发出凭证、明细分类账、总分类账全部按实际成本计价，这对于存货品种、规格、数量繁多的企业来说，日常核算工作量很大，核算成本较高，且会影响会计信息的及时性。为了简化存货的核算和便于成本管理绩效考核，并能及时地提供成本信息，企业可以采用计划成本法对存货的收入、发出及结存进行日常核算。

1. 计划成本法的基本核算程序

计划成本法是指存货的日常收入、发出和结存均按计划成本计价，期末按差异调整为实际成本的一种核算方法。

在采用计划成本法核算的情况下，需设置“材料成本差异”“产品成本差异”等账户登记实际成本与计划成本之间的差异，月末，再通过对存货成本差异的分摊，将发出存货的计划成本和结存存货的计划成本调整为实际成本进行反映。

采用计划成本法进行存货日常核算的基本程序如下。

（1）制定存货目录。存货目录规定存货的分类、名称、规格、编号、计量单位和单位计划成本。

（2）对每一品种、规格的存货制订计划成本。计划成本，是指在正常的市场条件下，企业取得存货应当支付的合理成本，包括采购成本、加工成本和其他成本，其组成内容应当与实际成本完全一致。

计划成本一般由会计部门会同采购、生产等部门制定，制订的计划成本应尽可能接近实际，有利于发挥计划成本的考核和控制功能。

除特殊情况外，计划成本在年度内一般不作调整。

（3）设置“材料成本差异”“产品成本差异”等账户，登记存货实际成本与计划成本之间的差异。取得存货并形成差异时，实际成本高于计划成本的超支差异，在该账户的借方登记，实际成本低于计划成本的节约差异，在该账户的贷方登记；发出存货并分摊差异时，超支差异从该账户的贷方用蓝字转出，节约差异从该账户的贷方用红字转出或从借方用蓝字转出。

（4）设置“材料采购”“库存商品——产成品”账户，对购入或入库存货的实际成本与计划成本进行计价对比。“材料采购”“库存商品——产成品”等账户的借方登记购入或入库存货的实际成本，贷方登记购入存货的计划成本，并将计算的实际成本与计划成本的差额，转入“材料成本差异”“产品成本差异”等账户。

（5）存货的日常收入与发出均按计划成本计价，月末，通过存货成本差异的分摊，将本月发出存货的计划成本和月末结存存货的计划成本调整为实际成本。

以下具体介绍，基本是围绕原材料存货及其采购和有关方面按计划成本核算的内容。制造业的产成品按计划成本进行日常核算，其实际成本与计划成本的差异，均可比照原材料及其差异核算的程序和方法进行。

2. 存货成本差异的形成

企业外购的存货，需要专门设置“材料采购”账户进行计价对比，以确定外购存货实际成本与计划成本的差异；而自制、委托加工、投资者投入、接受捐赠、盘盈的存货，应根据实际成本与计划成本的差额直接确定材料成本差异，不需要通过“材料采购”账户进行计价对比。

企业购进存货时，按确定的实际采购成本，借记“材料采购”账户；按增值税专用发票上注明的增值税税额，借记“应交税费——应交增值税（进项税额）”账户；按已支付或应支付的金额，贷记“银行存款”“应付票据”“应付账款”等账户。

已购进的存货验收入库时，按计划成本，借记“原材料”等存货账户，贷记“材料采购”账户。已购进并已验收入库的存货，按实际成本大于计划成本的超支差额，借记“材料成本差异”账户，贷记“材料采购”账户；按实际成本小于计划成本的节约差额，借记“材料采购”账户，贷记“材料成本差异”账户。

月末，对已验收入库但尚未收到发票账单的存货，按计划成本暂估入账，借记“原材料”等存货账户，贷记“应付账款——暂估应付账款”账户；下月初，再用红字作相同的会计分录予以冲回，以便下月收到发票账单和结算时，按正常的程序进行会计处理。

3. 存货成本差异的分摊

采用计划成本法对存货进行日常核算，发出存货时先按计划成本计价，即按发出存货的计划成本，借记“生产成本”“制造费用”“管理费用”等有关成本费用账户，贷记“原材料”等存货账户。

月末，再将期初结存存货的成本差异和本月取得存货形成的成本差异，在本月发出存货和期末结存存货之间进行分摊，将本月发出存货和期末结存存货的计划成本调整为实际成本。

计划成本、成本差异与实际成本之间的关系如下：

$$实际成本=计划成本+超支差异$$

或

$$实际成本=计划成本-节约差异$$

为便于存货成本差异的分摊，企业应当计算材料成本差异率，作为分摊存货成本差异的依据。

材料成本差异率包括本月材料成本差异率和上月材料成本差异率两种。其计算公式如下：

$$本月材料成本差异率=\frac{月初结存存货的成本差异+本月收入存货的成本差异}{月初结存存货的计划成本+本月收入存货的计划成本}\times100\%$$

$$上月材料成本差异率=\frac{月初结存存货的成本差异}{月初结存存货的计划成本}\times100\%$$

企业应当区分原材料、包装物、低值易耗品等，按照类别或品种对存货成本差异进行明细核算，并计算相应的材料成本差异率，不能使用一个综合差异率。企业在计算发出存货应负担的成本差异时，除委托外部加工发出存货可按上月差异率计算外，一般应使用本月差异率计算。如果上月的成本差异率与本月成本差异率相差不大，也可按上月的成本差异率计算。材料成本差异率的计算方法一经确定，不得随意变更。如果确需变更，应在会计报表附注中予以说明。

本月发出存货应负担的成本差异及实际成本和月末结存存货应负担的成本差异及实际成本，可按如下公式计算：

$$本月发出存货应负担的成本差异=发出存货的计划成本\times材料成本差异率$$

$$本月发出存货的实际成本=发出存货的计划成本\pm发出存货应负担的差异$$

$$月末结存存货应负担的成本差异=结存存货的计划成本\times材料成本差异率$$

$$月末结存存货的实际成本=结存存货的计划成本\pm结存存货应负担的差异$$

发出存货应负担的成本差异，必须按月分摊，不得在季末或年末一次分摊。企业在分摊发出存货应负担的成本差异时，按计算的各成本费用项目应负担的差异金额，借记“生产成本”“制造费用”“管理费用”等有关成本费用账户，贷记“材料成本差异”账户。实际成本大于计划成本的超支差异，用蓝字登记；实际成本小于计划成本的节约差异，用红字登记。

本月发出存货应负担的成本差异从“材料成本差异”账户转出之后，该账户的余额为月末结存存货应负担的成本差异。

在编制资产负债表时，月末结存存货应负担的成本差异应作为存货的调整项目，将结存存货的计划成本调整为实际成本列示。

二、原材料在计划成本法下的核算举例

【例 5-21】　宏达集团有限公司 2022 年 11 月，发生材料采购业务，相应的业务数据和会计处理具体如下：

（1）11 月 4 日，购入一批原材料，增值税专用发票上注明的价款为 200 000 元，增值税税额为 26 000 元。货款已通过银行转账支付，材料经验收入库。该批原材料的计划成本为 210 000 元。

借：材料采购　　200 000
　　应交税费——应交增值税（进项税额）　　26 000
　　贷：银行存款　　226 000
借：原材料　　210 000
　　贷：材料采购　　210 000
借：材料采购　　10 000
　　贷：材料成本差异　　10 000

（2）11 月 8 日，购入一批原材料，增值税专用发票上注明的价款为 100 000 元，增值税税额为 13 000 元。货款尚未支付，材料尚在运输途中。

借：材料采购　　100 000
　　应交税费——应交增值税（进项税额）　　13 000
　　贷：银行存款　　113 000

（3）11 月 15 日，收到 11 月 8 日购进的原材料并验收入库。该批原材料的计划成本为 95 000 元。

借：原材料　　95 000
　　贷：材料采购　　95 000
借：材料成本差异　　5 000
　　贷：材料采购　　5 000

会计实务中，为了简化收入存货和结转存货成本差异的核算手续，企业平时收到存货时，可以先不记录存货的增加，也不结转形成的存货成本差异，月末时，再将本月已付款或已开出、承兑商业汇票并已验收入库的存货，按实际成本和计划成本分别汇总，一次登记本月存货的增加，并计算和结转本月存货成本差异。

【例 5-22】　承例 5-21，宏达集团有限公司在采用月末汇总登记存货的增加和结转存货成本差异的方法时，平时取得存货时先不记录存货的增加，也不结转形成的存货成本差异，月末时，将本月已验收入库的存货，按实际成本和计划成本分别汇总，一次登记本月存货的增加，并计算和结转本月存货成本差异。

其会计处理如下：

11 月 30 日，汇总本月已付款或已开出、承兑商业汇票并已验收入库的原材料实际成本和计划成本，登记本月存货的增加，并计算和结转本月存货成本差异。

原材料实际成本＝200 000＋100 000＝300 000（元）

原材料计划成本＝210 000＋95 000＝305 000（元）

原材料成本差异＝300 000－305 000＝－5 000（元）

借：原材料　　305 000
　　贷：材料采购　　305 000
借：材料采购　　5 000
　　贷：材料成本差异　　5 000

【例 5-23】　宏达集团有限公司 11 月领用原材料的计划成本为 250 000 元，其中，基本生产领用 200 000 元，车间一般耗用 40 000 元，管理部门领用 10 000 元。已知宏达集团有限公司 2022 年 11 月 1 日，结存原材料的计划成本为 45 000 元，“材料成本差异——原材料”账户的借方余额为 8 500 元。11 月的材料采购业务如例 5-22。

其会计处理如下：

（1）按计划成本发出原材料。

借：生产成本——基本生产成本　　200 000
　　制造费用　　40 000
　　管理费用　　10 000
　　贷：原材料　　250 000

（2）月末计算本月材料成本差异率。

$$本月材料成本差异率=\frac{月初结存存货的成本差异+本月收入存货的成本差异}{月初结存存货的计划成本+本月收入存货的计划成本}\times 100\%$$

$$=\frac{8\,500-5\,000}{45\,000+305\,000}\times 100\% = 1\%$$

（3）分摊材料成本差异。

本月发出存货应负担的差异＝发出存货的计划成本×材料成本差异率
＝250 000×1％＝2 500（元）

生产成本（基本生产成本）＝200 000×1％＝2 000（元）

制造费用＝40 000×1％＝400（元）

管理费用＝10 000×1％＝100（元）

借：生产成本——基本生产成本　　2 000
　　制造费用　　400
　　管理费用　　100
　　贷：材料成本差异　　2 500

（4）月末，计算结存原材料实际成本，据以编制资产负债表。

“原材料”账户期末余额＝45 000＋305 000－250 000＝100 000(元)

“材料成本差异”账户期末借方余额＝8 500－5 000－2 500＝1 000(元)

结存原材料实际成本＝100 000＋1 000＝101 000（元）

月末编制资产负债表时，存货项目中的原材料存货，应当按上列结存原材料实际成本 101 000 元列示。

三、计划成本法的主要优点

1. 可以简化存货的日常核算手续

在计划成本法下，同一种存货只有一个单位计划成本，因此，存货明细账平时可以只登记收、发、存数量，而不必登记收、发、存金额。需要了解某项存货的收、发、存金额时，以该项存货的单位计划成本乘以相应的数量即可求得，避免了烦琐地发出存货计价，简化了存货的日常核算手续。

2. 有利于考核采购部门的工作业绩

计划成本法的显著特点是可以通过实际成本与计划成本的比较，得出实际成本脱离计划成本的差异，并通过对差异的分析，寻求实际成本脱离计划成本的原因，据以考核采购部门的工作业绩，促使采购部门不断降低采购成本。

鉴于上述优点，计划成本法在我国制造业企业应用比较广泛。

第五节 存货期末计价的核算

一、成本与可变现净值孰低法

为了在资产负债表中更合理地反映期末存货的价值，企业应当选择适当的计价方法对期末存货进行再计量。

《企业会计准则》规定，存货的期末计价应当采用成本与可变现净值孰低法。

成本与可变现净值孰低法是指按照存货的成本与可变现净值两者之中的较低者对期末存货进行计价的一种方法。

采用成本与可变现净值孰低法计价，当期末存货的成本低于可变现净值时，存货仍按成本计价；当期末存货的可变现净值低于成本时，存货则按可变现净值计价。

这里的成本是指期末存货的实际成本，即采用先进先出法、加权平均法等存货计价方法，对发出存货（或期末存货）进行计价所确定的期末存货账面价值。如果存货的日常核算采用计划成本法、售价金额核算法等简化核算方法，则期末存货的实际成本是指通过差异调整而确定的存货成本。

可变现净值，是指在日常活动中，以存货的估计售价减去至完工时估计将要发生的成本、销售费用以及相关税费后的金额。

采用成本与可变现净值孰低法对期末存货进行计价，当某项存货的可变现净值跌至成本以下时，表明该项存货为企业带来的未来经济利益将低于账面价值，企业应按可变现净值低于成本的金额确认存货跌价损失，并将其从存货价值中扣除；否则，就会虚计当期利润和存货价值。而当可变现净值高于成本时，企业则不能按可变现净值高于成本的金额确认这种尚未实现的存货增值收益；否则，也会虚计当期利润和存货价值。因此，成本与可变现净值孰低法体现了谨慎性会计原则的要求。

二、可变现净值的确定

1. 存货减值迹象的判断

（1）存货存在下列情况之一的，表明存货的可变现净值低于成本。

①该存货的市场价格持续下跌，并且在可预见的未来无回升的希望。

②企业使用该项原材料生产的产品的成本大于产品的销售价格。

③企业因产品更新换代，原有库存原材料已不适应新产品的需要，而该原材料的市场价格又低于其账面成本。

④因企业所提供的商品或劳务过时或消费者偏好改变，而使市场的需求发生变化导致市场价格逐渐下跌。

⑤其他足以证明该项存货实质上已经发生减值的情形。

（2）存货存在下列情形之一的，表明存货的可变现净值为零。

①已霉烂变质的存货。

②已过期且无转让价值的存货。

③生产中已不再需要，并且已无使用价值和转让价值的存货。

④其他足以证明已无使用价值和转让价值的存货。

2. 存货可变现净值的确定

根据存货的账面记录，可以很容易地获得存货的成本资料，因此，运用成本与可变现净值孰低法对期末存货进行计价的关键，是合理确定存货的可变现净值。

（1）确定存货可变现净值应考虑的主要因素。

企业确定存货的可变现净值，应当以取得的确凿证据为基础，并且考虑持有存货的目的、资产负债表日后事项的影响等因素。

①存货可变现净值的确凿证据。可变现净值的确凿证据是指对确定存货的可变现净值有直接影响的客观证明，如产品的市场销售价格、与企业产品相同或类似商品的市场销售价格、供货方提供的有关资料、销售方提供的有关资料、生产成本资料等。

②持有存货的目的。企业持有存货有两个基本目的，即持有以备出售和持有以备耗用。持有存货的目的不同，可变现净值的确定方法也不尽相同。

持有以备出售的产成品或商品，以及直接用于出售的原材料等存货，可变现净值按照在正常生产经营过程中，以存货的估计售价减去估计的销售费用和相关税金后的金额确定。

仍然处在生产过程中的在产品，以及将在生产过程或提供劳务过程中耗用的材料、物料等存货，可变现净值按照在正常生产经营过程中，以存货的估计售价减去至完工估计将要发生的成本、估计的销售费用以及相关税金后的金额确定。

③资产负债表日后事项的影响。企业在确定资产负债表日存货的可变现净值时，不仅要考虑资产负债表日与该项存货相关的价格与成本波动，而且还应考虑未来的相关事项。

（2）确定可变现净值。

①产成品、商品和用于出售的材料等直接用于出售的商品存货，其可变现净值为在正常生产经

营过程中，该存货的估计售价减去估计的销售费用和相关税费后的金额。

②需要经过加工的材料存货，用其生产的产成品的可变现净值高于成本的，该材料仍然应当按照成本计量；材料价格的下降表明产成品的可变现净值低于成本的，该材料应当按照可变现净值计量，其可变现净值为在正常生产经营过程中，以该材料所生产的产成品的估计售价减去至完工时估计将要发生的成本、销售费用和相关税费后的金额。

③为执行销售合同或者劳务合同而持有的存货，其可变现净值应当以合同价格为基础计算。

④企业持有的同一项存货的数量多于销售合同或劳务合同订购数量的，应分别确定其可变现净值，并与其相对应的成本进行比较，分别确定存货跌价准备的计提或转回金额；超出合同部分的存货的可变现净值，应当以一般销售价格为基础计算。

三、存货跌价准备

1. 存货跌价准备的计提

企业应当定期对存货进行全面检查，如果由于存货毁损、全部或部分陈旧过时或销售价格低于成本等原因，使存货可变现净值低于其成本，应按可变现净值低于成本的部分，计提存货跌价准备。

在一般情况下，存货跌价准备应当按照单个存货项目计提，即应当将每一存货项目的成本与可变现净值逐一进行比较，取其低者计量存货，并按可变现净值低于成本的差额计提存货跌价准备。但在某些情况下，如与具有类似目的或最终用途并在同一地区生产和销售的产品系列相关，且难以将其与该产品系列的其他项目区别开进行估价的存货，可以合并计提存货跌价准备。此外，对于数量繁多、单价较低的存货，也可以按存货类别计提存货跌价准备。

在具体进行存货跌价准备的会计处理时，首先应按本期存货可变现净值低于成本的金额，确定本期存货的减值金额；其次将本期存货的减值金额与“存货跌价准备”账户的余额进行比较，按下列公式计算确定本期应计提的存货跌价准备金额：

某期应计提的存货跌价准备金额＝当期可变现净值低于成本的金额－存货跌价准备科目原有余额

根据上述公式，如果本期存货减值的金额与“存货跌价准备”账户的贷方余额相等，不需要计提存货跌价准备；如果本期存货减值的金额大于“存货跌价准备”账户的贷方余额，应按两者之差补提存货跌价准备，借记“资产减值损失”账户，贷记“存货跌价准备”账户；如果本期存货减值的金额小于“存货跌价准备”账户的贷方余额，表明存货的价值得以恢复，应按两者之差冲减已计提的存货跌价准备，借记“存货跌价准备”账户，贷记“资产减值损失”账户。

2. 存货跌价准备的转回

当以前减记存货价值的影响因素已经消失，减记的金额应当予以恢复，并在原已计提的存货跌价准备金额内转回，转回的金额计入当期损益（资产减值损失），借记“存货跌价准备”账户，贷记“资产减值损失”账户。

3. 存货跌价准备的结转

企业计提了存货跌价准备，如果其中有部分存货已经销售，则企业在结转销售成本时，应结转对其已计提的存货跌价准备。

按存货类别计提存货跌价准备的，也应按比例结转相应的存货跌价准备。

第六节 存货清查的核算

一、存货清查的意义与方法

存货是企业资产的重要组成部分，且处于不断销售或耗用以及重置之中，具有较强的流动性。为了加强对存货的控制，维护存货的安全完整，企业应当定期或不定期对存货的实物进行盘点和抽查，并与账面记录进行核对，确保存货账实相符。企业至少应当在编制年度财务会计报告之前，对存货进行一次全面的清查盘点。

存货的清查采用实地盘点和账实核对的方法。

清查盘点前，应将已经收发的存货数量全部登记入账，并准备盘点清册，抄列各种存货的编号、名称、规格和存放地点。盘点时，应在盘点清册上逐一登记各种存货的账面结存数量和实存数量，并进行核对。对于账实不符的存货，应查明原因，分清责任，并根据清查结果编制存货盘存报告单，作为存货清查的原始凭证。

在进行存货清查盘点时，如果发现存货盘盈或盘亏，应于期末前查明原因，并根据企业的管理权限，报经股东大会或董事会，或经理（厂长）会议或类似机构批准后，在期末结账前处理完毕。

二、存货盘盈与盘亏的会计处理

1. 存货盘盈的会计处理

存货盘盈是指存货的实存数量超过账面结存数量的差额。

存货发生盘盈，应按照同类或类似存货的市场价格作为实际成本及时登记入账，借记“原材料”等存货账户，贷记“待处理财产损溢——待处理流动资产损溢”账户；待查明原因，报经批准处理后，冲减当期管理费用。

【例 5-24】 宏达集团有限公司在存货清查中发现盘盈一批 A 材料，市场价格为 2 000 元。

其会计处理如下：

（1）发现盘盈。

借：原材料——A 材料　　2 000

　　贷：待处理财产损溢——待处理流动资产损溢　　2 000

（2）报经批准处理。

借：待处理财产损溢——待处理流动资产损溢　　2 000

　　贷：管理费用　　2 000

2. 存货盘亏的会计处理

存货盘亏是指存货的实存数量少于账面结存数量的差额。

存货发生盘亏，应将其账面成本及时转销，借记“待处理财产损溢——待处理流动资产损溢”账户，贷记“原材料”等存货账户；因非常损失而造成的存货毁损，还应将不能抵扣的增值税进项税额一并转出，借记“待处理财产损溢——待处理流动资产损溢”账户，贷记“应交税费——应交增值税（进项税额转出）”账户。待查明原因，报经批准处理后，根据造成盘亏的原因，分别以如下情况进行会计处理。

（1）属于定额内自然损耗和收发计量差错造成的短缺，直接计入管理费用。

（2）属于管理不善等原因造成的短缺或毁损，在减去过失人或者保险公司等赔款和残料价值之后，将净损失计入管理费用。

（3）属于自然灾害或意外事故造成的毁损，在减去保险公司赔款和残料价值之后，将净损失计入营业外支出。

【例 5-25】 宏达集团有限公司在存货清查中发现盘亏一批 B 材料，账面成本为 5 000 元。

其会计处理如下：

（1）发现盘亏。

借：待处理财产损溢——待处理流动资产损溢　　5 000

　　贷：原材料——B 材料　　5 000

（2）查明原因，属于收发计量差错，报经批准处理。

借：管理费用　　5 000

　　贷：待处理财产损溢——待处理流动资产损溢　　5 000

如果盘盈或盘亏的存货在期末结账前尚未经批准，在对外提供财务会计报告时，应先按上述方法进行会计处理，并在会计报表附注中做出说明。如果其后批准处理的金额与已处理的金额不一致，应当调整当期会计报表相关项目的年初数。

如果发现的是以前会计期间的存货盘亏，应当作为前期差错更正处理。

本章习题

一、简答题

1. 什么是存货？它如何进行分类？
2. 存货的采购成本包括哪些具体内容？
3. 什么是移动加权平均法？此法下存货发出成本如何确定？
4. 什么是先进先出法？此法下存货发出成本如何确定？
5. 什么是存货计划成本法？企业存货采用计划成本法核算有何优点？
6. 存货发出计价的方法有哪些？各有什么特点？
7. 什么是成本与可变现净值孰低法？如何确定存货的可变现净值？

二、实训题

1. 存货计划成本法的计算和会计处理。

资料：A 公司为增值税的一般纳税人。2022 年 6 月 1 日结存材料的计划成本为 2 万元，原材料成本差异月初数额为节约 400 元。本月入库材料的计划成本为 18 万元，本月入库材料成本差异为超支 3 000 元，本月发出材料的计划成本为 15 万元（均为生产甲产品领用）。

要求：

（1）计算本月材料成本差异率、发出材料应负担的成本差异、发出材料的实际成本、结存材料应负担的成本差异以及结存材料的实际成本。

（2）编制材料验收入库、发出以及分配材料成本差异的会计分录。

2. 存货期末计价的核算。

资料：2022 年 12 月 31 日宏达集团有限公司年末采用成本与可变现净值孰低法进行存货计价。

（1）2022 年年末，甲产品账面成本为 60 万元，预计可变现净值为 58 万元，“资产减值准备”账户的贷方余额为 1 万元。

（2）2023 年 6 月 30 日，甲产品账面成本为 60 万元，预计可变现净值为 55 万元。

（3）2023 年年末，甲产品账面成本为 50 万元，预计可变现净值为 48 万元。

要求：根据以上经济业务编制会计分录。

第六章

长期股权投资

学习要点

1. 长期股权投资的内容及分类。
2. 不同方式取得长期股权投资的初始成本的确定与核算。
3. 成本法的概念与核算。
4. 权益法的概念与核算。
5. 长期股权投资处置的核算。

第一节 认识长期股权投资

一、长期股权投资的含义和内容

1.长期股权投资的含义

长期股权投资是指投资方对被投资单位实施控制、重大影响的权益性投资以及对其合营企业的权益性投资。

2.长期股权投资的内容及分类

按照《企业会计准则第2号——长期股权投资》，长期股权投资主要包括以下三类权益性投资。

(1) 对子公司的权益性投资。

对子公司的权益性投资，即企业持有的能够对被投资单位实施控制的权益性投资。控制是指投资方拥有对被投资单位的权力，通过参与被投资单位的相关活动而享有可变回报，并且有能力运用对被投资单位的权力影响其回报金额。具体地，在确定能否对被投资单位实施控制时，投资方应当按照《企业会计准则第33号——合并财务报表》的有关规定进行判断。投资方能够对被投资单位实施控制的，被投资单位为其子公司。

(2) 对合营企业的权益性投资。

对合营企业的权益性投资，即企业与其他合营方一起对被投资单位实施共同控制且对被投资单位净资产享有权利的权益性投资。

企业在确定被投资单位是否为合营企业时，应当按照《企业会计准则第40号——合营安排》的有关规定进行判断。合营安排是指一项由两个或两个以上的参与方共同控制的安排。合营安排具有下列特征：①各参与方均受到该安排的约束；②两个或两个以上的参与方对该安排实施共同控制。任何一个参与方都不能够单独控制该安排，对该安排具有共同控制的任何一个参与方均能够阻止其他参与方或参与方组合单独控制该安排。

共同控制是指按照合同约定对某项安排所共有的控制，并且该安排的相关活动必须经过分享控制权的参与方一致同意后才能决策。相关活动，是指对某项安排的回报产生重大影响的活动，通常包括商品或劳务的销售和购买、金融资产的管理、资产的购买和处置、研究与开发活动以及融资活动等。

合营安排参与方并非都是对合营安排享有共同控制权，只有享有共同控制权的参与方，才能够称为合营方。

在判断是否存在共同控制时，应当首先判断所有参与方或参与方组合是否集体控制该安排，其实判断该安排相关活动的决策是否必须经过这些集体控制该安排的参与方一致同意。如果存在两个或两个以上的参与方组合能够集体控制某项安排的，不构成共同控制。仅享有保护性权力的参与方也不享有共同控制。

(3) 对被投资单位具有重大影响的权益性投资。

投资方能够对被投资单位施加重大影响的，被投资单位为其联营企业。故企业持有的具有重大影响的权益性投资，通常称为对联营企业的投资。

重大影响是指对一个企业的财务和经营决策有参与决策的权利，但并不能够控制或者与其他方一起控制这些政策的制定。在实务中，较为常见的重大影响体现为在对被投资单位的董事会或者类似机构中派有代表，通过在被投资单位财务和经营决策制定过程中的发言权实施重大影响。投资方直接或通过子公司间接持有被投资单位20%以上但低于50%的表决权时，一般认为对被投资单位具有重大影响，除非有明确证据表明在该种情况下不能参与被投资单位的生产经营决策，不形成重大影响。

企业通常可以通过以下一种或几种情形来判断是否对被投资单位具有重大影响。

①在被投资单位的董事会或类似机构中派有代表。在这种情况下，由于在被投资单位的董事会或类似机构中派有代表，并相应享有实质性的参与决策权，投资方可以通过该代表参与被投资单位财务和经营决策的制定，从而可以对被投资单位施加重大影响。

②参与被投资单位财务和经营政策制定过程。在这种情况下，在制定政策的过程中，可以为其自身利益提出建议和意见，从而可以对被投资单位施加重大影响。

③与被投资单位之间发生重要交易。有关的交易因对被投资单位的日常经营具有重要性，进而在一定程度上可以影响被投资单位的生产经营决策。

④向被投资单位派出管理人员。在这种情况下，管理人员有权力主导被投资单位的相关活动，从而能够对被投资单位施加重大影响。

⑤向被投资单位提供关键技术资料。因被投资单位的生产经营需要依赖投资方的技术或技术资料，表明投资方对被投资单位具有重大影响。

实务中也应注意，存在上述一种或多种情形并不意味着投资方一定对被投资单位具有重大影响，企业需要综合考虑所有事实和情况来作出恰当的判断。

企业持有的对被投资单位不具有控制、共同控制或重大影响，并在活跃市场上没有报价、公允价值不能可靠计量的权益性投资，应按《企业会计准则第22号——金融工具确认和计量》的规定进行会计处理。通常可以分为以下两种情况：一是对非上市公司参股的权益性投资，既不具有控制，也不具有共同控制和重大影响，且在活跃市场上没有报价或公允价值不能可靠计量的权益性投资，应按其划分为以公允价值计量且变动计入其他综合收益的金融资产，并以成本计量；二是对上市公司参股的权益性投资，既不具有控制，也不具有共同控制和重大影响，且在活跃市场上没有报价或公允价值不能可靠计量的权益性投资，可根据企业对该权益性投资的管理模式，将其划分为交易性金融资产或者以公允价值计量且其变动计入其他综合收益的金融资产。

需要说明的是，本章长期股权投资不包括以下权益性投资：一是风险投资机构、共同基金以及类似主体持有的、在初始确认时按照金融工具确认和计量准则的规定，确认为以公允价值计量且其变动计入当期损益的金融资产；二是投资性主体对不纳入合并财务报表的子公司的权益性投资，也应按照公允价值计量且变动计入当期损益。

二、长期股权投资的特性

长期股权投资与其他金融资产相比，具有以下特性。

1. 权益性

企业对外投资，按性质可以分为权益性投资和债权性投资。长期股权投资属于权益性投资，以公允价值计量且其变动计入当期损益或其他综合收益的金融资产，既可能包括权益性投资工具，也可能包括债权性投资工具；债权投资则纯属于债权性投资。

一般而言，企业对外投资的法律形式要件体现了其实际的投资意图和性质。然而，在当前的市场经济条件下，企业的投资模式日趋多元化，除传统的纯粹债权或者纯粹权益投资外，不少企业的投资模式同时具备债权性投资和权益性投资的特点，故需要根据经济实质进行判断。

2. 战略性

长期股权投资着眼于对被投资方实施控制、共同控制或重大影响，往往体现企业的战略考量，而非像其他金融资产，有的主要着眼于买卖获取价差，有的仅为获取约定现金流（即按照合同获取利息和本金），有的以收取合同现金流和出售获取收益为目标。

3. 长期性

鉴于长期股权投资具有战略考量，故其持有期限往往较长，一般属于非流动资产。

第二节 长期股权投资的初始计量

一、长期股权投资初始计量的原则

长期股权投资的初始计量必须遵循以下两个原则。

一是企业在取得长期股权投资时，应按初始投资成本入账。长期股权投资的取得方式不同，其初始投资成本的确定方式也不同。

长期股权投资取得方式可分为两大类：控股合并方式和非控股合并方式。因此，企业应当根据控股合并方式和非控股合并方式分别确定长期股权投资的初始投资成本。

二是企业在取得长期股权投资时，如果实际支付的价款或其他对价中包含已宣告但尚未发放的现金股利或利润，则应将其作为应收项目单独入账，不构成长期股权投资的初始投资成本。

二、控股合并方式取得长期股权投资的初始计量

控股合并是企业合并方式之一，是指合并方在企业合并中取得对被合并方的控制权，被合并方在合并后仍保持其独立的法人资格并继续经营，合并方则在账面上确认为一项对被合并方长期股权投资的合并方式。

按照合并双方合并前后是否同属于同一方或相同的多方最终控制，企业合并可分为同一控制下企业合并和非同一控制下企业合并两大类。

同一控制下企业合并是指参与合并的企业在合并前后均受同一方或相同的多方最终控制且该控

制并非暂时性的。该类企业合并具有以下特点：一是最终实施控制方实施控制的净资产没有发生变化；二是该类合并发生于关联方之间，当交易作价不公允时，一般不能以双方议定的价格作为核算的基础，通常只能按照账面价值作为长期股权投资的入账基础。合并方所支付的合并对价，也按其账面价值入账，不确认转让收益。

非同一控制下企业合并是指参与合并各方在合并前后不属于同一方或多方最终控制。该类企业合并具有以下特点：一是参与合并的各方不受同一方或相同多方控制，企业合并大多为企业自愿行为；二是在交易过程中，各方出于自身利益考虑会进行激烈的讨价还价，交易以公允价值为基础，对价相对公平合理。故通常按照公允价值作为长期股权投资的入账基础。合并方所支付的合并对价，应按其公允价值确认合并成本，支付对价的公允价值与其账面价值的差额计入当期损益（相当于资产处置损益）。

因此，控股合并形成的长期股权投资，其初始投资成本的确定应分为以下两种情况讨论。

1. 同一控制下控股合并形成的长期股权投资

（1）以支付现金、转让非现金资产或承担债务方式作为合并对价。

合并方以支付现金、转让非现金资产或承担债务方式作为合并对价的，应在合并日按照所取得的被合并方在最终控制方合并财务报表中的净资产账面价值的份额作为长期股权投资的初始投资成本。被合并方在合并日的净资产账面价值为负数的，长期股权投资成本按零确定，同时在备查簿中予以登记。

长期股权投资的初始投资成本与支付的现金、转让的非现金资产及所承担债务账面价值之间的差额：①若为贷方差额，应当计入资本公积（资本溢价或股本溢价）；②若为借方差额，应当冲减资本公积（资本溢价或股本溢价），若其余额不足冲减的，则依次冲减盈余公积和未分配利润。

（2）以发行权益性证券作为合并对价。

合并方以发行权益性证券作为合并对价的，应当在合并日按照所取得的被合并方在最终控制方合并财务报表中净资产账面价值的份额作为长期股权投资的初始投资成本。

长期股权投资的初始投资成本与所发行权益性证券总面值（即发行股数与每股面值之积）之间的差额：①若为贷方差额，应当计入资本公积（股本溢价）；②若为借方差额，应当冲减资本公积（股本溢价），若其余额不足冲减的，则依次冲减盈余公积和未分配利润。

合并方为进行合并所发生的各项直接相关费用，如审计、法律服务、评估咨询等中介费用以及其他相关管理费用，于发生时计入当期管理费用。

合并方为进行企业合并而发行权益性证券所发生的手续费、佣金等相关费用，应当抵减权益性证券溢价发行收入（即冲减资本公积——股本溢价），溢价收入不足冲减的，依次冲减盈余公积和未分配利润。

合并方为进行企业合并而发行债券等债务性证券所发生的手续费、佣金等相关费用，应当计入所发行债券等债务性证券的初始确认金额。

【例6-1】　2023年6月30日，华兴股份有限公司向同一集团内S公司定向增发1 000万股普通股（每股面值为1元，市价为5元），取得S公司100%的股权，相关手续于当日完成，并能够对S公司实施控制。合并后，S公司仍维持其独立法人资格继续经营。合并日，S公司财务报表中净资产的账面价值为2 200万元。为发行普通股发行相关税费30万元，用银行存款支付。

分析：华兴股份有限公司对S公司的控股合并为同一控制下的企业合并，故其在合并日应确认对S公司的长期股权投资初始投资成本为其享有S公司净资产账面价值的100%。

其会计处理如下：

借：长期股权投资——S公司　　22 000 000

　　贷：股本　　10 000 000

　　　　资本公积——股本溢价　　11 700 000

　　　　银行存款　　300 000

【例6-2】　华兴股份有限公司与G公司同为母公司下的两家控股子公司，2023年2月23日，华兴股份有限公司与G公司达成合并协议，约定华兴股份有限公司以无形资产（土地使用权）和银行存款1 800万元作为合并对价，取得G公司70%的股份，其中土地使用权的账面原价为2 000万元，已提累计摊销500万元，未计提减值准备。同日，取得G公司的控股权。股权取得日，G公司的净资产账面价值为5 500万元。华兴股份有限公司“资本公积——股本溢价”账户余额为150万元，“盈余公积”账户余额为200万元，“利润分配——未分配利润”账户余额为360万元。在合并过程中，华兴股份有限公司以银行存款支付审计费用、评估费用、法律服务等相关费用38万元。

分析：华兴股份有限公司对G公司的控股合并为同一控制下企业合并，故其在合并日应确认对G公司的长期股权投资初始投资成本为其享有G公司净资产账面价值的70%，即3 850万元（5 500×70%）。

其会计处理如下：

借：长期股权投资——G公司　　38 500 000

　　累计摊销　　5 000 000

　　贷：无形资产——土地使用权　　20 000 000

　　　　　　银行存款　　18 000 000

　　　　　　资本公积——股本溢价　　5 500 000

借：管理费用　　380 000

　　贷：银行存款　　380 000

2. 非同一控制下控股合并形成的长期股权投资

非同一控制下的企业合并，合并方（往往也被称为购买方）通常将企业合并看成一项购买交易，应按所支付对价的公允价值确定合并成本，作为长期股权投资的初始入账成本。

（1）以支付现金、转让非现金资产或承担债务方式作为合并对价。

合并方以支付现金、转让非现金资产或承担债务方式作为合并对价的，应以合并成本作为长期股权投资的初始投资成本。合并成本是指购买日合并方所支付现金及非现金资产、发生或承担的负债的公允价值之和。

合并方作为支付对价而付出的非现金资产，应视同资产处置进行会计处理。具体地，若付出资产为存货，应按其处置日公允价值确认收入，同时按其账面价值结转成本；若付出资产为固定资产、无形资产等，应将其处置日公允价值与账面价值之间的差额作为资产处置损益；若付出资产为金融资产，则应将其处置日公允价值与账面价值之间的差额作为投资收益（如果付出的是以公允价值计量且其变动计入其他综合收益的权益性工具投资，则其公允价值与原账面价值的差额应当计入留存收益，原计入其他综合收益的部分同时转出计入当期投资收益，其他权益工具投资公允价值变动形成的其他综合收益应转入留存收益）。

（2）以发行权益性证券作为合并对价。

合并方以发行权益性证券作为合并对价的，合并成本为购买日合并方为取得对被并方的控制权而发行的权益性证券的公允价值，即应以此作为长期股权投资的初始投资成本。

非同一控制下的企业合并所发生的各项费用的处理与同一控制下企业合并相同，即合并方为进行合并而发行权益性证券所发生的手续费、佣金等相关费用，应当抵减权益性证券溢价发行收入（即冲减资本公积——股本溢价），溢价收入不足冲减的，依次冲减盈余公积和未分配利润；合并方为进行企业合并而发行债券等债务性证券所发生的手续费、佣金等相关费用，应当计入所发行债券等债务性证券的初始确认金额。

【例 6-3】　2023 年 3 月 31 日，华兴股份有限公司以资产作为支付对价取得 Y 公司 70％的股权，取得该部分股权后能够对 Y 公司实施控制。在合并前，华兴股份有限公司与 Y 公司不存在任何关联方关系。为核实 Y 公司的资产价值，华兴股份有限公司聘请资产评估机构对 Y 公司的资产进行评估，用银行存款支付评估费用 30 万元。支付对价的相关资产在购买日有关信息见表 6-1。假定不考虑其他相关税费。

表 6-1　华兴股份有限公司支付对价的相关资产

2023 年 3 月 31 日　　　　单位：万元

项目	账面原价	累计摊销	账面价值	公允价值
土地使用权（自用）	5 000	1 000	4 000	6 400
专利技术	1 800	200	1 600	2 000
银行存款	—	—	1 600	1 600
合计	6 800	1 200	7 200	10 000

分析：因华兴股份有限公司与 Y 公司在合并前不存在任何关联关系，故应作为非同一控制下的企业合并处理。

其相关会计处理如下：

借：长期股权投资——Y 公司　　100 000 000
　　累计摊销　　12 000 000
　　贷：无形资产——土地使用权　　50 000 000
　　　　　　　　——专利权　　18 000 000
　　　　银行存款　　16 000 000
　　　　资产处置损益——处置无形资产损益　　28 000 000
借：管理费用　　300 000
　　贷：银行存款　　300 000

【例 6-4】　接例 6-1 资料。假定 S 公司与华兴股份有限公司不属于同一企业集团下的两个子公司，其他资料不变。

分析：在这种情况下，华兴股份有限公司对 S 公司的控股合并则属于非同一控制下的企业合并，故其在合并日对S公司的长期股权投资初始投资成本应等于作为支付对价普通股的发行价格5 000万元（5×1 000）。为发行普通股发生的相关税费30万元，应从股票溢价收入中扣除，而不作为初始投资成本。

其会计处理如下：

借：长期股权投资——S公司　　50 000 000

　　贷：股本　　10 000 000

　　　　资本公积——股本溢价　　39 700 000

　　　　银行存款　　300 000

三、非控股合并方式取得长期股权投资的初始计量

非控股合并方式取得长期股权投资是指企业以支付现金、非货币型资产交换或发行权益性证券等方式获得对合营企业或联营企业的权益性投资，应按付出现金、非货币性资产的公允价值或按照《企业会计准则第7号——非货币性资产交换》《企业会计准则第12号——债务重组》的有关规定确定长期股权投资的初始成本，非货币性资产公允价值与其账面价值之间的差额一般应确认为资产处置损益。

1. 以支付现金方式取得的长期股权投资

企业以支付现金方式取得的长期股权投资，应当按照实际支付的购买价款作为初始投资成本。初始投资成本包括与取得长期股权投资直接相关的费用、税金及其他必要支出。

2. 以发行权益性证券方式取得的长期股权投资

企业以发行权益性证券方式取得的长期股权投资，应当按照所发行权益性证券的公允价值作为初始投资成本。为发行权益性证券所发生的手续费、佣金等相关费用及其他直接相关支出，不构成长期股权投资的初始成本，应抵减权益性证券溢价发行收入（冲减资本公积——股本溢价），溢价收入不足抵减的，依次冲减盈余公积和未分配利润。

3. 投资者投入的长期股权投资

企业接受投资者投入的长期股权投资，应按照投资合同或协议约定的价值作为初始投资成本，但合同或协议约定的价值不公允的除外。若合同或协议约定的价值不公允，应按照长期股权投资的公允价值确认。

此外，企业通过非货币性资产交换、债务重组方式取得的长期股权投资，其初始投资成本应当分别按照《企业会计准则第7号——非货币性资产交换》《企业会计准则第12号——债务重组》的有关规定确定。

【例6-5】　2023年3月10日，华兴股份有限公司自公开市场中买入Z公司20%的股份，实际支付价款1 600万元，其中含有已经宣告但尚未发放的股利20万元。另支付手续费等相关费用40万元，并于同日完成了相关手续。华兴股份有限公司取得该部分股权后能够对Z公司施加重大影响。不考虑相关税费等其他因素的影响。

分析：华兴股份有限公司应当按照实际支付的购买价款和相关交易费用作为取得长期股权投资的成本，但不包括实际支付价款中含有的已宣告但尚未发放的股利。

长期股权投资的初始投资成本＝ 1 600－20＋40＝1 620（万元）

其会计处理如下：

借：长期股权投资——Z 公司（投资成本）　　16 200 000

　　应收股利——Z 公司　　200 000

　　贷：银行存款　　16 400 000

【例 6-6】　2023 年 3 月 6 日，华兴股份有限公司通过增发 600 万股普通股（面值 1 元/股），从非关联方处取得 B 公司 20％的股权，华兴股份有限公司取得该部分股权后能够对 B 公司施加重大影响，所增发股份的公允价值为 1 040 万元，为增发该部分股份，华兴股份有限公司向证券承销等中介机构支付了 40 万元的佣金和手续费，假定不考虑其他相关税费等因素的影响。相关手续于增发当日完成。

分析：华兴股份有限公司应当以所发行股份的公允价值作为取得长期股权投资的初始投资成本，发行股票过程中所支付的佣金和手续费，应冲减股票溢价发行收入。

其会计处理如下：

借：长期股权投资——B 公司　　10 400 000

　　贷：股本　　6 000 000

　　　　资本公积——股本溢价　　4 000 000

　　　　银行存款　　400 000

第三节　长期股权投资的后续计量

长期股权投资的后续计量，即其在持有期间的计量，包括成本法和权益法两种核算方法。这两种方法对长期股权投资账面价值及当期损益的确定依据皆不同。企业应根据其对被投资单位控制和影响程度的不同分别采用成本法和权益法进行核算。

一、长期股权投资的成本法

成本法是指长期股权投资账面价值按初始投资成本计量，除追加或收回投资外，一般无须对其账面价值进行调整的一种会计处理方法。投资方能够对被投资单位实施控制（即子公司）的长期股权投资，应当采用成本法核算。

成本法的基本核算程序如下。

（1）设置“长期股权投资”账户，反映长期股权投资的初始投资成本。在长期股权投资持有期间，无论被投资单位经营状况如何，净资产是否增减，投资企业一般不对该长期股权投资的账面价值进行调整。

（2）被投资单位宣告分派现金股利或利润时，投资企业按应享有的部分确认为当期投资收益，借记“应收股利”或“应收利润”账户，贷记“投资收益”账户。

（3）被投资单位宣告分派股票股利时，投资企业只在备查登记簿中登记拥有股票或股份数的变化情况，不需要编制会计分录。

【例 6-7】 2022 年 1 月，华兴股份有限公司自非关联方处以银行存款 800 万元取得对 Z 公司 60%的股权，并能够对 Z 公司实施控制，相关手续于当日办理完成。2023 年 3 月 6 日，Z 公司宣告分派现金股利 30 万元，华兴股份有限公司按其持股比例可获得 18 万元。不考虑相关税费等其他因素的影响。华兴股份有限公司于 2023 年 3 月 24 日实际收到 Z 公司发放的股利。

分析：华兴股份有限公司应对该长期股权投资采用成本法进行后续核算。

其会计处理如下：

(1) 2022 年 1 月，初始投资。

借：长期股权投资——Z 公司	8 000 000	
贷：银行存款		8 000 000

(2) 2023 年 3 月 6 日，宣告分派股利。

借：应收股利——Z 公司	180 000	
贷：投资收益		180 000

(3) 2023 年 3 月 24 日，收到股利。

借：银行存款	180 000	
贷：应收股利——Z 公司		180 000

二、长期股权投资的权益法

权益法是指企业在取得长期股权投资时以初始投资成本计量，并在投资持有期间根据应享有被投资单位所有者权益份额的变动而对长期股权投资的账面价值进行调整的一种会计处理方法。

投资方对被投资单位具有共同控制（主要指合营企业）和重大影响（即联营企业）的长期股权投资，应当采用权益法核算。

长期股权投资采用权益法核算的，应当在“长期股权投资”账户下设置“投资成本”“损益调整”“其他综合收益”“其他权益变动”明细账户。

权益法的基本核算程序如下。

(1) 初始投资或追加投资时，按照初始投资成本或追加投资的投资成本，增加长期股权投资的账面价值，记入“投资成本”明细账户。需要注意的是：①当初始投资成本大于投资时应享有的被投资单位可辨认净资产公允价值份额，则不调整长期股权投资初始成本；②当初始投资成本小于投资时应享有的被投资单位可辨认净资产公允价值份额，则应按照二者之间的差额调整增加长期股权投资的初始成本，借记“长期股权投资——投资成本”账户，贷记“营业外收入”账户。

(2) 持有投资期间，随着被投资单位所有者权益的变动，按照享有份额相应调整增加或减少长期股权投资的账面价值，并分别按以下情况处理。

①对于因被投资单位实现净损益（以取得投资时被投资单位可辨认净资产的公允价值为基础计算）和其他综合收益而产生的所有者权益的变动，投资方按照应享有的份额，增加或减少长期股权投资的账面价值，同时确认投资收益和其他综合收益，借（或贷）记“长期股权投资——损益调整（或其他综合收益）”账户，贷（或借）记“投资收益”“其他综合收益”账户。

②对于被投资单位除净损益、其他综合收益以及利润分配以外的因素导致的其他所有者权益变动，投资方按照应享有的份额，相应调整增加或减少长期股权投资的账面价值，同时确认资本公积（其他资本公积），借（或贷）记“长期股权投资——其他权益变动”账户，贷（或借）记“资本公

积——其他资本公积”账户。

（3）被投资的单位宣告分派现金股利或利润时，投资企业按应享有的份额相应减少长期股权投资的账面价值，即视同投资的收回，借记“应收股利”或“应收利润”账户，贷记“长期股权投资——损益调整”账户。

（4）被投资单位宣告分派股票股利时，投资企业不需要编制会计分录，只需要在备查登记簿中登记其所持有股份数的增加情况。

（5）投资方确认被投资单位发生的净亏损，应当以长期股权投资的账面价值以及其他实质上构成对被投资单位净投资的长期权益减记至零为限，投资方负有承担额外损失义务的除外。被投资单位以后实现净利润的，投资方在其收益分享弥补未确认的亏损分担额后，恢复确认收益分享额。

【例 6-8】　2023 年 1 月，华兴股份有限公司支付价款 600 万元取得 B 公司 30%的股权。股权取得时，B 公司净资产账面价值为 1 500 元（假定其各项可辨认净资产的公允价值与账面价值相同）。华兴股份有限公司在取得 B 公司的股权后，能够对 B 公司施加重大影响。假定不考虑相关税费等其他因素的影响。

分析：华兴股份有限公司应对该投资采用权益法核算。由于初始投资成本 600 万元大于取得投资时应享有 B 公司可辨认净资产公允价值的份额 450 万元（1 500×30%），故不需要调整长期股权投资的初始成本。

其会计处理如下：

借：长期股权投资——B 公司（投资成本）	6 000 000	
贷：银行存款		6 000 000

【例 6-9】　承例 6-8 资料。假定华兴股份有限公司取得股权时，B 公司可辨认净资产的公允价值是 2 400 万元，其他资料不变。

分析：由于初始投资成本 600 万元小于投资时应享有的 B 公司可辨认净资产公允价值的份额 720 万元（2 400×30%），故应按两者的差额调整增加长期股权投资的初始投资成本。

其会计处理如下：

借：长期股权投资——B 公司（投资成本）	7 200 000	
贷：银行存款		6 000 000
营业外收入		1 200 000

【例 6-10】　2021 年 1 月 20 日，华兴股份有限公司以 3 000 万元（包括交易税费）的价格取得 N 公司普通股 1 200 万股作为长期股权投资，该股份占 N 公司普通股股份的 20%，能够对其产生重大影响，故华兴股份有限公司采用权益法核算。投资当时，N 公司可辨认净资产公允价值为 15 000 万元，2021 年 3 月 10 日，N 公司宣告 2020 年度利润分配方案，分派现金股利每股 0.15 元，并于 4 月 5 日发放。2021 年度，N 公司报告实现净收益 1 800 万元，其他综合收益增加（皆为其持有的其他权益工具投资公允价值变动）900 万元。2022 年 3 月 10 日，N 公司宣告 2024 年度利润分配方案，分派现金股利每股 0.10 元，股票股利每 10 股派 1 股，4 月 10 日为除权日，4 月 15 日收到发放的现金股利。2022 年度，N 公司报告净亏损 480 万元，用以前年度留存收益弥补亏损后，仍于 2023 年 4 月 5 日宣告 2022 年度利润分配方案，分派现金股利每股 0.10 元，并于 4 月 25 日发放。2023 年度，N 公司发生亏损 500 万元，资本公积（其他资本公积）减少 200 万元，当年末派发股利。

分析：本题对长期股权投资权益法各环节的知识点均有涵盖，各时点相关会计处理如下：

（1）2021 年 1 月 20 日，华兴股份有限公司购入 N 公司普通股股份。

应享有N公司可辨认净资产公允价值的份额＝15 000×20%＝3 000（万元），与初始投资成本3 000万元一致，故无须调整长期股权投资初始入账成本。

借：长期股权投资——N公司（投资成本） 30 000 000
　　贷：银行存款 30 000 000

（2）2021年3月10日，N公司宣告上年度利润分配方案，分配现金股利每股0.15元，并于4月5日发放。

①确认应收股利。

应收股利＝0.15×1 200＝180（万元）

借：应收股利——N公司 1 800 000
　　贷：长期股权投资——N公司（损益调整） 1 800 000

②收到现金股利。

借：银行存款 1 800 000
　　贷：应收股利——N公司 1 800 000

（3）2021年度，N公司报告实现净收益1 800万元，其他综合收益900万元。2022年3月10日，N公司宣告2021年度利润分配方案，分派现金股利每股0.10元，股票股利每10股派1股，4月10日为除权日，于4月15日发放现金股利。

①2021年年底，华兴股份有限公司根据N公司净资产的增加按其享有份额调整增加长期股权投资账面价值，同时确认投资收益360万元（1 800×20%），其他综合收益180万元（900×20%）。

借：长期股权投资——N公司（损益调整） 3 600 000
　　　　　　　　——N公司（其他综合收益） 1 800 000
　　贷：投资收益 3 600 000
　　　　其他综合收益 1 800 000

②2022年3月10日，根据N公司利润分配方案，确认应收股利120万元（0.10×1 200）；分派股票股利，华兴股份有限公司不编制会计分录。

借：应收股利——N公司 1 200 000
　　贷：长期股权投资——N公司（损益调整） 1 200 000

③2022年4月10日为除权日，华兴股份有限公司应在备查登记簿中登记本公司拥有N公司的股份由原来的1 200万股增加到1 320万股（1 200＋120）。

④2022年4月15日，收到现金股利。

借：银行存款 1 200 000
　　贷：应收股利——N公司 1 200 000

（4）2022年度，N公司报告净亏损480万元，用以前年度留存收益弥补亏损后，于2023年4月5日宣告2022年度利润分配方案，分派现金股利每股0.10元，并于4月25日发放。

①2022年年底，确认投资损失96万元（480×20%）。

借：投资收益 960 000
　　贷：长期股权投资——N公司（损益调整） 960 000

②2023年4月5日，确认现金股利132万元（0.10×1 320）。

借：应收股利——N公司 1 320 000
　　贷：长期股权投资——N公司（损益调整） 1 320 000

③2023 年 4 月 25 日，收到现金股利。

借：银行存款　　1 320 000

　　贷：应收股利——N 公司　　1 320 000

(5) 2023 年度，N 公司发生亏损 500 万元，资本公积（其他资本公积）减少 200 万元，当年未分派股利。

①2023 年年底，确认投资损失 100 万元（500×20%），并调整减少长期股权投资账面价值。

借：投资收益　　1 000 000

　　贷：长期股权投资——N 公司（损益调整）　　1 000 000

（**说明**：投资企业确认被投资单位发生净亏损，应当以长期股权投资的账面价值减记至零为限，投资企业负有承担额外损失义务的除外）

②2023 年年底，由于 N 公司其他资本公积减少，故本公司应确认减少其他资本公积 40 万元（200×20%），并调整减少长期股权投资账面价值。

借：资本公积——其他资本公积　　400 000

　　贷：长期股权投资——N 公司（其他权益变动）　　400 000

投资企业在确认应享有（或承担）被投资单位净收益（净亏损）的份额时有以下几点说明。

一是应当以取得投资时被投资单位可辨认净资产的公允价值为基础，对被投资单位的净利润进行调整后确认。

二是被投资单位采用的会计政策及会计期间与投资方不一致的，应当按照投资方的会计政策及会计期间对被投资单位的财务报表进行调整，并据以确认投资收益和其他综合收益等。

三是投资方与联营企业、合营企业之间发生的未实现内部交易损益按照应享有的比例计算归属于投资方的部分，应当予以抵销，在此基础上确认投资收益。而投资方与被投资单位发生的未实现内部交易损失，按照《企业会计准则第 8 号——资产减值》等的有关规定属于资产减值损失的，应当全额确认。

【例 6-11】　2022 年 1 月 20 日，华兴股份有限公司以 200 万元（包括交易税费）的价格取得 W 公司有表决权资本 30%的股份，能够对其产生重大影响，华兴股份有限公司对该长期股权投资采用权益法核算。投资时，W 公司可辨认净资产公允价值为 600 万元，其中固定资产账面价值为 180 万元，公允价值为 210 万元，尚可使用年限为 5 年，假定预计净残值为零，采用年限平均法计提折旧。其他资产、负债的公允价值与账面价值相同。2022 年，W 公司全年实现净利润 120 万元；2023 年，W 公司全年发生亏损 50 万元。

分析：华兴股份有限公司采用权益法确认的投资收益应以其投资时 W 公司可辨认净资产的公允价值为基础，对 W 公司的净利润（或亏损）进行调整后确认。华兴股份有限公司应进行如下会计处理：

(1) 2022 年 1 月 20 日，华兴股份有限公司取得 W 公司 30%的股权。

借：长期股权投资——W 公司（投资成本）　　2 000 000

　　贷：银行存款　　2 000 000

因投资成本 200 万元大于取得投资时应享有的 W 公司可辨认净资产公允价值的份额 180 万元（600×30%），故无须调整初始投资成本。

(2) 2022 年年末，华兴股份有限公司按调整后的 W 公司净利润的 30%确认投资收益。

固定资产按账面价值计提折旧额＝180÷5＝36（万元）

固定资产按公允价值计提折旧额＝210÷5＝42（万元）

固定资产按公允价值比按账面价值每年要多计提折旧额 6 万元（42－36）。

W 公司调整后的净利润＝120－6＝114（万元）

华兴股份有限公司按持股比例应分享的份额＝114×30％＝34.2（万元）

借：长期股权投资——W 公司（损益调整）　　342 000

　　贷：投资收益　　342 000

（3）2023 年年末，华兴股份有限公司按调整后的 W 公司亏损的 30％承担投资损失。

W 公司调整后的损失＝50＋6＝56（万元）

华兴股份有限公司按持股比例应承担的份额＝56×30％＝16.8（万元）

借：投资收益　　168 000

　　贷：长期股权投资——W 公司（损益调整）　　168 000

三、长期股权投资的减值

企业在确认从被投资单位应分得的现金股利或利润后，应当检查该项长期股权投资是否发生减值。若该长期股权投资的账面价值大于应享有的被投资单位净资产（包括相关商誉）账面价值的份额或存在其他减值迹象的，则企业应当按照《企业会计准则第 8 号——资产减值》的规定对长期股权投资进行减值测试。若其可收回金额低于长期股权投资的账面价值，应按其差额计提长期股权投资减值准备，借记“资产减值损失”账户，贷记“长期股权投资减值准备”账户。“长期股权投资减值准备”账户应当按照被投资单位设置明细账户进行明细核算。

《企业会计准则第 8 号——资产减值》规定，长期股权投资减值损失一经确认，在以后会计期间不得转回。

第四节 长期股权投资的减值与处置

一、长期股权投资的减值

长期股权投资作为企业一项重要资产，必须能够为企业带来经济利益，如果长期股权投资不能为企业带来经济利益或为企业带来的经济利益低于账面价值，即如果长期股权投资未来的可收回金额低于其账面价值，则通常表明长期股权投资发生了减值。

1. 长期股权投资减值迹象的判断

投资方应当在每个资产负债表日判断长期股权投资是否存在减值迹象。出现下列迹象时，通常表明长期股权投资有可能减值。

（1）长期股权投资的市价在当期出现大幅度下跌，其跌幅明显高于因时间推移而预计的下跌，在可预见的未来不会回升至前期水平。

（2）被投资单位所处的经济、技术或法律环境发生重大不利变化，导致被投资单位在投资、销售及采购等重大经营环节处于不可逆转的不利情形。

（3）被投资单位所处的市场利率大幅度提高，显著影响被投资单位未来现金流量的现值，长期股权投资的未来可收回金额出现明显下跌。

（4）长期股权投资的账面价值大于应享有被投资单位所有者权益账面价值的份额。

如果有确凿证据表明被投资单位长期股权投资出现减值迹象的，投资单位应当进行减值测试，估计长期股权投资的可收回金额。

2. 长期股权投资可收回金额的估计

长期股权投资可收回金额是指长期股权投资的公允价值减去其处置费用后的净额与长期股权投资未来现金流量的现值两者中的较高者。

长期股权投资的公允价值减去其处置费用后的净额代表的是长期股权投资的处置或变现价值。通常情况下，投资方应根据活跃市场上该长期股权投资的交易价格来确定长期股权投资的公允价值；如果该长期股权投资不存在活跃市场，应根据类似资产近期的交易价格来确定长期股权投资的公允价值；如果上述方法都无法确定长期股权投资的公允价值，则可参考类似资产前期交易价格来确定长期股权投资的公允价值。长期股权投资的处置费用通常包括长期股权投资交易手续费、佣金、法律服务费等直接相关费用。

如果投资方根据上述方法仍无法合理、可靠地估计长期股权投资的可收回金额，则应当以长期股权投资未来现金流量的现值作为可收回金额。

3. 长期股权投资未来现金流量现值的估计

长期股权投资未来现金流量的现值代表的是持续持有长期股权投资，被投资单位在未来能够给投资单位所带来的现金流量及最终处置长期股权投资能带来的现金流量的总现值。因此，合理预计长期股权投资未来现金流量的现值，需要综合考虑长期股权投资未来现金流量的估计及折现率的估计，在此基础上，投资方管理层应当对未来长期股权投资的可收回金额作出最佳估计。

4. 长期股权投资减值的会计处理

如果长期股权投资减值测试结果表明，长期股权投资的账面价值低于可收回金额，那么投资方应当将长期股权投资的账面价值减记至可收回金额，减记的金额借记“资产减值损失”科目，同时贷记“长期股权投资减值准备”科目。值得注意的是，长期股权投资减值准备一经计提，今后不论发生何种情形均不允许转回。

【例 6-12】　华兴股份有限公司于 2022 年 1 月取得 M 公司 40%的股权，在 2022 年 12 月 31 日的账面价值为 16 000 万元。经过评估，其可收回金额为 15 000 万元，经华兴股份有限公司董事会决议，作计提长期股权投资减值处理。华兴股份有限公司对其会计处理如下：

长期股权投资减值金额＝16 000－15 000＝1 000（万元）

借：资产减值损失　　10 000 000

　　贷：长期股权投资减值准备　　10 000 000

二、长期股权投资的处置

处置长期股权投资时，应将长期股权投资的账面价值与实际取得价款之间的差额计入当期损益，同时结转长期股权投资的账面价值。采用权益法核算的长期股权投资，在处置该项投资时，采用与被投资单位直接处置相关资产或负债相同的基础，按相应的比例对原计入其他综合收益的部分进行会计处理。

【例 6-13】 假设华兴股份有限公司出售其持有的 M 公司股份的 10%，实际收到的价款为 1 700 万元。截至出售前，“长期股权投资——M 公司（损益调整）”账户余额为借方 35 万元，“长期股权投资——M 公司（其他权益变动）”账户余额为借方 2 万元，“长期股权投资——M 公司（投资成本）”账户余额为 16 000 万元。

借：银行存款	17 000 000	
贷：长期股权投资——M 公司（投资成本）（160 000 000×10%）		16 000 000
长期股权投资——M 公司（损益调整）（350 000×10%）		35 000
长期股权投资——M 公司（其他权益变动）（20 000×10%）		2 000
投资收益		963 000
借：资本公积——其他资本公积	2 000	
贷：投资收益		2 000

本章习题

一、简答题

1. 按照对被投资单位影响程度的不同，长期股权投资可以分为哪几类？
2. 同一控制与非同一控制下控股合并形成的长期股权投资会计处理的主要区别是什么？
3. 成本法和权益法核算的基本程序和要点有哪些？其各自的适用范围是什么？
4. 如何确认长期股权投资的处置损益？
5. 对长期股权投资计提资产减值准备后是否允许再转回？为什么？

二、实训题

长期股权投资权益法的核算。

资料：2018 年 1 月 5 日，星海公司以每股 1.50 元的价格购入 N 公司每股面值 1 元的普通股 16 000 000 股，并支付税金和手续费 120 000 元，该股票占 N 公司全部普通股的 20%。星海公司在取得股份后，派人参与了 N 公司的生产经营决策，因能够对 N 公司施加重大影响，星海公司将该项投资划分为长期股权投资并采用权益法核算。2018 年 1 月 5 日，N 公司可辨认净资产公允价值为 96 000 000 元。假定投资当时，N 公司各项可辨认资产、负债的公允价值与其账面价值相同，星海公司与 N 公司的会计年度及采用的会计政策相同，双方未发生任何内部交易，星海公司按照 N 公司的账面净损益和持股比例计算确认投资收益。

（1）2018 年 1 月 5 日，购入股票。

（2）2018 年度，N 公司盈利 35 000 000 元。2019 年 3 月 10 日，N 公司宣告 2018 年度股利分配方案，每股分派现金股利 0.15 元，并于 4 月 5 日派发。

①确认 2018 年度投资收益。

②2019 年 3 月 10 日，N 公司宣告分派现金股利。

③2019 年 4 月 5 日，收到现金股利。

(3) 2019 年度，N 公司盈利 42 000 000 元。2020 年 3 月 15 日，宣告 2019 年度股利分配方案，每股分派现金股利 0.20 元，并于 4 月 20 日派发。

①确认 2019 年度投资收益。

②2020 年 3 月 15 日，N 公司宣告分派现金股利。

③2020 年 4 月 20 日，收到现金股利。

(4) 2020 年度，N 公司亏损 4 800 000 元。用以前年度留存收益弥补亏损后，2021 年 3 月 20 日，宣告 2020 年度股利分配方案，每股分派现金股利 0.10 元，并于 4 月 25 日派发。

①确认 2020 年度投资损失。

②2021 年 3 月 20 日，N 公司宣告分派现金股利。

③2021 年 4 月 25 日，收到现金股利。

(5) 2021 年度，N 公司亏损 9 600 000 元。2022 年 3 月 5 日，宣告 2021 年度股利分配方案，每 10 股派送股票股利 2 股，并于 4 月 10 日派送。当年未分派现金股利。

①确认 2021 年度投资损失。

②在备查簿中登记增加的股份。

(6) 2022 年度，N 公司盈利 12 800 000 元。2023 年 2 月 25 日，宣告 2022 年度股利分配方案，每 10 股派送股票股利 3 股，并于 3 月 20 日派送。当年未分派现金股利。

①确认 2022 年度投资收益。

②在备查簿中登记增加的股份。

(7) 2023 年 2 月 20 日，N 公司以 1 500 万元的成本取得 F 公司股票并指定为以公允价值计量且其变动计入其他综合收益的金融资产；2023 年 12 月 31 日，该项其他权益工具投资的公允价值为 1 800 万元。

(8) 2023 年度，N 公司盈利 26 400 000 元。2024 年 3 月 5 日，宣告 2023 年度股利分配方案，每股分派现金股利 0.15 元，并于 4 月 1 日派发。

①确认 2023 年度投资收益。

②2024 年 3 月 5 日，N 公司宣告分派现金股利。

③2024 年 4 月 1 日，收到现金股利。

要求：编制星海公司有关该项长期股权投资的上述会计分录。

第七章

固定资产

学习要点

1. 固定资产的定义、特征、确认与分类。
2. 固定资产的入账价值的确定与取得固定资产的会计处理。
3. 固定资产折旧的方法与折旧的会计处理。
4. 固定资产的后续支出。
5. 固定资产处置的会计处理。
6. 固定资产期末计价。

第一节 认识固定资产

一、固定资产的定义、特征和确认

1. 固定资产的定义和特征

企业的生产经营活动离不开各种有形资产，其中最重要的就是固定资产。

《企业会计准则第 4 号——固定资产》中具体规定，固定资产是同时具有以下特征的有形资产：为生产商品、提供劳务、出租或经营管理而持有，使用年限超过一个会计年度。

固定资产的主要特征如下。

(1) 有形实物。任何固定资产均具有实物形态。

(2) 使用时效长。固定资产能参加多个生产经营周期，并能保持其实物形态基本不变。这一特征表明固定资产能在一年以上的时间里为企业创造经济利益。

(3) 目的性强。企业持有固定资产的目的是为生产经营活动提供服务，是企业开展生产经营活动的物质前提——而不是出售或对外投资。

(4) 价值能在收益中逐渐得到补偿。固定资产价值随使用磨损逐渐转入成本费用，随营业收入的实现而逐渐收回。

2. 固定资产的确认

固定资产在符合以上定义和特征的同时还要满足以下两个条件，才能加以确认。

(1) 与该固定资产有关的经济利益很可能流入企业。

这一条件要求企业必须采取一定方法对固定资产未来经济利益流入企业的确定程度作出可靠估计，只有在企业能够通过该资产获得报酬时才确认为固定资产。在实务中，判断与该固定资产有关的经济利益是否很可能流入企业，主要是通过判断与该固定资产所有权相关的风险和报酬是否转移到企业来确定的，而通常情况下，取得固定资产所有权是判断与该固定资产所有权有关的风险和报酬转移到企业的一个重要标志。凡是所有权已归属企业，无论企业是否收到或拥有该固定资产，均应作为企业的固定资产；反之，则不能作为企业的固定资产。但是所有权是否转移，不是判断与该固定资产所有权相关的风险和报酬是否转移到企业的唯一标志。在有些情况下，某些固定资产的所有权虽然不属于企业，但企业可以控制与该固定资产有关的经济利益的流入，实质上意味着与该固定资产所有权相关的风险和报酬已经转移到企业，这种情况下，遵循实质重于形式，企业应将该资产予以确认。例如，融资租入的固定资产，承租企业虽然不拥有该固定资产的所有权，但承租企业能够控制该资产所包含的经济利益，与该固定资产所有权相关的风险和报酬实质上已经转移到承租企业，因此，符合固定资产确认的第一个条件。

(2) 该固定资产的成本能够可靠地计量。

作为企业重要的资产，企业要确认固定资产，则在取得该资产时所发生的支出必须能够可靠地计量。企业在确定固定资产成本时，有时需要根据所获得的最新资料进行合理的估计，如果企业能够合理估计出固定资产的成本，则视同固定资产的成本能够可靠地计量。

企业在对固定资产进行确认时，应当按照固定资产定义和确认条件，考虑企业的具体情形加以判断。例如，企业的环保设备和安全设备等资产，虽然不能直接为企业带来经济利益，却有助于企业从相关资产中获得经济利益，也应当确认为固定资产，但这类资产与相关资产的账面价值之和不能超过这两类资产可收回金额总额。又如，固定资产的各组成部分，如果具有不同使用寿命或以不同方式为企业提供经济利益，使用不同折旧率或折旧方法的，此时，各组成部分实际上以独立的方式为企业提供经济利益，因此，企业应当分别将各组成部分确认为单项固定资产。

二、固定资产的分类

企业的固定资产种类繁多、规格不一，为了加强管理，便于正确核算，应根据不同的管理和核算要求以及不同的分类标准进行不同的分类。

1. 按固定资产的经济用途分类

按固定资产的经济用途分类，可将其分为生产经营用固定资产和非生产经营用固定资产。

（1）生产经营用固定资产是指直接参加或服务于企业生产、经营过程的各种固定资产，如生产经营用的房屋、建筑物、机器、设备、器具、工具等。

（2）非生产经营用固定资产是指不直接参加或服务于生产、经营过程的各种固定资产，如职工宿舍、食堂、浴室、理发室等非生产经营部门使用的房屋、设备和其他固定资产等。

按照固定资产的经济用途对其进行分类，可以归类反映和监督企业生产经营用固定资产与非生产经营用固定资产，以及生产经营用各类固定资产之间的组成和变化情况，借以考核和分析企业固定资产的利用情况，促使企业合理地配置固定资产，充分发挥其效能。

2. 按固定资产的使用情况分类

按固定资产的使用情况分类，可将其分为使用中固定资产、未使用固定资产和不需用固定资产。

（1）使用中固定资产是指正在使用中的经营性和非经营性固定资产。由于季节性经营或大修理等原因，暂时停止使用的固定资产仍属于企业使用中的固定资产，企业出租（指经营性租赁）给其他单位使用的固定资产和内部替换使用的固定资产也属于使用中的固定资产。

（2）未使用固定资产是指已完工或已购建的尚未正式交付使用的新增固定资产，以及出于进行改建、扩建等原因暂停使用的固定资产，如企业购建的尚未正式使用的固定资产、经营任务变更停止使用的固定资产以及主要的备用设备等。

（3）不需用固定资产是指本企业多余或不适用，需要调配处理的各种固定资产。

3. 按固定资产的所有权分类

按固定资产的所有权分类，可将其分为自有固定资产和融资租入固定资产。

（1）自有固定资产是指企业拥有所有权并可供企业自由地支配使用的固定资产。

（2）融资租入固定资产是指企业以融资租赁方式租入的固定资产。在租赁期内，企业不拥有所有权但拥有实质控制权，因此，应视同自有固定资产进行管理。

4. 按固定资产的经济用途和使用情况分类

采用这一分类方法，可把企业的固定资产分为以下七大类。

（1）生产经营用固定资产。

（2）非生产经营用固定资产。

（3）租出固定资产，即指在经营性租赁方式下出租给外单位使用的固定资产。

（4）不需用固定资产。

（5）未使用固定资产。

（6）土地，即指过去已经估价单独入账的土地。因征地而支付的补偿费，应计入与土地有关的房屋、建筑物的价值内，不单独作为土地价值入账。企业取得的土地使用权不能作为固定资产管理。

（7）融资租入固定资产。

由于各个企业的经营性质不同，经营规模各异，对固定资产的分类不可能完全一致，也没必要强求统一，企业可以根据各自的具体情况和经营管理、会计核算的需要进行必要的分类。

三、固定资产的计价基础

《企业会计准则第 4 号——固定资产》规定，“固定资产应当按其成本进行初始计量”。这里的“成本”指历史成本，也称原始价值。考虑到固定资产价值往往较大，其价值会随着服务能力的下降而逐渐减少，因而还需要揭示固定资产的折余价值。

因此，固定资产的计价主要有以下三种方法。

1. 历史成本

固定资产的历史成本也称原始价值，是指企业购建某项固定资产达到可使用状态前所发生的一切合理、必要的支出。

企业新购建固定资产的计价、确定计提折旧的依据等均采用这种计价方法。其主要优点是具有客观性和可验证性，也就是说，按这种计价方法确定的价值，均是实际发生并有支付凭据的支出。正是由于这种计价方法具有客观性和可验证性的特点，它成为固定资产的基本计价标准，在我国会计实务中，固定资产的计价均采用历史成本。但是，这种计价方法也存在一定的局限性，当物价水平变动时，按历史成本计价就无法真实地反映固定资产的现时价值，而固定资产的现时价值又是我们进行决策时所必需的。此外，由于固定资产的取得渠道多种多样，在有些情况下企业可能无法取得原始价值资料。因此，除了采用历史成本进行计价外，会计上还有必要辅之以其他计价标准，如重置完全价值和净值。

2. 重置完全价值

重置完全价值是指在现时的生产技术和市场条件下，重新购置同样的固定资产所需支付的全部代价。

采用重置完全价值计价方法，可以比较真实地反映固定资产的现时价值，但重置完全价值经常变动，具体操作比较困难。所以，这种计价方法通常用于对财务报表进行必要的补充、辅助说明，以弥补历史成本计价的不足。此外，还可在无法确定其原始价值的情况下，如固定资产盘盈、接受捐赠固定资产等时采用。

3. 净值

净值也称折余价值，是指固定资产原始价值或重置完全价值减去已提折旧后的净额。净值可以反映企业实际占用在固定资产上的资金额，也能说明固定资产的新旧程度。这种计价方法主要用于计算盘盈、盘亏、毁损固定资产的溢余或损失等的实际价值。

第二节 固定资产的取得核算

一、固定资产价值构成

固定资产价值构成是指固定资产价值所包括的范围。从理论上讲，它应包括企业为购建某项固定资产达到预定可使用状态前所发生的一切合理的、必要的支出，这些支出既有直接发生的，如购置固定资产的价款、运杂费、包装费和安装成本等；也有间接发生的，如应分摊的借款利息、外币借款折算差额以及应分摊的其他间接费用等。对于特定行业的特定固定资产，确定其成本时，还应考虑预计弃置费用因素，如核电站核废料的处置等。

由于固定资产的来源渠道不同，其价值构成的具体内容也有所差异。

(1) 企业外购的固定资产，按实际支付的购买价款、相关税费以及使固定资产达到预定可使用状态前所发生的可归属于该项资产的装卸费、运输费、安装费和专业人员服务费等作为入账价值。

企业用一笔款项购入多项没有单独标价的固定资产时，应按各项固定资产公允价值的比例对总成本进行分配，以确定各项固定资产的入账价值。

企业购买固定资产的价款有时有可能会延期支付。购买固定资产的价款超过正常信用条件延期支付，实质上具有融资性质，固定资产的成本应以购买价款的现值为基础确定。

(2) 自行建造的固定资产，按建造该项资产达到预定可使用状态前所发生的必要支出作为入账价值。

(3) 投资者投入的固定资产，应当按照投资合同或协议约定的价值作为入账价值，但合同或协议约定价值不公允的除外。

(4) 融资租入的固定资产，按租赁开始日租赁资产公允价值与最低租赁付款额的现值两者中较低者加上初始直接费用作为入账价值。如果融资租赁资产占企业资产总额比例等于或低于30%的，在租赁开始日，企业也可按最低租赁付款额作为固定资产的入账价值。

(5) 在原有固定资产的基础上进行改建、扩建的，按原固定资产的账面价值，加上由于改建、扩建而使该项资产达到预定可使用状态前发生的支出，减去改建、扩建过程中发生的变价收入作为入账价值。

(6) 接受捐赠的固定资产，可按以下情况确定其入账价值。

①捐赠方提供了有关凭据的，按凭据上标明的金额加上应支付的相关税费作为入账价值。

②捐赠方没有提供有关凭据的，按如下顺序确定其入账价值：同类或类似固定资产存在活跃市场的，按同类或类似固定资产的市场价格估计的金额，加上应支付的相关税费，作为入账价值；同类或类似固定资产不存在活跃市场的，按该接受捐赠的固定资产的预计未来现金流量现值，作为入账价值。

③如受赠的是旧的固定资产，按照上述方法确定的价值，减去按该项资产的新旧程度估计的价值损耗后的余额，作为入账价值。

（7）盘盈的固定资产，按同类或类似固定资产的市场价格，减去按该项资产的新旧程度估计的价值损耗后的余额，作为入账价值。如同类或类似固定资产不存在活跃市场的，按该项固定资产的预计未来现金流量现值，作为入账价值。

需要说明的是，按照我国最新的税法相关规定，我国增值税一般纳税人购进（包括接受捐赠、实物投资）或者自制（包括改扩建、安装）固定资产发生的进项税额（简称固定资产进项税额），可凭增值税专用发票、海关进口增值税专用缴款书和运输费用结算单据（统称增值税扣税凭证）从销项税额中抵扣，这部分增值税不计入固定资产成本。但购进用于非应税项目、免税项目、集体福利或者个人消费（包括纳税人的交际应酬消费和自用的应征消费税的摩托车、小汽车、游艇）的固定资产（含混用的机器设备）和属于营业税应税项目的不动产，以及发生的不动产在建工程（包括新建、改建、扩建、修缮、装饰不动产的原料费和修理费）不允许抵扣进项税额。

固定资产的入账价值中，还应当包括企业为取得固定资产而缴纳的契税、耕地占用税、车辆购置税等相关税费。如涉及借款，还应考虑相关的借款费用资本化金额、外币借款折算差额等因素。

二、固定资产取得的核算内容

固定资产的取得，按其来源不同分为购置的固定资产、自行建造的固定资产、投资者投入的固定资产、接受捐赠的固定资产等，企业应当分别不同来源进行会计处理。下面主要介绍这四种。

1. 购置的固定资产

企业购入的固定资产，按实际支付的买价、运杂费、安装成本、保险费、进口关税等相关税费，以及为使固定资产达到预定可使用状态前所发生的可直接归属于该资产的其他支出，作为购入的固定资产原始价值入账，借记“固定资产”账户，贷记“银行存款”账户。购入固定资产时的增值税如符合税法规定的，可予以抵扣。企业若以赊购方式取得固定资产，在增加固定资产的同时，对于应支付的购买价款，应根据付款方式分别在“应付账款”“应付票据”“长期应付款”等账户中单独核算。

企业购入的固定资产分为不需要安装和需要安装两种情况。前者的取得成本由实际支付的买价加上运杂费、保险费、增值税、进口关税等相关税费构成；后者的取得成本是在前者取得成本的基础上，加上安装调试成本等。

【例 7-1】 宏达集团有限公司购入一台不需要安装的设备，发票价格为 200 000 元，增值税进项税额为 26 000 元（可抵扣），发生的运费为 2 000 元，款项全部付清。

其会计处理如下：

借：固定资产　　202 000

　　应交税费——应交增值税（进项税额）　　26 000

　贷：银行存款　　228 000

企业购入的需要安装的固定资产，由于从固定资产运抵企业到交付使用，尚需经过安装调试过程，并发生安装调试成本。因此，应先通过“在建工程”账户核算购置固定资产所发生的价款、相关税费和安装成本等，待固定资产安装完毕，达到预定可使用状态交付使用后，再将“在建工程”账户归集的固定资产成本全部转入“固定资产”账户。

【例 7-2】 宏达集团有限公司购入一台需要安装的设备，取得的增值税专用发票上注明的设备买价为 200 000 元，增值税税额为 26 000 元（可抵扣），支付的运输费为 2 000 元，安装设备时，领用材料物资价值 2 000 元，支付工资 2 000 元。

其会计处理如下：

（1）支付设备价款、税金和运费。

借：在建工程　202 000

　　应交税费——应交增值税（进项税额）　26 000

　　贷：银行存款　228 000

（2）领用安装材料、支付工资等费用。

借：在建工程　4 000

　　贷：原材料　2 000

　　　　应付职工薪酬　2 000

（3）设备安装完毕交付使用，确定固定资产的入账价值 206 000 元。

借：固定资产　206 000

　　贷：在建工程　206 000

个别情况下，企业若用一笔款项购入几种没有单独标价的固定资产，则需要将购入的总成本按各项资产的公允价值进行分配，以确定各项资产的入账价值。

【例 7-3】 宏达集团有限公司一揽子购入甲、乙两台设备，价款共计 300 000 元，发票上增值税为 39 000 元（可抵扣），款项已支付。经评估，上述资产的公允价值分别是 220 000 元和 110 000 元。各项资产均直接交付使用。

甲设备的入账价值＝300 000×220 000÷(220 000＋110 000)＝200 000（元）

乙设备的入账价值＝300 000×110 000÷(220 000＋110 000)＝100 000（元）

其会计处理如下：

借：固定资产——甲设备　200 000

　　　　　　——乙设备　100 000

　　应交税费——应交增值税（进项税额）　39 000

　　贷：银行存款　339 000

企业购买固定资产的价款延期支付时，实际支付的价款与购买价款的现值之间的差额，应当在信用期间内采取实际利率法进行摊销，摊销金额除满足借款费用资本化条件应计入固定资产成本外，均应当在信用期间内确认为财务费用，计入当期损益。

【例 7-4】 宏达集团有限公司 2022 年 1 月 1 日从某公司购入一台机器设备作为固定资产使用，该机器设备已收到，无须安装。购货合同约定，该机器设备的总价款为 300 万元，分 3 年支付，2022 年、2023 年和 2024 年 1 月 1 日各支付 100 万元。假设实际利率为 5%。

其会计处理如下：

（1）2022 年 1 月 1 日购入机器设备。

固定资产入账价值＝$100+100\times(1+5\%)^{-1}+100\times(1+5\%)^{-2}=285.94$(万元)

未确认融资费用＝300－285.94＝14.06（万元）

借：固定资产　　2 859 400

　　未确认融资费用　　140 600

　　贷：长期应付款　　2 000 000

　　　　银行存款　　1 000 000

（2）2022 年 12 月 31 日摊销未确认融资费用＝185.94×5%≈9.30（万元）

借：财务费用　　93 000

　　贷：未确认融资费用　　93 000

（3）2023 年 1 月 1 日。

借：长期应付款　　1 000 000

　　贷：银行存款　　1 000 000

（4）2023 年 12 月 31 日摊销未确认融资费用＝14.06－9.30＝4.76（万元）

借：财务费用　　47 600

　　贷：未确认融资费用　　47 600

（5）2024 年 1 月 1 日。

借：长期应付款　　1 000 000

　　贷：银行存款　　1 000 000

2. 自行建造的固定资产

企业生产经营所需的固定资产，除了外购等方式取得外，还经常根据生产经营的特殊需要利用自有的人力、物力条件自行建造，称为自制、自建固定资产。自行建造的固定资产，按建造该项资产达到预定可使用状态前所发生的必要支出作为入账价值，包括工程用物资成本、人工成本、应予以资本化的借款费用、缴纳的相关税金和应分摊的其他间接费用等。企业自行建造固定资产按其实施的方式不同可分为自营工程和出包工程两种。企业无论采取何种方式自行建造固定资产，均应通过“在建工程”账户进行核算。

（1）自营工程。

企业自营工程主要通过“工程物资”“在建工程”账户进行核算。

“工程物资”账户核算用于在建工程的各种工程物资实际成本的增减变动和结余情况，借方登记验收入库的工程物资的实际成本，贷方登记出库的工程物资的实际成本，借方余额表示库存的工程物资的实际成本。“工程物资”账户应按工程物资的品种设置明细账。

“在建工程”账户核算各项工程的实际成本，即企业为工程所发生的实际支出以及改扩建工程等转入的固定资产净值，借方登记各项工程发生的实际成本，贷方登记已完工工程的实际成本，借方余额表示未完工工程的实际成本。“在建工程”账户应按工程项目设置明细账。

企业自营工程用物资可比照存货的有关外购材料的计价方法计价，领用工程物资时，根据其实际成本，借记“在建工程”账户，贷记“工程物资”账户。工程完工后剩余的工程物资，如转作本企业库存材料的，按其实际成本或计划成本，转作企业的库存材料。如可抵扣增值税进项税额的，应按减去增值税进项税额后的实际成本或计划成本，转作企业的库存材料，借记“原材料”“应交税费——应交增值税（进项税额）”账户，贷记“工程物资”账户。盘盈、盘亏、报废、毁损的工程物资，减去保险公司、过失人赔偿部分后的差额，工程项目尚未完工的，计入或冲减所建工程项目的成本；工程项目已经完工的，计入当期营业外收入或营业外支出。

企业自营工程领用本企业商品时，应将该商品的实际成本和应负担的税金计入自营工程成本，借记“在建工程”账户，贷记“库存商品”“应交税费——应交增值税（销项税额）”账户。

企业自营工程应负担的职工工资和职工福利费，应借记“在建工程”账户，贷记“应付职工薪酬”账户。

企业自营工程耗费的本单位辅助生产经营部门提供的水、电和各项劳务等，应根据实际成本和应负担的税金，借记“在建工程”账户，贷记“生产成本”“应交税费”账户。

企业自营工程发生的其他支出，借记“在建工程”账户，贷记“银行存款”等账户。

企业自营工程的固定资产在交付使用前应负担的长期借款利息，计入自营工程成本，借记“在建工程”账户，贷记“长期借款”等账户。

企业自营建造的固定资产在交付使用时，应根据自营工程的实际成本，借记“固定资产”账户，贷记“在建工程”账户。

企业所建造的固定资产已达到预定可使用状态，但尚未办理竣工决算的，应当自达到预定可使用状态之日起，按照工程预算、造价或者工程实际成本等，按估计的价值转入固定资产，并按有关计提固定资产折旧的规定，计提固定资产的折旧，待办理了竣工决算手续后再按实际成本调整原来的暂估价值，但不需要调整原已计提的折旧额。

【例 7-5】 宏达集团有限公司自行建造厂房一座，购入为工程准备的各种物资 200 000 元，支付的增值税税额为 26 000 元（不可抵扣），建造过程领用了所有工程物资；另外，还领用了企业生产用的原材料一批，实际成本为 20 000 元，应转出的增值税为 2 600 元；分配工程人员工资 60 000 元，企业辅助生产车间为工程提供有关劳务支出 10 000 元，工程完工交付使用。

其会计处理如下：

①购入为工程准备的物资。

借：工程物资　　226 000

　　贷：银行存款　　226 000

②工程领用物资。

借：在建工程——厂房　　226 000

　　贷：工程物资　　226 000

③工程领用原材料。

借：在建工程——厂房　　22 600

　　贷：原材料　　20 000

　　　　应交税费——应交增值税（进项税额转出）　　2 600

④分配工程人员工资。

借：在建工程——厂房　　60 000

　　贷：应付职工薪酬　　60 000

⑤辅助生产车间为工程提供的劳务支出。

借：在建工程——厂房　　10 000

　　贷：生产成本——辅助生产成本　　10 000

⑥工程完工交付使用。

借：固定资产　　318 600

　　贷：在建工程——厂房　　318 600

(2) 出包工程。

企业采用出包方式进行的自制、自建固定资产工程，其工程的具体支出在承包单位核算。在这种方式下，“在建工程”账户实际成为企业与承包单位的结算账户，企业将与承包单位结算的工程价款作为工程成本，通过“在建工程”账户核算。企业按规定预付承包单位的工程价款时，借记“在建工程——××工程”账户，贷记“银行存款”等账户；工程完工收到承包单位账单，补付或补记工程价款时，借记“在建工程——××工程”账户，贷记“银行存款”等账户；工程完工交付使用时，按实际发生的全部支出，借记“固定资产”账户，贷记“在建工程——××工程”账户。

【例 7-6】　宏达集团有限公司采用出包方式建造仓库一座，合同约定工程总价款为 600 000 元，按合同约定甲企业需预付总工程款的 60%，剩余工程款于工程完工决算时补付。

其会计处理如下：

①按合同规定预付工程款 360 000 元。

借：在建工程——仓库　　360 000

　　贷：银行存款　　360 000

②工程完工，验收合格，补付工程款 240 000 元。

借：在建工程——仓库　　240 000

　　贷：银行存款　　240 000

③结转工程成本。

借：固定资产——仓库　　600 000

　　贷：在建工程——仓库　　600 000

企业采用出包方式建造固定资产发生的、需分摊计入固定资产价值的待摊支出，应按一定的方法进行分摊。

3. 投资者投入的固定资产

企业对投资者投资转入的机器设备等固定资产，一方面要反映本企业固定资产的增加，另一方面要反映投资者投资额的增加。投入的固定资产按投资合同或协议约定的价值，即投资双方确认的价值记账，借记“固定资产”账户，贷记“实收资本”账户。如果固定资产的入账价值大于投资方在企业注册资本中所占有的份额，其差额应贷记“资本公积”账户。

【例 7-7】　宏达集团有限公司收到 M 公司投入的机器设备一台，M 公司记录的该机器设备的账面原价为 200 000 元，已提折旧 40 000 元；宏达集团有限公司接受投资时，双方同意按原固定资产的净值确认投资额。

其会计处理如下：

借：固定资产　　160 000

　　贷：实收资本　　160 000

4. 接受捐赠的固定资产

企业接受固定资产捐赠时，根据前述方法确定的入账价值，借记“固定资产”账户，贷记“营业外收入”账户。

【例 7-8】 宏达集团有限公司接受某企业捐赠的设备一台，根据捐赠方提供的有关单据确定其价值为 80 000 元。

其会计处理如下：

借：固定资产　　80 000

　　贷：营业外收入　　80 000

第三节 固定资产的折旧核算

一、固定资产折旧的概念

固定资产在使用中会发生各种损耗，由于损耗的存在导致固定资产的价值减少。固定资产损耗分为有形损耗和无形损耗。有形损耗是指固定资产在使用过程中由于正常使用而发生的使用性损耗和由于受自然力影响而发生的自然损耗所引起的使用价值与价值的损失。无形损耗是指由于科学技术进步和劳动生产率的提高、消费偏好的变化、经营规模扩大等引起的固定资产在价值上的损失。无形损耗的特点是固定资产在物质形态上仍具有一定的服务潜力，但已不再适用或继续使用，已不具经济价值。固定资产折旧既要考虑有形损耗，更要重视无形损耗。在科学技术发展日新月异的今天，固定资产无形损耗有时比有形损耗更严重，对折旧的计算影响更大。

固定资产在长期使用中，随着损耗程度的加深，以折旧费的形式分期计入产品成本或费用中，并通过取得相应的收入而得到补偿。固定资产折旧是指在固定资产使用寿命（含物理寿命和经济寿命）期内，按照确定的方法对应计折旧额进行系统的计提与分摊。

固定资产折旧计入生产成本的过程，即随着固定资产价值的转移，以折旧的形式在产品销售收入中得到补偿，并转化为货币资金的过程。从本质上讲，折旧也是一种费用，只不过这一费用没有在计提期间付出实实在在的货币资金，但这种费用是前期固定资产购置时已经发生的支出，而这种支出的收益在资产投入使用后的有效使用期内实现，无论是从权责发生制的原则，还是从收入与费用配比的原则讲，计提折旧都是必要的，否则，不提折旧或不正确地计提折旧，都将错误地计算企业的产品成本（或营业成本）和损益。

二、影响固定资产折旧计算的因素和折旧范围

1. 影响固定资产折旧计算的因素

固定资产折旧计算和会计处理的目的就在于按照确定的方法对应计折旧总额在固定资产使用期内进行系统分摊。

应计折旧总额是指固定资产原价扣除其预计净残值后的余额。

如果已对固定资产计提减值准备，还应当扣除已计提的固定资产减值准备累计金额。因此，影响固定资产折旧计算的因素主要有原始价值、预计净残值、固定资产减值准备和预计使用年限或预计工作总量。

（1）原始价值。

原始价值，又叫原值和原价，是指固定资产取得时的实际成本。

原始价值是计提折旧的基本依据。以原始价值作为计算折旧的基数，可以使折旧的计算建立在客观的基础之上，不容易受会计人员主观因素的影响。对于个别无法确定原始价值的固定资产，如盘盈的固定资产，应以重置完全价值为折旧基数。

（2）预计净残值。

预计净残值是指固定资产在预计使用期满，处于使用期终了的预期状态的处置中，获得的扣除预计处置费用后的余额。

在我国，预计净残值一般根据固定资产原始价值乘以预计净残值率计算得出。预计净残值率是指预计净残值与固定资产原始价值的比率。一般来说，各类固定资产预计净残值率的上下限由国家统一规定，各企业在其范围内确定本企业各类固定资产的预计净残值率。

（3）固定资产减值准备。

固定资产减值准备是指为对应固定资产价值，在当期由于其市价大幅下跌，或经济、技术、法律环境等发生重大变化，引起的价值损失的补偿而建立的准备金。

（4）预计使用年限或预计工作总量。

预计使用年限是指预计固定资产使用的经济寿命年限。固定资产的预计使用年限也叫折旧年限，它一般短于固定资产的技术设计年限（物理寿命）。

企业在确定固定资产的预计使用年限时，应考虑如下几个因素。

①设计的生产能力或使用年限。

②有形损耗。

③无形损耗。

④有关资产使用的法律或者类似的限制。

预计工作总量是指固定资产从开始使用至报废清理的全部使用年限内预计完成的工作总量。

固定资产预计工作总量一般可根据固定资产和企业的具体情况自行确定，有的也可根据固定资产生产厂的设计确定。

在以上因素中，固定资产原始价值和预计净残值是不论采用何种计提折旧的方法均应考虑的因素，而第（3）、第（4）个因素则视情况而定，如果企业计提了固定资产减值准备的，则考虑这两个因素，否则不考虑该因素；如果企业按时间计提折旧，则应考虑固定资产预计使用年限；如果按完成的工作量计提折旧，则应考虑固定资产预计工作总量。

2. 固定资产的折旧范围

出于谨慎性原则的考虑，我国对过去规定的折旧范围进行了修订。根据我国现行会计准则规定，除下列情况外，企业应对其余所有固定资产计提折旧。

（1）已提足折旧仍继续使用的固定资产。

（2）按规定单独作价作为固定资产入账的土地。

已达到预定可使用状态的固定资产，如果尚未办理竣工决算的，应当按照估计价值暂估入账，并计提折旧；待办理了竣工决算手续后，再按照实际成本调整原来的暂估价值，但不需要调整原已计提的折旧额。

企业对固定资产进行更新改造时，应将更新改造的固定资产的账面价值转入在建工程，并在此基础上确定经更新改造后的固定资产原始价值。处于更新改造过程而停止使用的固定资产，因已转入在建工程，因此不计提折旧；待更新改造项目达到预定可使用状态转为固定资产后，再按重新确定的折旧方法和该项固定资产尚可使用年限计提折旧。

对于接受捐赠的旧固定资产，企业应当按照规定的固定资产入账价值、预计尚可使用年限、预计净残值，以及企业所选用的折旧方法计提折旧。

融资租入的固定资产，应当采用与自有应计折旧资产相一致的折旧政策。能够合理确定租赁期届满时将会取得租赁资产所有权的，应当在租赁资产尚可使用年限内计提折旧；无法合理确定租赁期届满时能够取得租赁资产所有权的，应当在租赁期与租赁资产尚可使用年限两者中较短的期间内计提折旧。

因进行大修理而停用的固定资产，应当照提折旧，计提的折旧额应计入相关资产成本或当期损益。

企业一般应当按月提取折旧，当月增加的固定资产，当月不提折旧，从下月起计提折旧；当月减少的固定资产，当月照提折旧，从下月起不提折旧。固定资产提足折旧后，不管能否继续使用，均不再提取折旧；提前报废的固定资产，也不再补提折旧，其未提足折旧的净损失应计入营业外支出。

三、固定资产折旧方法

固定资产折旧方法就是将应计提折旧总额在固定资产使用期内进行系统分摊时所采用的具体计算方法。

企业应当根据固定资产所含经济利益预期实现方式，合理选择折旧方法。可选择的折旧方法包括年限平均法、工作量法、加速折旧法。

1. 年限平均法

年限平均法又称直线法，是将固定资产的应计折旧总额，在预计使用年限内均衡地分摊到各期的一种方法。

采用这种方法计算的每期折旧额均是相等的。

其计算的基本公式如下：

$$\text{年折旧额}=\frac{\text{原始价值}-\text{预计净残值}}{\text{预计使用年限}}$$

在实务中，固定资产折旧是根据折旧率计算的。折旧率是指折旧额占原始价值的比率，用公式表示为：

$$\text{年折旧率}=\frac{1-\text{预计净残值率}}{\text{预计使用年限}}\times 100\%$$

$$\text{月折旧率}=\text{年折旧率}\div 12$$

月折旧额=固定资产原始价值×月折旧率

【例 7-9】 宏达集团有限公司有一厂房，原价为 3 000 000 元，预计可使用 10 年，按照有关规定，该厂房报废时的净残值率为 4%。

该厂房的折旧率和折旧额的计算：

年折旧率=(1-4%)÷10×100%=9.6%

月折旧率=9.6%÷12=0.8%

月折旧额=3 000 000×0.8%=24 000（元）

采用年限平均法计算固定资产折旧虽然比较简便易行、易于理解，是会计实务中应用最广泛的一种方法，但它也存在着一些明显的局限性。首先，固定资产在不同使用年限提供的经济效益是不同的。一般来讲，固定资产在其使用前期工作效率相对较高，所带来的经济利益也就多；而在其使用后期，工作效率一般呈下降趋势，因而，所带来的经济利益也就逐渐减少。平均年限法不考虑这一事实，明显是不合理的。其次，固定资产在不同的使用年限负担的使用成本不均衡。固定资产的维修保养费用将随着其使用时间的延长而不断增大，而年限平均法也没有考虑这一因素，从而违背了收入与费用的配比原则。

2. 工作量法

工作量法是以固定资产预计可完成的工作总量为分配标准，根据各期实际工作量计提折旧额的一种方法。

采用这种方法，假定固定资产的服务潜力随完成工作量的增加而逐渐减少，其效能与固定资产的新旧程度无关，因此，固定资产应计提折旧总额可以均匀地分摊于每一单位工作量中。这种方法实际上是年限平均法的演变，只是将分配标准由使用年限改为工作量。

其计算的基本公式如下：

$$单位工作量折旧额=\frac{固定资产原始价值\times（1-预计净残值率）}{预计总工作量}$$

某项固定资产月折旧额=该项固定资产当月工作量×单位工作量折旧额

不同的固定资产的工作量有不同的表现形式，如机器设备的工作量表现为工作小时；运输工具的工作量表现为行驶里程等。

【例 7-10】 宏达集团有限公司的一辆货运卡车，原价为 30 000 元，预计总行驶里程为 50 万千米，其报废时的残值率为 5%，本月行驶 8 000 千米。该辆卡车的月折旧额计算如下：

单位里程折旧额=30 000×(1-5%)÷500 000=0.057（元/千米）

本月折旧额=8 000×0.057=456（元）

工作量法同样具有简便易行、易于理解的优点，同时弥补了平均年限法只重使用时间，不考虑使用强度的缺点，但它只将有形损耗作为折旧的唯一因素，没有考虑无形损耗的影响。因此，该方法一般适用于价值较高、使用情况不均衡的大型机器设备以及运输设备等固定资产的折旧计算。

3. 加速折旧法

加速折旧法也称为快速折旧法或递减折旧法，是在固定资产有效使用年限的前期多提折旧，后期则少提折旧，从而相对加快折旧的速度，以使固定资产成本在有效使用年限中加快得到补偿。

与直线法相比，采用加速折旧法，既不意味着要缩短折旧年限，也不意味着要增加或减少应提折旧总额，只是对应提折旧总额在各使用年限之间的分配采取了递减的方式而非平均式，不论采取直线法还是加速折旧法，在固定资产的预计使用年限内计提的折旧总额是相等的。采用加速折旧法，弥补了直线法的不足，它可以使固定资产的使用成本各年保持大致相同，可以使收入和费用合理配比，同时可降低无形损耗的风险。加速折旧的计提方法有多种，常用的有以下两种。

（1）双倍余额递减法。

双倍余额递减法是在不考虑固定资产残值的情况下，根据每期期初固定资产账面价值和双倍的直线法折旧率计算固定资产折旧的一种方法。

其计算的基本公式如下：

$$年折旧率=\frac{2}{预计折旧年限}\times100\%$$

$$年折旧额=期初固定资产账面价值\times年折旧率$$

$$月折旧额=年折旧额\div12$$

采用双倍余额递减法计提折旧，一般不考虑固定资产的预计净残值，但预计净残值是实际存在的，因此，在应用这种方法时必须注意在预计使用年限结束时，不能使固定资产的账面折余价值降低到它的预计净残值以下，即实行双倍余额递减法计提折旧的固定资产，当在某一折旧年度，按双倍余额递减法计算的折旧额小于按年限平均法计算的折旧额时，应改为年限平均法计提折旧，方法的转换应满足如下条件：

$$当年按双倍余额递减法计算的折旧额<\frac{当年年初固定资产净值-预计净残值}{剩余使用年限}$$

在会计实务中，现行会计制度规定，为简化折旧计算，一般在其固定资产折旧年限到期以前两年内就进行方法的转换，将固定资产净值扣除预计净残值后的余额平均摊销。

【例 7-11】　宏达集团有限公司一项固定资产的原价为 50 000 元，预计使用年限为 5 年，预计净残值 500 元。按双倍余额递减法计算折旧，每年的折旧额计算如下：

双倍余额递减法的年折旧率＝2÷5×100％＝40％

第一年应提的折旧额＝50 000×40％＝20 000（元）

第二年应提的折旧额＝(50 000－20 000)×40％＝12 000（元）

第三年应提的折旧额＝(50 000－32 000)×40％＝7 200（元）

第四年、第五年应提的折旧额＝(10 800－500)÷2＝5 150（元）

（2）年数总和法。

年数总和法又称合计年限法，是将固定资产的原始价值减去净残值后的净额，乘以一个逐年递减的分数折旧率计算每年的折旧额的一种计提折旧的方法。

这个分数折旧率的分子代表固定资产尚可使用的年数，分母代表各年年初固定资产尚可使用年数的逐年数字总和。这种方法与双倍余额递减法相比，其特点是每年计算折旧的基数相同，均是应提折旧总额，但每年的折旧率是一个逐年递减的分数折旧率，因此每年的折旧额是递减的。

其计算的基本公式如下：

$$年折旧率=\frac{尚可使用年数}{预计使用年限的年数总和}\times100\%$$

$$=\frac{预计使用年限-已使用年限}{预计使用年限\times\frac{预计使用年限+1}{2}}\times 100\%$$

$$年折旧额=(固定资产原始价值-净残值)\times年折旧率$$

$$月折旧额=年折旧额\div 12$$

【例 7-12】 某项固定资产于 2024 年的原始价值为 50 000 元，预计使用年限为 5 年，预计净残值为 500 元。采用年数总和法计算的各年折旧额如表 7-1 所示。

表 7-1 折旧额计算

（年数总和法）

单位：元

年份	尚可使用年限	原始价值－净残值	变动折旧率	每年折旧额
2024	5	49 500	5/15	16 500
2025	4	49 500	4/15	13 200
2026	3	49 500	3/15	9 900
2027	2	49 500	2/15	6 600
2028	1	49 500	1/15	3 300

采用加速折旧法后，在固定资产使用的早期多提折旧，后期少提折旧，其递减的速度逐年加快。加快折旧速度，目的是使固定资产成本在估计耐用年限内加快得到补偿，避免固定资产的无形损耗。

企业应当根据固定资产的性质和使用方式，合理确定固定资产的使用寿命和预计净残值，并根据科技发展、环境及其他因素，以及固定资产所含经济利益预期实现方式选择合理的固定资产折旧方法，一经确定不得随意变更，以保证会计核算方法的前后一致，便于进行比较分析。如果企业根据具体情况的变化确需改变折旧方法的，仍然应当按照上述程序，经批准后报送有关各方备案；并且变更时间一般应为年初，以保持年度内折旧方法的一致，同时将变更理由及折旧方法改变后对损益的影响在会计报表附注中予以披露。

在固定资产使用过程中，其所处的经济环境、技术环境以及其他环境有可能与最初预计固定资产使用寿命和预计净残值时发生很大变化，企业至少应当于每年年度终了，对固定资产的使用寿命、预计净残值和折旧方法进行复核。如果某项固定资产的使用寿命和预计净残值预计数与原先估计数有差异的，应当调整该项资产的使用寿命和预计净残值；与固定资产有关的经济利益预期实现方式有重大改变的，应当改变固定资产折旧方法。固定资产使用寿命、预计净残值和折旧方法的改变应当作为会计估计变更，采用未来适用法，不需要进行追溯调整。

四、固定资产折旧的核算内容

固定资产折旧是企业成本费用的一个组成部分，因此企业应当按月计提折旧，并根据用途分别计入相关资产的成本或当期费用，将固定资产计提的折旧额进行归集、分配和反映。

固定资产计提折旧时，应以月初可提取折旧的固定资产账面原值为依据。企业各月计算提取折旧时，可以在上月计提折旧的基础上，对上月固定资产的增减情况进行调整后计算当月应计提的折旧额，用公式表示如下：

当月固定资产应计提的折旧额＝上月固定资产计提的折旧额＋上月增加固定资产应计提的折旧额－上月减少固定资产应计提的折旧额

企业按月计提固定资产折旧时，应根据用途分别借记“制造费用”“销售费用”“管理费用”“其他业务成本”等账户，贷记“累计折旧”账户。例如，企业管理部门使用的固定资产计提的折旧费用应计入管理费用；生产部门使用的固定资产计提的折旧费用应计入制造费用；销售部门使用的固定资产计提的折旧费用应计入销售费用；经营性出租的固定资产计提的折旧费用应计入其他业务成本；未使用固定资产的折旧费用应计入管理费用等。“累计折旧”是固定资产的备抵账户，当计提固定资产折旧额和增加固定资产而相应增加其已提折旧时，记入该账户的贷方；因出售、报废清理、盘亏等原因减少固定资产而相应转销其所提折旧额时，记入该账户的借方；该账户的余额在贷方，反映企业现有固定资产的累计折旧额。

在会计实务中，各月计提折旧的工作一般是通过编制固定资产折旧计算表来完成的。

固定资产折旧计算表可以由会计部门编制，也可以由各使用部门编制，最后由会计部门按固定资产服务的部门进行汇总编制固定资产折旧计算汇总表，并以此作为原始凭证，据以编制记账凭证。

【例 7-13】　宏达集团有限公司 2022 年 12 月的固定资产折旧计算汇总如表 7-2 所示。

表 7-2　固定资产折旧计算汇总

2022 年 12 月

单位：元

使用部门	固定资产项目	上月折旧额	上月增加固定资产		上月减少固定资产		本月折旧额	分配费用
			原始价值	折旧额	原始价值	折旧额		
A 车间	厂房	5 000					5 000	制造费用
	机器设备	20 000					20 000	
	小计	25 000					25 000	
B 车间	厂房	4 000					4 000	
	机器设备	10 000	60 000	300			10 300	
	小计	14 000					14 300	
厂部管理部门	房屋建筑	2 500					2 500	管理费用
	运输工具	1 500			6 000	200	1 300	
	小计	4 000					3 800	
合计		43 000	60 000	300	6 000	200	43 100	

根据上述固定资产折旧计算汇总表编制会计分录如下：

借：制造费用——A 车间　　25 000

　　　　　　——B 车间　　14 300

　　管理费用——厂部管理部门　　3 800

　　贷：累计折旧　　43 100

第四节 固定资产的后续支出核算

固定资产的后续支出是指固定资产在使用过程中发生的更新改造支出、修理费用等。

固定资产投入使用后，为了适应新技术发展的需要，或者为维护或提高固定资产的使用效能，往往需要对现有固定资产进行维护、改建、扩建或者改良。

一、资本化的后续支出

企业将固定资产进行更新改造的后续支出，如符合资本化条件的，即满足与该固定资产有关的经济利益很可能流入企业，并且该项支出可以可靠计量并符合确认条件的，则该项支出应当计入固定资产的账面价值。

在对固定资产发生可资本化的后续支出时，企业应将该固定资产的原始价值、已计提的累计折旧和减值准备转销，将固定资产的账面价值转入在建工程，并停止计提折旧。固定资产发生可资本化的后续支出，通过"在建工程"账户核算。在固定资产发生的后续支出完工并达到预定可使用状态时，应从"在建工程"账户转入"固定资产"账户，并重新确定使用寿命、预计净残值和折旧方法计提折旧。

【例 7-14】 宏达集团有限公司对原有一套生产线进行改扩建，该套生产线原始价值为 800 000 元，已计提折旧 50 000 元。改扩建过程中共发生支出 300 000 元，全部以银行存款支付。拆除部分的变价收入为 5 000 元。该套生产线改扩建工程达到预定可使用状态后，大大提高了生产能力，延长了其使用年限。假设该固定资产不提减值准备。

其会计处理如下：

(1) 将生产线转入改扩建工程。

借：在建工程　　750 000
　　累计折旧　　50 000
　　贷：固定资产　　800 000

(2) 固定资产后续支出发生。

借：在建工程　　300 000
　　贷：银行存款　　300 000

(3) 变价收入。

借：银行存款　　5 000
　　贷：在建工程　　5 000

(4) 生产线改扩建工程达到预定可使用状态，交付使用。

借：固定资产　　1 055 000
　　贷：在建工程　　1 055 000

企业在发生可资本化的固定资产后续支出时，可能涉及替换固定资产的某个组成部分。如果满足固定资产的确认条件，应当将用于替换的部分资本化，计入固定资产账面价值，同时终止确认被替换部分的账面价值，以免将替换部分的成本和被替换部分的账面价值同时计入固定资产成本。在实务中，如果企业不能确定被替换部分的账面价值，可将替换部分的成本视为被替换部分的账面价值。

二、费用化的后续支出

费用化的后续支出与固定资产有关的后续支出，如果不能满足与该固定资产有关的经济利益很可能流入企业，并且该项支出可以可靠计量并符合确认条件的，则应在发生时确认为费用。

一般情况下，固定资产投入使用后，由于磨损可能导致固定资产的局部被损坏，为了维护固定资产的正常运转和使用，充分发挥其使用效能，企业将对固定资产进行必要的维护。这种维护支出只是确保固定资产的正常工作状态，它并不导致固定资产性能的改变或未来经济利益的增加，通常不满足固定资产的确认条件。因此，应于发生时一次性直接计入当期费用，不再通过预提或待摊的方式进行核算。

【例 7-15】　宏达集团有限公司管理部门对办公设备进行修理，支付修理费 10 000 元，用银行存款转账支付。

其会计处理如下：

借：管理费用　　10 000

　　贷：银行存款　　10 000

在实务中，对于固定资产发生的下列各项后续支出，通常的处理方法如下。

(1) 固定资产修理费用，应当直接计入当期费用。

(2) 固定资产改良支出，应当计入固定资产账面价值。

(3) 如果不能区分是固定资产修理还是固定资产改良，或固定资产修理和固定资产改良结合在一起，则企业应判断其发生的后续支出是否满足固定资产的确认条件。如果满足确认条件，该后续支出应计入固定资产价值；否则，应计入当期费用。

(4) 固定资产装修费用，符合固定资产确认条件可予资本化的，装修费用应计入固定资产的账面价值，并在“固定资产”账户下单设“固定资产装修”明细账户核算，并在两次装修期间与固定资产尚可使用年限两者中较短的期间内，采用合理的方法单独计提折旧。如果下次装修时，该项固定资产相关的“固定资产装修”明细账户仍有账面余额的，则应将该账面价值一次全部计入当期营业外支出。

(5) 以融资租赁方式租入的固定资产发生的后续支出，比照上述原则处理。发生的固定资产装修费用，符合上述原则可予资本化的，应在两次装修期间、剩余租赁期与固定资产尚可使用年限三者中较短的期间内，采用合理的方法单独计提折旧。

(6) 以经营租赁方式租入的固定资产发生的改良支出，作为长期待摊费用，在剩余租赁期与租赁资产尚可使用年限两者中较短的期间内，合理进行摊销。

本章习题

一、简答题

1. 什么是固定资产？它有哪些分类？

2. 固定资产的计价基础有哪些？

3. 固定资产的入账价值如何确定？

4. 固定资产后续支出按其性质可分为哪几类？应如何处理？

5. 企业对盘盈、盘亏的固定资产应如何进行核算？

6. 固定资产的处置一般分哪几个步骤？

7. 何谓固定资产折旧？试说明计提固定资产折旧的几种计算方法及其各自的特点。

8. 何谓固定资产减值准备？如何计提固定资产减值准备？

二、实训题

1. 固定资产增加的账务处理。

资料：宏达集团有限公司有关固定资产增加的资料如下。

（1）公司购入无须安装的设备一台，价款 50 000 元，增值税税率 13%，运费 1 000 元。设备已运达企业交付使用，各种款项均以银行存款支付。

（2）公司购入需安装的机器一台，价款 80 000 元，增值税税率 13%，发生运输费 800 元、装卸费 100 元、安装费 500 元。各种款项均以银行存款支付，机器安装完毕后交付使用。

（3）公司采用出包方式建造一幢仓库，发生如下经济业务。

①合同规定，预付承包单位工程款 400 000 元。

②工程完工，验收合格，补付工程款 200 000 元，已通过银行结算。

③转工程成本。

要求：根据上述资料，编制相关会计分录。

2. 固定资产入账价值的确定与折旧的计算。

资料：宏达集团有限公司于 2021 年 12 月 31 日购入生产设备一台，发票上注明货款 100 万元，增值税税率 13%，运输费 1 万元，安装调试费 5 万元，保险费 3 万元。该设备预计可使用 5 年，预计净残值 4 万元。

要求：

（1）计算该设备入账价值。

（2）采用年限平均法计算该设备 2022 年的折旧额。

（3）采用年数总和法计算该设备 2022 年的折旧额。

第八章

无形资产及投资性房地产

学习要点

1. 无形资产的定义与确认条件。
2. 无形资产的初始计量、后续计量、处置。
3. 投资性房地产的定义。
4. 投资性房地产的初始计量、后续计量、转换、处置。

第一节 无形资产的核算

一、无形资产的定义、特征与确认条件

1. 无形资产的定义与特征

无形资产是指企业拥有或者控制的没有实物形态的可辨认非货币性资产。无形资产具有以下几个主要特征。

(1) 不具有实物形态。

无形资产通常表现为某种权利、某项技术或是某种获取超额利润的综合能力。它们不具有实物形态，看不见、摸不着，如土地使用权、非专利技术等。无形资产为企业带来经济利益的方式与固定资产、存货不同，固定资产或存货是通过实物价值的磨损和一次性转移为企业带来经济利益，而无形资产很大程度上是通过自身所具有的技术等优势为企业未来带来经济利益。

(2) 具有可辨认性。

要作为无形资产进行核算，该资产必须是能够区别于其他资产可单独辨认的，如企业持有的专利权、非专利技术、商标权、土地使用权、特许权等。从可辨认性角度考虑，商誉是与企业整体价值联系在一起的，无形资产的定义要求无形资产是可辨认的，而商誉不能与企业整体清楚地区分开，则其不属于无形资产。

(3) 属于非货币性资产。

非货币性资产是指企业持有的货币资金和将以固定或可确定的金额收取的资产以外的其他资产。无形资产由于没有发达的交易市场，一般不容易转化成现金，在持有过程中为企业带来未来经济利益的情况不确定，不属于以固定或可确定的金额收取的资产，属于非货币性资产。货币性资产主要有现金、银行存款、应收账款、应收票据和短期有价证券等。

2. 无形资产的确认条件

无形资产应当在符合定义的前提下，同时满足以下两个确认条件时，才能予以确认。

(1) 与该资产有关的经济利益很可能流入企业。

作为无形资产确认的项目，必须满足产生的经济利益很可能流入企业这一条件。在实务中，要确定无形资产创造的经济利益是否很可能流入企业，需要实施职业判断。在实施判断时，企业的管理层应对无形资产的预计使用寿命内存在的各种因素作出最稳健的估计。

(2) 该无形资产的成本能够可靠地计量。

成本能够可靠地计量是资产确认的一项基本条件。对于无形资产来说，这个条件相对更为重要。例如，企业内部产生的品牌、报刊名等，因其成本无法可靠地计量，故不作为无形资产加以确认。又如，一些高新科技企业的科技人才，假定其与企业签订了服务合同，且合同规定其在一定期限内不能为其他企业提供服务。在这种情况下，虽然这些科技人才的知识在规定的期限内预期能够为企

业创造经济利益，但由于这些技术人才的知识难以辨认，且形成这些知识所发生的支出难以计量，因而也不能作为企业的无形资产加以确认。

二、无形资产的内容

无形资产通常包括专利权、非专利技术、商标权、著作权、特许权、土地使用权等。

1. 专利权

专利权是指国家专利主管机关依法授予发明创造专利申请人，对其发明创造在法定期限内所享有的专有权利，包括发明专利权、实用新型专利权和外观设计专利权。

2. 非专利技术

非专利技术也称专有技术，是指不为外界所知、在生产经营活动中已采用的、不享有法律保护的、可以带来经济效益的各种技术和诀窍。非专利技术一般包括工业专有技术、商业贸易专有技术、管理专有技术等。

3. 商标权

商标是用来辨认特定的商品或劳务的标记。商标权是指专门在某类指定的商品或产品上使用特定的名称或图案的权利。

4. 著作权

著作权又称版权，是指作者对其创作的文学、科学和艺术作品依法享有的某些特殊权利。著作权不仅包括作品署名权、发表权、修改权和保护作品完整权，还包括复制权、发行权、出租权、展览权、表演权、放映权、广播权、信息网络传播权、摄制权、改编权、翻译权、汇编权以及应当由著作权人享有的其他权利。

5. 特许权

特许权，又称经营特许权、专营权，是指企业在某一地区经营或销售某种特定商品的权利或是一家企业接受另一家企业使用其商标、商号、技术秘密等的权利。它通常有两种形式，一种是由政府机构授权，准许企业使用或在一定地区享有经营某种业务的特权，如水、电、邮电通信等专营权、烟草专卖权，等等；另一种是企业间依照签订的合同，有限期或无限期使用另一家企业的某些权利，如连锁店分店使用总店的名称等。

6. 土地使用权

土地使用权是指国家准许某企业在一定期间内对国有土地享有开发、利用、经营的权利。根据《中华人民共和国土地管理法》的规定，我国土地实行公有制，任何单位和个人不得侵占、买卖或者以其他形式非法转让。企业取得土地使用权的方式大致有行政划拨取得、外购取得及投资者投资取得几种。

三、无形资产的初始计量

无形资产通常是按实际成本计量，即以取得无形资产并使之达到预定用途而发生的全部支出，作为无形资产的成本。不同来源取得的无形资产，其初始成本构成也不尽相同。

1. 外购的无形资产

（1）正常支付。

外购的无形资产，应按其取得成本进行初始计量，其成本包括购买价款、相关税费以及直接归属于使该项资产达到预定用途所发生的其他支出。其中，直接归属于使该项资产达到预定用途所发生的其他支出，包括使无形资产达到预定用途所发生的专业服务费用、测试无形资产是否能够正常发挥作用的费用等。下列几项不包括在无形资产的初始成本中：为引入新产品进行宣传发生的广告费、管理费用及其他间接费用，无形资产已经达到预定用途以后发生的费用。

【例 8-1】 因甲公司某项生产活动需要乙公司已获得的专利技术，如果使用该项专利技术，甲公司预计其生产能力比原先提高 30%、销售利润率增长 25%。为此，甲公司从乙公司购入一项专利权。按照协议约定以现金支付，实际支付的价款为 200 万元，并支付相关税费 1 万元和有关专业服务费用 3 万元，款项已通过银行转账支付。

分析：①甲公司购入的专利权符合无形资产的定义，即甲公司能够拥有或者控制该项专利技术符合可辨认的条件，同时是不具有实物形态的非货币性资产。②甲公司购入的专利权符合无形资产的确认条件。首先，甲公司的某项生产活动需要乙公司已获得的专利技术，甲公司使用该项专利技术，预计甲公司的生产能力比原先提高 30%、销售利润率增长 25%，即经济利益很可能流入；其次，甲公司购买该项专利权的成本为 200 万元，另外支付相关税费 1 万元和有关专业服务费用 3 万元，即成本能够可靠地计量。由此，符合无形资产的确认条件。

无形资产初始计量的成本＝200＋1＋3＝204（万元）

甲公司的会计处理如下：

借：无形资产——专利权　　2 040 000

　　贷：银行存款　　2 040 000

（2）延期支付。

如果购入的无形资产超过正常信用条件延期支付价款，实质上具有融资性质的，应按所取得无形资产购买价款的现值计量其成本，现值与应付价款之间的差额作为未确认的融资费用，该差额在以后期间除按照“借款费用”的有关规定应予资本化的以外，应当在信用期间内采用实际利率法进行摊销，计入当期损益。

2. 投资者投入的无形资产

投资者投入的无形资产，应当按照投资合同或协议约定的价值确定无形资产的取得成本。如果投资合同或协议约定价值不公允的，应按无形资产的公允价值作为无形资产初始成本入账。

【例 8-2】 因乙公司创立的商标已有较好的声誉，甲公司预计使用乙公司商标后可使其未来利润增长 20%。为此，甲公司与乙公司协议商定，乙公司以其商标权投资于甲公司，双方协议价格 600 万元，而公允价值为 500 万元，甲公司注册资本为 2 000 万元，乙公司享有 30%的份额。甲公司另支付印花税等相关税费 2 万元，款项已通过银行转账支付。

该商标权的初始计量，应当以取得时的成本为基础。取得时的公允价值 500 万元，加上支付的相关税费 2 万元。

甲公司接受乙公司作为投资的商标权的成本＝500＋2＝502（万元）

甲公司的会计处理如下：

借：无形资产——商标权 5 020 000
　　资本公积——资本溢价（或股本溢价） 1 000 000
　　贷：实收资本（或股本） 6 000 000
　　　　银行存款 20 000

3. 自行研究与开发取得的无形资产

通常情况下，企业自创商誉以及企业内部产生的无形资产不确认为无形资产。但是，研究与开发费用符合无形资产的定义和相关特征（如可辨认性）、能够为企业产生预期未来经济利益，以及成本能够可靠地计量，遵循无形资产确认和初始计量的一般要求，同时满足其他特定的条件时可确定为一项无形资产。

（1）研究阶段和开发阶段的划分。

对于企业自行进行的研究开发项目，应当区分研究阶段与开发阶段两个部分分别进行核算。

①研究阶段。研究是指为获取并理解新的科学或技术知识而进行的独创性有计划的调查。研究阶段的特点在于计划性和探索性。从研究活动的特点来看，其研究能否在未来形成成果，即通过开发后是否会形成无形资产均具有很大的不确定性，企业也无法证明其能够带来未来经济利益的无形资产的存在，因此，研究阶段的有关支出在发生时，应当予以费用化计入当期损益。

②开发阶段。开发阶段是指在进行商业性生产或使用前，将研究成果或其他知识应用于某项计划或设计，以生产出新的或具有实质性改进的材料、装置、产品等。开发阶段的特点在于具有针对性和形成成果的可能性较大。由于开发阶段相对于研究阶段更进一步，相对于研究阶段来讲，进入开发阶段，则很大程度上形成一项新产品或新技术的基本条件已经具备，此时如果企业能够证明满足无形资产的定义及相关确认条件，则所发生的开发支出可资本化，可以确认为无形资产的成本。

（2）开发阶段支出资本化的条件。

在开发阶段，判断可以将有关支出资本化计入无形资产成本的条件包括以下几个方面。

①完成该无形资产以使其能够使用或出售在技术上具有可行性。

②具有完成该无形资产并使用或出售的意图。

③无形资产产生经济利益的方式，包括能够证明运用该无形资产生产的产品存在市场或无形资产自身存在市场，无形资产将在内部使用的，应当证明其有用性。

④有足够的技术、财务资源和其他资源支持，以完成该无形资产的开发，并有能力使用或出售该无形资产。

⑤归属于该无形资产开发阶段的支出能够可靠地计量。

（3）内部开发的无形资产的计量。

内部开发活动形成的无形资产成本，由可直接归属于该资产的创造、生产并使该资产能够以管理层预定的方式运作的所有必要支出组成。可直接归属成本包括开发该无形资产时耗费的材料、劳务成本、注册费、在开发该无形资产过程中使用的其他专利权和特许权的摊销，以及按照借款费用的处理原则可资本化的利息支出。在开发无形资产过程中发生的除上述外可直接归属于无形资产开发活动的其他销售费用、管理费用等间接费用、无形资产达到预定用途前发生的可辨认的无效和初始运作损失、为运行该无形资产发生的培训支出等不构成无形资产的开发成本。

内部开发无形资产的成本仅包括在满足资本化条件的时点至无形资产达到预定用途前发生的支

出总和，对于同一项无形资产在开发过程中达到资本化条件之前已经费用化计入当期损益的支出不再进行调整。

(4) 内部研究和开发费用的会计处理。

企业内部研究和开发无形资产，其在研究阶段的支出全部费用化，计入当期损益（管理费用）；其在开发阶段的支出符合条件的资本化，不符合资本化条件的计入当期损益（管理费用）。如果确实无法区分研究阶段的支出和开发阶段的支出，应将其所发生的研发支出全部费用化，计入当期损益。具体可总结为图 8-1 的形式。

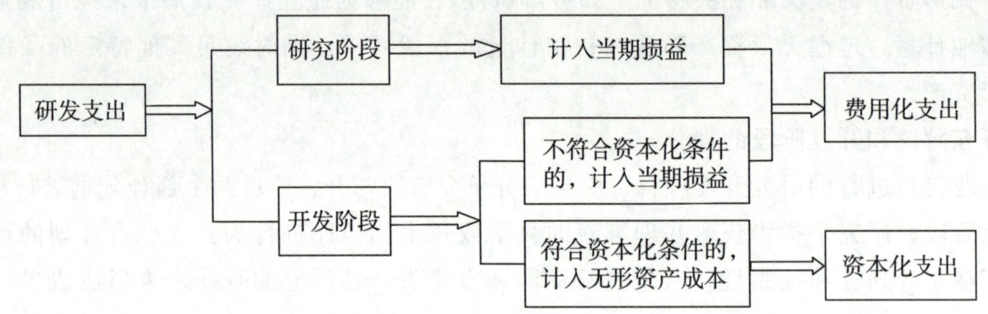

图 8-1 内部研究开发费用的会计处理

企业自行开发无形资产发生的研发支出，不满足资本化条件的，借记“研发支出——费用化支出”账户；满足资本化条件的，借记“研发支出——资本化支出”账户，贷记“原材料”“银行存款”“应付职工薪酬”等账户。

企业以其他方式取得的正在进行中的研究开发项目，应按确定的金额，借记“研发支出——资本化支出”账户，贷记“银行存款”等账户。以后发生的研发支出，应当比照上述第一条原则进行处理。

期末将“研发支出——费用化支出”账户的余额转入管理费用，借记“管理费用”账户，贷记“研发支出——费用化支出”账户；研究开发项目达到预定用途形成无形资产的，应按“研发支出——资本化支出”账户的余额，借记“无形资产”账户，贷记“研发支出——资本化支出”账户。

【例 8-3】 长江股份有限公司从 2023 年 12 月 1 日开始自行研究开发一项新产品专利技术，在研究开发过程中发生材料费 3 000 万元、人工工资 500 万元，以及用银行存款支付的其他费用 200 万元，共计 3 700 万元，其中，符合资本化条件的支出为 3 000 万元。2023 年 12 月 31 日，该专利技术已经达到预定用途。不考虑其他相关税费。

其会计分录如下：

借：研发支出——费用化支出	7 000 000	
——资本化支出	30 000 000	
贷：原材料		30 000 000
应付职工薪酬		5 000 000
银行存款		2 000 000

2023 年 12 月 31 日：

借：管理费用	7 000 000	
无形资产	30 000 000	

贷：研发支出——费用化支出　　7 000 000
　　　　　　——资本化支出　　30 000 000

4.土地使用权的处理

企业单独取得的土地使用权，通常应当按照取得时所支付的价款及相关税费确认为无形资产。其具体核算包括下列四种情况。

（1）作为无形资产。

土地使用权用于企业自行开发建造厂房等地上建筑物时，土地使用权的账面价值不与地上建筑物合并计算其成本，而仍作为无形资产进行核算，土地使用权与地上建筑物分别进行摊销和提取折旧。

（2）计入建造成本。

房地产开发企业取得的土地使用权用于建造对外出售的房屋建筑物，相关的土地使用权应当计入所建造的房屋建筑物成本。

（3）合理划分。

企业外购的房屋建筑物，如果实际支付的价款中包括土地以及建筑物的价值，则应当对支付的价款按照合理的方法（如公允价值比例）在土地和地上建筑物之间进行分配。确实无法在地上建筑物与土地使用权之间进行合理分配的，应当全部作为固定资产，按照固定资产确认和计量的规定进行处理。

（4）作为投资性房地产。

企业改变土地使用权的用途，将其用于出租或增值目的时，应将其转为投资性房地产。

四、无形资产的摊销

无形资产在完成初始确认和计量后，在其后使用该项无形资产期间内应以成本减去累计摊销额和累计减值损失后的余额计量。要确定无形资产在使用过程中的累计摊销额，基础是估计其使用寿命，而使用寿命有限的无形资产才需要在估计使用寿命内采用系统合理的方法进行摊销，对于使用寿命不确定的无形资产则不需要摊销。

1.确认无形资产的使用寿命

（1）合同性权利或其他法定权利。

某些无形资产的取得源自合同性权利或其他法定权利，其使用寿命不应超过合同性权利或其他法定权利的期限。但如果企业使用资产的预期的期限短于合同性权利或其他法定权利规定的期限的，则应当按照企业预期使用的期限确定其使用寿命。

（2）综合其他各方面情况。

没有明确的合同或法律规定无形资产的使用寿命的，企业应当综合其他各方面情况，来确定无形资产为企业带来未来经济利益的期限。

（3）寿命无法确定的。

如果经过这些努力，仍确实无法合理确定无形资产为企业带来经济利益的期限的，才能将该无形资产作为使用寿命不确定的无形资产。

（4）无形资产使用寿命的复核。

企业至少应当于每年年度终了，对无形资产的使用寿命及摊销方法进行复核。对于使用寿命不确定的无形资产，如果有证据表明其使用寿命是有限的，则应视为会计估计变更，应当估计其使用寿命并按照使用寿命有限的无形资产的处理原则进行处理。

2. 使用寿命有限的无形资产残值的确定

除下列情况外，无形资产的残值一般为零。

（1）有第三方承诺在无形资产使用寿命结束时购买该项无形资产。

（2）可以根据活跃市场得到无形资产预计残值信息，并且该市场在该项无形资产使用寿命结束时可能存在。

残值确定以后，在持有无形资产的期间，至少应于每年年末进行复核，预计其残值与原估计金额不同的，应按照会计估计变更进行处理。如果无形资产的残值重新估计以后高于其账面价值的，则无形资产不再摊销，直至残值降至低于账面价值时再恢复摊销。

3. 使用寿命有限的无形资产的摊销处理

使用寿命有限的无形资产，应在其预计的使用寿命内采用系统、合理的方法对应摊销金额进行摊销。应摊销金额是指无形资产的成本扣除残值后的金额。已计提减值准备的无形资产，还应扣除已计提的无形资产减值准备累计金额。

无形资产的摊销期自其可供使用（即其达到预定用途）时起至终止确认时止。即无形资产摊销的起始和停止日期应依据：当月增加的无形资产，当月开始摊销；当月减少的无形资产，当月不再摊销。

企业选择的无形资产摊销方法应当能够反映与该项无形资产有关的经济利益的预期实现方式，并一致地运用于不同会计期间。无法可靠确定其预期实现方式的，应当采用直线法进行摊销。

【例 8-4】 2024 年 1 月 1 日，宏达集团有限公司从外单位购得一项非专利技术，价款 5 000 万元，款项已支付，估计该项非专利技术的使用寿命为 10 年，该项非专利技术用于产品生产；同时，购入一项商标权，价款 3 000 万元，款项已支付，估计该商标权的使用寿命为 15 年。假定这两项无形资产的净残值均为零，并按直线法摊销。

分析：本例中，宏达集团有限公司外购的非专利技术的估计使用寿命为 10 年，表明该项无形资产是使用寿命有限的无形资产，且该项无形资产用于产品生产，因此，应当将其摊销金额计入相关产品的制造成本。宏达集团有限公司外购的商标权的估计使用寿命为 15 年，表明该项无形资产同样也是使用寿命有限的无形资产，而商标权的摊销金额通常直接计入当期管理费用。

其会计处理如下：

（1）取得无形资产。

借：无形资产——非专利技术	50 000 000	
无形资产——商标权	30 000 000	
贷：银行存款		80 000 000

（2）按年摊销。

借：制造费用——非专利技术	5 000 000	
管理费用——商标权	2 000 000	
贷：累计摊销		7 000 000

五、无形资产的减值处理

根据可获得的相关信息判断，如果无法合理估计某项无形资产的使用寿命的，应作为使用寿命不确定的无形资产进行核算。对于使用寿命不确定的无形资产，在持有期间内不需要摊销，但应当在每个会计期间进行减值测试。其减值测试的方法按照资产减值的原则进行处理，如经减值测试表明已发生减值，则需要计提相应的减值准备，其相关的账务处理为借记“信用减值损失”账户，贷记“无形资产减值准备”账户。减值损失一经确认，不得转回。

六、无形资产的处置

无形资产的处置，主要是指无形资产出售、出租、捐赠，或者是无法为企业带来未来经济利益时应予终止确认（报废）并转销。

1. 无形资产的出售

企业出售某项无形资产，表明企业放弃无形资产的所有权，应将所取得的价款与该无形资产账面价值的差额计入当期损益。出售无形资产时，应按实际收到的金额，借记“银行存款”等账户；按已计提的累计摊销，借记“累计摊销”账户，原已计提减值准备的，借记“无形资产减值准备”账户；按应支付的相关税费，贷记“应交税费”等账户；按其账面余额，贷记“无形资产”账户；按其差额，贷记“营业外收入——处置非流动资产利得”账户或借记“营业外支出——处置非流动资产损失”账户。

【例 8-5】　2022 年 1 月 1 日，宏达集团有限公司拥有某项专利技术的成本为 1 000 万元，已摊销金额为 500 万元，已计提的减值准备为 20 万元。该公司于 2024 年将该项专利技术出售给 A 公司，取得出售收入 600 万元，应缴纳增值税 36 万元。

其会计处理如下：

借：银行存款	6 000 000	
累计摊销	5 000 000	
无形资产减值准备	200 000	
贷：无形资产		10 000 000
应交税费——应交增值税（销项税额）		360 000
资产处置损益		840 000

2. 无形资产的出租

企业将所拥有的无形资产的使用权让渡给他人，并收取租金，在满足收入确认条件的情况下，应确认相关的收入及成本，并通过其他业务收支账户进行核算。让渡无形资产使用权而取得的租金收入，借记“银行存款”等账户，贷记“其他业务收入”等账户；摊销出租无形资产的成本并发生与转让有关的各种费用支出时，借记“其他业务成本”账户，贷记“累计摊销”等账户。

【例 8-6】　2022 年 1 月 1 日，宏达集团有限公司将一项专利技术出租给 B 公司使用，该专利技术账面余额为 600 万元，摊销期限为 10 年，出租合同规定，承租方每销售一件用该专利生产的产品，必须付给出租方 10 万元专利技术使用费。假定承租方当年销售该产品 10 件。

宏达集团有限公司的会计处理如下：

（1）取得该项专利技术使用费。

借：银行存款　　1 000 000

　　贷：其他业务收入　　1 000 000

（2）按年对该项专利技术进行摊销。

借：其他业务成本　　600 000

　　贷：累计摊销　　600 000

3. 无形资产的报废

如果无形资产预期不能为企业带来未来经济利益，例如，该无形资产已被其他新技术所替代或超过法律保护期，不能再为企业带来经济利益的，则不再符合无形资产的定义，应将其报废并予以转销，其账面价值转作当期损益。转销时，应按已计提的累计摊销，借记“累计摊销”账户；按其账面余额，贷记“无形资产”账户；按其差额，借记“营业外支出”账户。已计提减值准备的，还应同时结转减值准备。

【例 8-7】 宏达集团有限公司拥有某项专利技术，根据市场调查，用其生产的产品已没有市场，决定应予转销。转销时，该项专利技术的账面余额为 600 万元，摊销期限为 10 年，采用直线法进行摊销，已摊销 6 年。假定该项专利权的残值为零，已累计计提的减值准备为 200 万元，假定不考虑其他相关因素。

其会计处理如下：

借：累计摊销　　3 600 000

　　无形资产减值准备　　2 000 000

　　营业外支出——处置非流动资产损失　　400 000

　　贷：无形资产——专利权　　6 000 000

第二节　投资性房地产的核算

一、投资性房地产的定义与特征

投资性房地产是指企业为赚取租金或资本增值，或者两者兼有而持有的房地产（即房产和地产）。投资性房地产应当能够单独计量和出售。

投资性房地产具有以下几个特征。

（1）投资性房地产是一种经营活动。

①让渡资产使用权。投资性房地产的主要形式是出租建筑物、出租土地使用权，这实质上属于一种让渡资产使用权行为。房地产租金就是让渡资产使用权取得的使用费收入，是企业为完成其经营目标所从事的经营性活动以及与之相关的其他活动形成的经济利益总流入。

②增值以备出售。投资性房地产的另一种形式是持有并准备增值后转让的土地使用权，尽管其增值收益通常与市场供求、经济发展等因素相关，但目的是增值后转让以赚取增值收益，也是企业

为完成其经营目标所从事的经营性活动以及与之相关的其他活动形成的经济利益总流入。

(2) 投资性房地产在用途、状态、目的等方面区别于作为生产经营场所的房地产和用于销售的房地产。

企业持有的房地产除了用作自身管理、生产经营活动场所和对外销售之外，出现了将房地产用于赚取租金或增值收益的活动，甚至成为个别企业的主营业务。这就需要将投资性房地产单独作为一项资产核算和反映，与自用的厂房、办公楼等房地产和作为存货（已建完工的商品房）的房地产加以区别，从而更加清晰地反映企业所持有房地产的构成情况和盈利能力。

二、投资性房地产的范围

1. 属于投资性房地产的项目

(1) 已出租的土地使用权。

已出租的土地使用权是指企业通过出让或转让方式取得并以经营租赁方式出租的土地使用权。企业计划用于出租但尚未出租的土地使用权，不属于此类。

(2) 持有并准备增值后转让的土地使用权。

持有并准备增值后转让的土地使用权是指企业通过出让或转让方式取得并准备增值后转让的土地使用权。但是，按照国家有关规定认定的闲置土地，不属于持有并准备增值的土地使用权。

企业依法取得土地使用权后，应当按照国有土地有偿使用合同或建设用地批准书规定的期限动工开发建设。根据国土资源部（今为自然资源部）发布的《闲置土地处置办法》的规定，土地使用者依法取得土地使用权后，未经原批准用地的人民政府同意，超过规定的期限未动工开发建设的建设用地属于闲置土地。按照国家有关规定认定的闲置土地，不属于持有并准备增值后转让的土地使用权，也就不属于投资性房地产。

(3) 已出租的建筑物。

已出租的建筑物是指企业拥有产权并以经营租赁方式出租的房屋等建筑物，包括自行建造或开发活动完成后用于出租的建筑物。

企业在判断和确认已出租的建筑物时，应当把握以下几个要点。

①用于出租的建筑物是指企业拥有产权的建筑物，所以企业以经营租赁方式租入再转租的建筑物不属于投资性房地产。

②已出租的建筑物是企业已经与其他方签订了租赁协议，约定以经营租赁方式出租的建筑物。一般应自租赁协议规定的租赁期开始日起，经营租出的建筑物才属于已出租的建筑物。

③企业将建筑物出租，按租赁协议向承租人提供的相关辅助服务在整个协议中不重大的，应当将该建筑物确认为投资性房地产。例如，企业将其办公楼出租，同时向承租人提供维护、保安等日常辅助服务，企业应当将其确认为投资性房地产。

2. 不属于投资性房地产的项目

(1) 自用房地产。

自用房地产，即为生产商品、提供劳务或者经营管理而持有的房地产，包括自用建筑物（固定资产）和自用土地使用权（无形资产）。例如，企业拥有并自行经营的旅馆或饭店，其经营目的主要是通过提供客房服务赚取服务收入，该旅馆或饭店不确认为投资性房地产。

（2）作为存货的房地产。

作为存货的房地产，通常是指房地产开发企业在正常经营过程中销售的或为销售而正在开发的商品房和土地。

需要注意的是，投资性房地产应当能够单独计量。

如果某项房地产部分用于赚取租金或资本增值、部分自用（即用于生产商品、提供劳务或经营管理），能够单独计量和出售的、用于赚取租金或资本增值的部分，应当确认为投资性房地产。例如，甲房地产开发商建造了一栋商住两用楼盘，一层出租给一家大型超市，已签订经营租赁合同；其余楼层均为普通住宅，正在公开销售。这种情况下，如果一层商铺能够单独计量和出售，应当确认为甲企业的投资性房地产，其余楼层为甲企业的存货，即开发产品。

不能够单独计量和出售的、用于赚取租金或资本增值的部分，不确认为投资性房地产。该项房地产自用的部分，以及不能够单独计量和出售的、用于赚取租金或资本增值的部分，应当确认为固定资产或无形资产。

三、投资性房地产的确认与初始计量

将某个项目确认为投资性房地产，首先应当符合投资性房地产的概念，其次要同时满足资产（投资性房地产）的以下两个确认条件。

一是与该投资性房地产有关的经济利益很可能流入企业。

二是该投资性房地产的成本能够可靠地计量。

投资性房地产应当按照成本进行初始计量。根据投资性房地产不同的取得方式，分别进行初始计量。

1.外购的投资性房地产

企业外购的房地产，只有在购入的同时开始对外出租或用于资本增值，才能称为外购的投资性房地产，作为投资性房地产加以确认。

企业外购投资性房地产时，应当按照取得时的实际成本进行初始计量。取得时的实际成本，包括购买价款、相关税费和可直接归属于该资产的其他支出。采用成本模式进行后续计量的，企业应当在购入投资性房地产时，借记“投资性房地产”账户，贷记“银行存款”等账户；采用公允价值模式进行后续计量的，企业应当在购入投资性房地产时，借记“投资性房地产——成本”账户，贷记“银行存款”等账户。

如果企业购入房产或地产，自用一段时间之后再改为出租或用于资本增值的，应当先将外购的房地产确认为固定资产或无形资产，自租赁期开始日或用于资本增值之日起，才能从固定资产或无形资产转换为投资性房地产。

【例 8-8】 2024 年 5 月，宏达集团有限公司计划购入一栋办公楼用于对外出租。5 月 15 日，该公司与乙企业签订经营租赁合同，约定自写字楼购买日起将这栋写字楼出租给乙企业，租期 5 年。6 月 5 日，宏达集团有限公司实际购入写字楼，支付价款共计 1 000 万元（采用成本模式进行后续计量）。

其会计处理如下：

借：投资性房地产——写字楼　　10 000 000

　　贷：银行存款　　10 000 000

【例 8-9】　承例 8-8，假设宏达集团有限公司拥有的投资性房地产符合采用公允价值计量模式的条件，采用公允价值模式进行后续计量。

其会计处理如下：

借：投资性房地产——成本（写字楼）　　10 000 000

　　贷：银行存款　　10 000 000

2. 自行建造的投资性房地产

企业自行建造的房地产，只有在自行建造活动完成（达到预定可使用状态）的同时开始对外出租或用于资本增值，才能将自行建造的房地产确认为投资性房地产。自行建造的投资性房地产的成本，由建造该项房地产达到预定可使用状态前发生的必要支出构成，包括土地开发费、建筑成本、安装成本、应予资本化的借款费用、支付的其他费用和分摊的间接费用等。采用成本模式进行后续计量的，应按照确定的自行建造投资性房地产成本，借记“投资性房地产”账户，贷记“在建工程”或“开发产品”账户。采用公允价值模式进行后续计量的，应按照确定的自行建造投资性房地产成本，借记“投资性房地产——成本”账户，贷记“在建工程”或“开发产品”账户。

企业自行建造房地产达到预定可使用状态后一段时间才对外出租或用于资本增值的，应当先将自行建造的房地产确认为固定资产、无形资产或存货，自租赁期开始日或用于资本增值之日开始，从固定资产、无形资产或存货转换为投资性房地产。

【例 8-10】　2023 年 1 月，宏达集团有限公司从其他单位购入一块土地的使用权，并在这块土地上开始自行建造四栋厂房。2023 年 10 月，预计厂房即将完工，与 H 公司签订经营租赁合同，将其中的一栋厂房租赁给乙公司使用。租赁合同约定，该厂房于完工（达到预定可使用状态）时开始起租。2023 年 11 月 1 日，四栋厂房同时完工（达到预定可使用状态）。该块土地使用权的成本为 600 万元；四栋厂房的实际造价均为 1 000 万元，能够单独出售。假设宏达集团有限公司采用成本计量模式。

其会计处理如下：

土地使用权中的对应部分同时转换为投资性房地产＝600×1/4＝150（万元）

借：投资性房地产——厂房　　10 000 000

　　贷：在建工程　　10 000 000

借：投资性房地产——已出租土地使用权　　1 500 000

　　贷：无形资产——土地使用权　　1 500 000

四、投资性房地产的后续计量

投资性房地产的后续计量有成本和公允价值两种模式，通常应当采用成本模式计量，只有满足特定条件时才可以采用公允价值模式计量。但是，同一企业只能采用一种模式对所有投资性房地产进行后续计量，不得同时采用两种计量模式，并且一旦采用公允价值模式不得再转换为成本模式。

1. 采用成本模式计量的投资性房地产

（1）科目设置。

企业通常应当采用成本模式对投资性房地产进行后续计量。采用成本模式进行后续计量的投资性房地产，应当按照《企业会计准则第 4 号——固定资产》或《企业会计准则第 6 号——无形资产》

的有关规定设置相似的账户。

①投资性房地产：核算符合资产确认条件的投资性房地产的入账价值，包括初始取得成本和资本化支出的金额。

②投资性房地产累计折旧（房产）：核算投资性房地产各期的折旧额。

投资性房地产累计摊销（地产）：核算投资性房地产各期的摊销额。

③投资性房地产减值准备：核算投资性房地产的减值状况。

（2）会计处理内容。

①结转成本。按期（月）计提折旧或摊销，借记“其他业务成本”等账户，贷记“投资性房地产累计折旧（摊销）”账户。

②确认收入。取得的租金收入，借记“银行存款”等账户，贷记“其他业务收入”等账户。

【例 8-11】 宏达集团有限公司将一栋写字楼出租给 J 公司使用，确认为投资性房地产，采用成本模式进行后续计量。假设这栋办公楼的成本为 72 000 000 元，按照年限平均法计提折旧，使用寿命为 10 年，预计净残值为零。经营租赁合同约定，J 公司每月等额支付宏达集团有限公司租金 700 000 元。

其会计处理如下：

A. 每月计提折旧。

每月计提的折旧＝(72 000 000÷10)÷12＝600 000（元）

借：其他业务成本——出租写字楼折旧　　600 000
　　贷：投资性房地产累计折旧　　600 000

B. 每月确认租金收入。

借：银行存款（或其他应收账款）　　700 000
　　贷：其他业务收入——出租写字楼租金收入　　700 000

③减值测试。投资性房地产存在减值迹象的，适用资产减值的有关规定。经减值测试后确定发生减值的，应当计提减值准备，借记“资产减值损失”账户，贷记“投资性房地产减值准备”账户。已经计提减值准备的投资性房地产，其减值损失在以后的会计期间不得转回。

④后续支出。

A. 费用化支出。与投资性房地产有关的后续支出，不满足投资性房地产确认条件的应当在发生时计入当期损益，借记“其他业务成本”等账户，贷记“银行存款”等账户。

B. 资本化支出。与投资性房地产有关的后续支出，满足投资性房地产确认条件的应当计入投资性房地产成本，如同固定资产资本化支出。例如，企业为了提高投资性房地产的使用效能，往往需要对投资性房地产进行改建、扩建而使其更加坚固耐用，或者通过装修而改善其室内装潢，改扩建或装修支出满足确认条件的，应当将其资本化。企业对某项投资性房地产进行改扩建等再开发且将来仍作为投资性房地产的，在开发期间应继续将其作为投资性房地产，如同固定资产在开发期间不计提折旧或摊销。

【例 8-12】 2023 年 5 月，宏达集团有限公司与 K 公司的一项厂房经营租赁合同即将到期。该厂房原价为 600 万元，已计提折旧 200 万元、减值准备 100 万元。为了提高厂房的租金收入，宏达集团有限公司决定在租赁期满后对该厂房进行改扩建，并与 J 公司签订经营租赁合同，约定自改扩建完工时将该厂房出租给 J 公司。2023 年 5 月 31 日，与 K 公司的租赁合同到期，该厂房随即进入改扩建工程。2023 年 12 月 31 日，该厂房改扩建工程完工，共发生支出 300 万元，均已支付，即日按照租赁合同出租给 J 公司。假定宏达集团有限公司采用成本模式计量。

其会计处理如下：

A. 2023 年 5 月 31 日，投资性房地产转入改扩建工程。

	借方	贷方
借：投产性房地产——厂房——在建	3 000 000	
投资性房地产累计折旧	2 000 000	
投资性房地产减值准备	1 000 000	
贷：投资性房地产——厂房		6 000 000

B. 2023 年 5 月 31 日至 12 月 31 日，发生改扩建支出。

	借方	贷方
借：投资性房地产——厂房——在建	3 000 000	
贷：银行存款/原材料/应付职工薪酬		3 000 000

C. 2023 年 12 月 31 日，改扩建工程完工。

	借方	贷方
借：投资性房地产——厂房	6 000 000	
贷：投资性房地产——厂房——在建		6 000 000

2. 采用公允价值模式计量的投资性房地产

只有存在确凿证据表明投资性房地产的公允价值能够持续可靠取得的情况下，企业才可以采用公允价值模式对投资性房地产进行后续计量。企业一旦选择采用公允价值计量模式，就应当对其所有投资性房地产采用公允价值模式进行后续计量。

（1）前提条件。

①投资性房地产所在地有活跃的房地产交易市场。所在地，通常是指投资性房地产所在的城市。对于大中型城市，应当为投资性房地产所在的城区。

②企业能够从活跃的房地产交易市场上取得同类或类似房地产的市场价格及其他相关信息，从而对投资性房地产的公允价值作出合理的估计。

同类或类似的房地产，对建筑物而言，是指所处地理位置和地理环境相同、性质相同、结构类型相同或相近、新旧程度相同或相近、可使用状况相同或相近的建筑物；对土地使用权而言，是指同一位置区域、所处地理环境相同或相近、可使用状况相同或相近的土地。

投资性房地产的公允价值是指在公平交易中，熟悉情况的当事人之间自愿进行房地产交换的价格。确定投资性房地产的公允价值时，应当参照活跃市场上同类或类似房地产的现行市场价格（市场公开报价）；无法取得同类或类似房地产现行市场价格的，应当参照活跃市场上同类或类似房地产的最近交易价格，并考虑交易情况、交易日期、所在区域等因素，从而对投资性房地产的公允价值作出合理的估计；也可以基于预计未来获得的租金收益和相关现金流量予以计量。

（2）科目设置。

①投资性房地产——成本。

②投资性房地产——公允价值变动。

③公允价值变动损益。

（3）账务处理内容。

①资产负债表日调整账面价值。

A. 不对投资性房地产计提折旧或摊销。企业应当以资产负债表日投资性房地产的公允价值为基础调整其账面价值，公允价值与原账面价值之间的差额计入当期损益。

B. 资产负债表日，投资性房地产的公允价值高于原账面价值的差额，借记“投资性房地产——公允价值变动”账户，贷记“公允价值变动损益”账户；公允价值低于原账面价值的差额，作相反的账务处理。

②租金收入的确认。取得的租金收入，借记“银行存款”等账户，贷记“其他业务收入”等账户。

③后续支出。

A. 费用化支出。同成本模式计量的投资性房地产一样，与投资性房地产有关的后续支出，不满足投资性房地产确认条件的应当在发生时计入当期损益。借记“其他业务成本”等账户，贷记“银行存款”等账户。

B. 资本化支出。同成本模式计量的投资性房地产一样，与投资性房地产有关的后续支出，满足投资性房地产确认条件的应当计入投资性房地产成本，如同固定资产资本化支出。

【例 8-13】 2023 年 9 月，宏达集团有限公司与 L 公司签订租赁协议，约定将宏达集团有限公司新建造的一栋写字楼租赁给 L 公司使用，租赁期为 10 年。

2023 年 12 月 1 日，该写字楼开始起租，写字楼的工程造价为 80 000 000 元，公允价值也为相同金额。该写字楼所在区域有活跃的房地产交易市场，而且能够从房地产交易市场上取得同类房地产的市场报价，宏达集团有限公司决定采用公允价值模式对该项出租的房地产进行后续计量。

在确定该投资性房地产的公允价值时，宏达集团有限公司选取了与该处房产所处地区相近、结构及用途相同的房地产，参照公司所在地产交易市场上的平均销售价格，结合周边市场信息和自有房产的特点。2023 年 12 月 31 日，该写字楼的公允价值为 84 000 000 元。

宏达集团有限公司的会计处理如下：

A. 2023 年 12 月 1 日，宏达集团有限公司出租写字楼。

借：投资性房地产——写字楼——成本　　80 000 000
　　贷：固定资产——写字楼　　80 000 000

B. 2023 年 12 月 31 日，按照公允价值调整其账面价值，公允价值与原账面价值之间的差额计入当期损益。

借：投资性房地产——写字楼——公允价值变动　　4 000 000
　　贷：公允价值变动损益——投资性房地产　　4 000 000

【例 8-14】 2023 年 3 月，宏达集团有限公司与 M 企业的一项厂房经营租赁合同进行改扩建，并与 N 企业签订了经营租赁合同，约定自改扩建完工时将厂房出租给 N 企业，假设采用公允价值计量模式。3 月 15 日，与 M 企业的租赁合同到期，厂房随即进入改扩建工程，此时厂房账面余额为 500 万元，其中成本 400 万元，累计公允价值变动 100 万元。12 月 20 日，厂房改扩建工程完工，共发生支出 100 万元，即日起按照租赁合同出租给丙企业。

宏达集团有限公司的会计处理如下：

A. 2023 年 3 月 15 日，投资性房地产转入改扩建工程。

借：投资性房地产——厂房——在建　　5 000 000
　　贷：投资性房地产——成本　　4 000 000
　　　　　　　　　——公允价值变动　　1 000 000

B. 改扩建期间发生支出。

借：投资性房地产——厂房——在建　　1 000 000

　　贷：银行存款/原材料/应付职工薪酬　　1 000 000

C. 2023 年 12 月 20 日，改扩建工程完工。

借：投资性房地产——成本　　6 000 000

　　贷：投资性房地产——厂房——在建　　6 000 000

3. 投资性房地产后续计量模式的变更

为保证会计信息的可比性，企业对投资性房地产的计量模式一经确定，不得随意变更。只有在房地产市场比较成熟、能够满足采用公允价值模式条件的情况下，才允许企业对投资性房地产从成本模式计量变更为公允价值模式计量。成本模式转为公允价值模式的，应当作为会计政策变更处理，将计量模式变更时公允价值与账面价值的差额，调整期初留存收益。

企业变更投资性房地产计量模式，符合《企业会计准则第 3 号——投资性房地产》规定的，应当按照计量模式变更日投资性房地产的公允价值，借记“投资性房地产——成本”账户；按照已计提的折旧或摊销，借记“投资性房地产累计折旧（摊销）”账户；原已计提减值准备的，借记“投资性房地产减值准备”账户；按照原账面余额，贷记“投资性房地产”账户；按照公允价值与其账面价值之间的差额，贷记或借记“利润分配——未分配利润”“盈余公积”等账户。

已采用公允价值模式计量的投资性房地产，不得从公允价值模式转为成本模式。

五、投资性房地产的转换和会计处理

1. 房地产的转换

（1）房地产的转换形式。

房地产的转换是指房地产用途的变更。企业有确凿证据表明房地产用途发生改变，满足下列条件之一的，应当将投资性房地产转换为其他资产或者将其他资产转换为投资性房地产。

①投资性房地产开始自用，即将投资性房地产转为自用房地产。

②房地产企业将用于经营出租的房地产重新开发用于对外销售，从投资性房地产转为存货。

③自用建筑物停止自用，改为出租。即企业将原本用于生产商品、提供劳务或者经营管理的房地产改用于出租，固定资产相应地转换为投资性房地产。

④自用土地使用权停止自用，改用于赚取租金或资本增值。即企业将原本用于生产商品、提供劳务或者经营管理的土地使用权改用于赚取租金或资本增值，该土地使用权相应地转换为投资性房地产。

⑤作为存货的房地产改为出租，通常是指房地产开发企业将其持有的开发产品以经营租赁的方式出租，存货相应地转换为投资性房地产。

（2）投资性房地产转换日的确定。

①投资性房地产转换为自用房地产，转换日为房地产达到自用状态，企业开始将其用于生产商品、提供劳务或者经营管理的日期。

②投资性房地产（租赁）转换为存货，转换日为租赁期满，企业董事会或类似机构做出书面决

议明确表明将其重新开发用于对外销售的日期。

③存货相应地转换为投资性房地产（租赁），转换日为房地产的租赁期开始日。租赁期开始日，是指承租人有权行使其使用租赁资产权利的日期。

④固定资产相应地转换为投资性房地产（租赁），转换日为租赁期开始日。

⑤自用土地使用权停止自用，转换为投资性房地产（赚取租金或资本增值），转换日为自用土地使用权停止自用后，确定用于赚取租金或资本增值的日期。

以上所指确凿证据包括两个方面：一是企业董事会或类似机构应当就改变房地产用途形成正式的书面决议；二是房地产因用途改变而发生实际状态上的改变，如从自用状态改为出租状态。

2. 房地产转换的会计处理

（1）成本模式下后续计量的投资性房地产转换。

①投资性房地产转换为自用房地产。企业将采用成本模式计量的投资性房地产转换为自用房地产时，应当按该项投资性房地产在转换日的账面余额、累计折旧、减值准备等，对应转入“固定资产”“累计折旧”“固定资产减值准备”等账户；按其账面余额，借记“固定资产”或“无形资产”账户，贷记“投资性房地产”账户；按已计提的折旧或摊销，借记“投资性房地产累计折旧（摊销）”账户，贷记“累计折旧”或“累计摊销”账户，原已计提减值准备的，借记“投资性房地产减值准备”账户，贷记“固定资产减值准备”或“无形资产减值准备”账户。

②投资性房地产转换为存货。企业将采用成本模式计量的投资性房地产转换为存货时，应当按照该项房地产在转换日的账面价值，借记“开发产品”账户；按照已计提的折旧或摊销，借记“投资性房地产累计折旧（摊销）”账户，原已计提减值准备的，借记“投资性房地产减值准备”账户；按其账面余额，贷记“投资性房地产”账户。

③自用房地产转换为投资性房地产。企业将自用土地使用权或建筑物转换为采用成本模式计量的投资性房地产时，与上述①的处理正好相反，按该项建筑物或土地使用权在转换日的原价、累计折旧、减值准备等，分别转入“投资性房地产”“投资性房地产累计折旧（摊销）”“投资性房地产减值准备”账户，按其账面余额，借记“投资性房地产”账户，贷记“固定资产”或“无形资产”账户；按已计提的折旧或摊销，借记“累计折旧”或“累计摊销”账户，贷记“投资性房地产累计折旧（摊销）”账户；原已计提减值准备的，借记“固定资产减值准备”或“无形资产减值准备”账户，贷记“投资性房地产减值准备”账户。

④作为存货的房地产转换为投资性房地产。企业将作为存货的房地产转换为采用成本模式计量的投资性房地产时，应当按该项存货在转换日的账面价值，借记“投资性房地产”账户，原已计提跌价准备的，借记“存货跌价准备”账户，按其账面余额，贷记“开发产品”等账户。

（2）公允价值模式下后续计量的投资性房地产转换。

①投资性房地产转换为自用房地产。将投资性房地产转换为自用房地产时，应当以其转换当日的公允价值作为自用房地产的账面价值，公允价值与原账面价值的差额计入当期损益。转换日，按该项投资性房地产的公允价值，借记“固定资产”或“无形资产”账户；按该项投资性房地产的成本，贷记“投资性房地产——成本”账户；按该项投资性房地产的累计公允价值变动，贷记或借记“投资性房地产——公允价值变动”账户；按其差额，贷记或借记“公允价值变动损益”账户。

②投资性房地产转换为存货。将投资性房地产转换为存货时，应当以其转换当日的公允价值作

为存货的账面价值，公允价值与原账面价值的差额计入当期损益。转换日，按该项投资性房地产的公允价值，借记“开发产品”等账户；按该项投资性房地产的成本，贷记“投资性房地产——成本”账户；按该项投资性房地产的累计公允价值变动，贷记或借记“投资性房地产——公允价值变动”账户；按其差额，贷记或借记“公允价值变动损益”账户。

③自用房地产转换为投资性房地产。将自用土地使用权或建筑物转换为投资性房地产时，应当按该项土地使用权或建筑物在转换日的公允价值，借记“投资性房地产——成本”账户；按已计提的累计摊销或累计折旧，借记“累计摊销”或“累计折旧”账户，原已计提减值准备的，借记“无形资产减值准备”“固定资产减值准备”账户；按其账面余额，贷记“无形资产”或“固定资产”账户。值得注意的是，转换日的公允价值小于账面价值的，按其差额，借记“公允价值变动损益”账户；转换日的公允价值大于账面价值的，按其差额，贷记“资本公积——其他资本公积”账户，待该项投资性房地产处置时，计入资本公积的部分应转入当期损益。

④作为存货的房地产转换为投资性房地产。将作为存货的房地产转换为投资性房地产时，应当按该项房地产在转换日的公允价值，借记“投资性房地产——成本”账户，原已计提跌价准备的，借记“存货跌价准备”账户；按其账面余额，贷记“开发产品”等账户。

值得注意的是，转换日的公允价值小于账面价值的，按其差额，借记“公允价值变动损益”账户，转换日的公允价值大于账面价值的，按其差额，贷记“资本公积——其他资本公积”账户，待该项投资性房地产处置时，计入资本公积的部分应转入当期损益。

六、投资性房地产的处置

因投资性房地产出售、转让、报废、毁损、非货币性资产交换等，应当将处置收入扣除其账面价值和相关税费后的金额计入当期损益。

1. 成本模式

（1）确认收入。

应当按实际收到的金额，借记“银行存款”等账户，贷记“其他业务收入”账户。

（2）结转成本。

按该项投资性房地产的账面价值，借记“其他业务成本”账户；按其账面余额，贷记“投资性房地产”账户；按照已计提的折旧或摊销，借记“投资性房地产累计折旧（摊销）”账户，原已计提减值准备的，借记“投资性房地产减值准备”账户。

2. 公允价值模式

（1）确认收入。

应当按实际收到的金额，借记“银行存款”等账户，贷记“其他业务收入”账户。

（2）结转成本。

按该项投资性房地产的账面余额，借记“其他业务成本”账户，按其成本，贷记“投资性房地产——成本”账户；按其累计公允价值变动，贷记或借记“投资性房地产——公允价值变动”账户。同时，结转投资性房地产累计公允价值变动。若存在原转换日计入资本公积的金额，则一并结转。

本章习题

一、简答题

1. 什么是无形资产？其特征是什么？
2. 不同渠道取得的无形资产的价值如何确定？
3. 减值准备的含义是什么？减值确认的程序是什么？
4. 投资性房地产的含义是什么？
5. 投资性房地产后续计量模式的适用性是什么？
6. 无形资产处置方式有哪些？各自的账务处理是什么？
7. 投资性房地产后续计量模式如何转换？

二、实训题

2024 年 1 月 1 日，甲公司购入一块土地的使用权，以银行存款转账支付 8 000 万元，并在该土地上自行建造厂房等工程，发生材料支出 12 000 万元，工资费用 8 000 万元，其他相关费用 10 000 万元。该工程已经完工并达到预定可使用状态。假定土地使用权的使用年限为 50 年，该厂房的使用年限为 25 年，两者都没有净残值，都采用直线法进行摊销和计提折旧。为简化核算，不考虑其他相关税费。

第九章

流动负债

学习要点

1. 短期借款的定义、会计处理。
2. 应付票据的定义、种类、会计处理。
3. 应付账款的定义、账户设置、会计处理。
4. 预收账款的定义、会计处理。
5. 应付职工薪酬的定义、核算内容、会计处理。

第一节 短期借款的核算

一、短期借款的定义

短期借款是指企业向银行或其他非银行金融机构借入的期限在 1 年以内（含 1 年）的借款。短期借款按照有无担保，可分为信用借款和抵押借款。在会计核算上，企业要及时真实地反映借入短期借款、计提和支付利息、偿还本金。

二、短期借款的账户设置

企业应通过“短期借款”账户，核算短期借款的取得及偿还情况。该账户贷方登记取得借款的本金数额，借方登记偿还借款的本金数额，余额在贷方，表示尚未偿还的短期借款。本账户可按借款种类、贷款人和币种进行明细核算。

三、短期借款的会计处理

1. 发生借款

企业从银行或其他金融机构取得短期借款时，借记“银行存款”账户，贷记“短期借款”账户。

2. 计提利息

在实际工作中，银行一般于每季度末收取短期借款利息，为此，企业的短期借款利息一般采用月末预提的方式进行核算。短期借款利息属于筹资费用，应借记“财务费用”账户，贷记“应付利息”账户。

3. 支付利息

实际支付利息时，根据已预提的利息，借记“应付利息”账户；根据应计利息，借记“财务费用”账户；根据应付利息总额，贷记“银行存款”账户。

4. 偿还本金

企业短期借款到期偿还本金时，借记“短期借款”账户，贷记“银行存款”账户。

【例 9-1】 宏达集团有限公司于 2023 年 1 月 1 日向银行借入一笔生产经营用短期借款，共计 1 000 万元，期限为 9 个月，年利率为 12%。根据与银行签署的借款协议，该项借款的本金到期后一次归还；利息分月预提，按季支付。

其会计处理如下：

（1）1 月 1 日借入短期借款。

	借方	贷方
借：银行存款	10 000 000	
贷：短期借款		10 000 000

（2）1 月末，计提 1 月应计利息。

	借方	贷方
借：财务费用	100 000	

贷：应付利息　　100 000

本月应计提的利息金额＝1 000×12%÷12＝10（万元）

本例中，短期借款利息 10 万元属于企业的筹资费用，应记入“财务费用”账户。

2 月末计提 2 月利息费用与 1 月相同。

（3）3 月末，支付第一季度银行借款利息。

借：财务费用　　100 000

应付利息　　200 000

贷：银行存款　　300 000

第二、第三季度的会计处理同上。

（4）10 月 1 日，偿还银行借款本金。

借：短期借款　　10 000 000

贷：银行存款　　10 000 000

如果上述借款期限是 7 个月，则到期日为 8 月 1 日，7 月末之前的会计处理与上述相同。8 月 1 日，偿还银行借款本金，同时支付 7 月已经计提但未支付的利息。

借：短期借款　　10 000 000

应付利息　　100 000

贷：银行存款　　10 100 000

第二节　应付票据的核算

一、应付票据的定义

应付票据是指企业购买材料、商品和接受劳务供应等开出、承兑的商业汇票。商业汇票按承兑人的不同分为商业承兑汇票和银行承兑汇票，应付票据按是否带息分为带息应付票据和不带息应付票据。

二、应付票据的账户设置

企业应通过“应付票据”账户，核算应付票据的发生、偿付等情况。该账户贷方登记开出、承兑汇票的面值及带息票据的预提利息，借方登记支付票据的金额，月末余额在贷方，表示企业尚未到期的商业汇票的票面金额。

三、应付票据的会计处理

应付票据的会计处理如图 9-1 所示。

1. 带息应付票据的处理

通常而言，商业汇票的付款期限不超过 6 个月，因此在会计上应作为流动负债管理和核算。同时，由于应付票据的偿付时间较短，在会计实务中，一般按照开出、承兑的应付票据的面值入账。

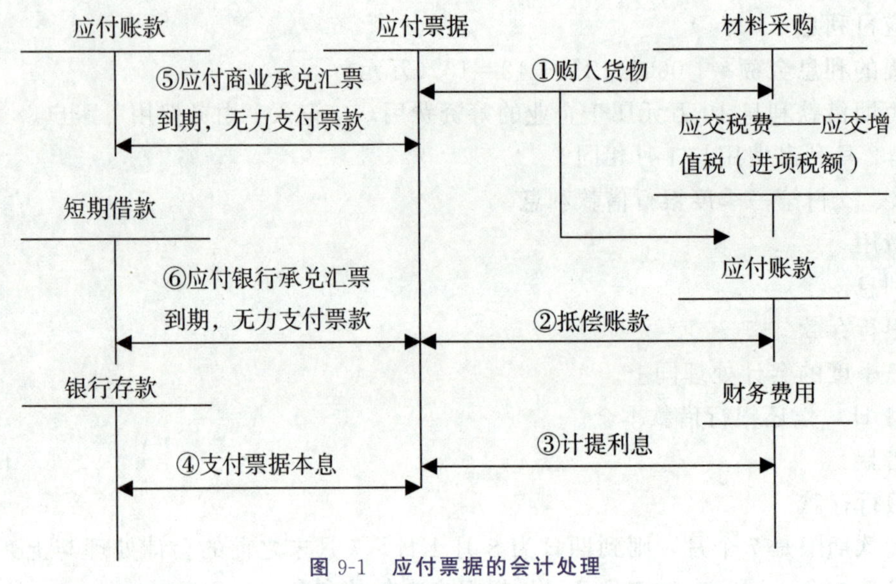

图 9-1　应付票据的会计处理

（1）开出、承兑商业汇票（购入货物、抵偿账款）。

企业因购买材料、商品和接受劳务供应等开出、承兑的商业汇票，应当按其票面金额作为应付票据的入账金额，借记“材料采购”“库存商品”“应付账款”“应交税费——应交增值税（进项税额）”等账户，贷记“应付票据”账户。

（2）期末提息。

由于我国商业汇票期限较短，在期末，通常对尚未支付的应付票据计提利息，借记当期“财务费用”账户，贷记“应付利息”账户；票据到期支付票款时，尚未计提的利息部分直接计入当期财务费用。

（3）汇票到期。

①能够支付。应付票据到期支付票款时，应按账面余额予以结转借记“应付票据”账户，按已经计提的利息借记“应付利息”账户，尚未计提的利息部分直接记入当期“财务费用”账户，贷记“银行存款”账户。

【例 9-2】　2023 年 7 月 6 日，甲企业于 2 月 6 日开出的商业汇票到期。甲企业通知其开户银行以银行存款 58 500 元支付票款。

其会计处理如下：

借：应付票据　　58 500

　　贷：银行存款　　58 500

②无力支付。开出并承兑的商业承兑汇票不能如期支付的，应在票据到期时，将“应付票据”账面价值转入“应付账款”账户，待协商后再行处理。如果重新签发新的票据以清偿原应付票据的，再从“应付账款”账户转入“应付票据”账户。

银行承兑汇票如果票据到期，企业无力支付到期票款时，承兑银行除凭票向持票人无条件付款外，对出票人尚未支付的汇票金额转作逾期贷款处理。企业无力支付到期银行承兑汇票，在接到银行转来的“××号汇票无款支付转入逾期贷款户”等有关凭证时，借记“应付票据”账户，贷记“短期借款”账户。对计收的利息，按短期借款利息的办法处理。

2. 不带息应付票据的处理

不带息应付票据的面值就是票据到期时的应付金额。这类票据不用计提利息，其余账务处理同带息票据。

第三节 应付账款的核算

一、应付账款的定义

应付账款是指企业因购买材料、商品或接受劳务供应等经营活动应支付的款项。一般应在与所购买物资所有权相关的主要风险和报酬已经转移，或者所购买的劳务已经接受时确认。

在实务工作中，为了使所购入物资的金额、品种、数量和质量等与合同规定的条款相符，避免因验收时发现所购物资存在数量或质量问题而对入账的物资或应付账款金额进行改动，在物资和发票账单同时到达的情况下，一般在所购物资验收入库后，再根据发票账单登记入账，确认应付账款。在所购物资已经验收入库，但是发票账单未能同时到达的情况下，企业应付物资供应单位的债务已经成立，在会计期末，为了反映企业的负债情况，需要将所购物资和相关的应付账款暂估入账，待下月初作相反分录予以冲回。

二、应付账款的账户设置

因购买商品等产生的应付账款，应设置“应付账款”账户进行核算，用以反映这部分负债的价值。该账户贷方登记企业购买材料、商品和接受劳务等而发生的应付账款，借方登记偿还的应付账款，或开出商业汇票抵付应付账款的款项，或已冲销的无法支付的应付账款，余额一般在贷方，表示企业尚未支付的应付账款余额。该账户一般应按照债权人设置明细账户进行明细核算。

三、应付账款的会计处理

应付账款的会计处理如图 9-2 所示。

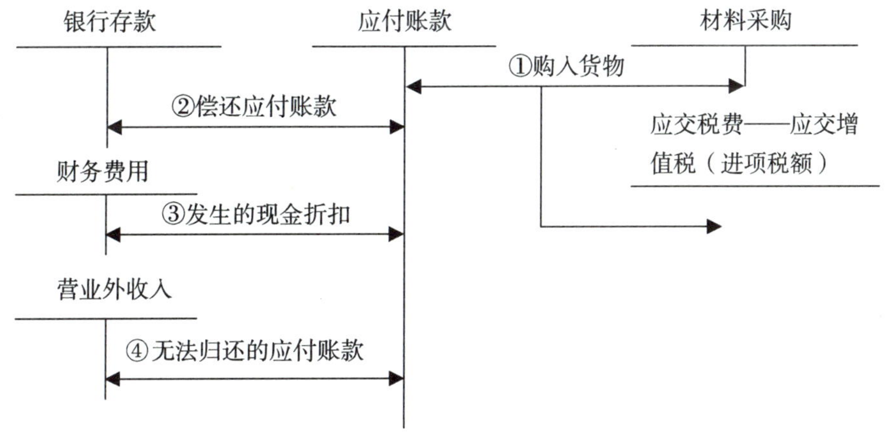

图 9-2　应付账款的会计处理

1. 发生应付账款（购入货物）

应付账款一般按应付金额入账，而不按到期应付金额的现值入账。

企业购入材料、商品等或接受劳务所产生的应付账款，根据有关凭证（发票账单、随货同行发票上记载的实际价款或暂估价值），借记“材料采购”“在途物资”“生产成本”“管理费用”等账户；按可抵扣的增值税税额，借记“应交税费——应交增值税（进项税额）”账户；按应付的价款，贷记“应付账款”账户。

如果购入的资产在形成一笔应付账款时是带有现金折扣的，应付账款入账金额的确定按发票上记载的应付金额的总值（即不扣除折扣）记账。在这种方法下，应按发票上记载的全部应付金额，借记有关账户，贷记“应付账款”账户。

如果购入的资产存在商业折扣，则应按折后的金额记入“应付账款”账户。

2. 偿还应付账款（发生现金折扣）

企业偿还应付账款或开出商业汇票抵付应付账款时，借记“应付账款”账户，贷记“银行存款”“应付票据”等账户，获得的现金折扣冲减财务费用。

3. 转销应付账款（无法归还的应付账款）

企业转销确实无法支付的应付账款（如债权人撤销等原因而产生无法支付的应付账款），应按其账面余额计入营业外收入，借记“应付账款”账户，贷记“营业外收入”账户。

【例 9-3】 宏达集团有限公司为增值税一般纳税人，2023 年 10 月购入一批生产用原材料，价款 100 万元，双方协商现金折扣方式为（2/10，1/20，*n*/30），款项尚未支付，材料已验收入库，增值税税率为 13%。

其会计处理如下：

（1）假设增值税税额打折。

①采购。

借：原材料	1 000 000	
应交税费——应交增值税（进项税额）	130 000	
贷：应付账款		1 130 000

②不同期限内付款。

A. 10 天内付款。

借：应付账款	1 130 000	
贷：银行存款		1 107 400
原材料		22 600

B. 20 天内付款。

借：应付账款	1 130 000	
贷：银行存款		1 118 700
原材料		11 300

C. 30 天内付款。

借：应付账款	1 130 000	
贷：银行存款		1 130 000

（2）假设增值税税额不打折。

①采购。

借：原材料	1 000 000	
应交税费——应交增值税（进项税额）	130 000	
贷：应付账款		1 130 000

②不同期限内付款。

A. 10 天内付款。

借：应付账款 1 130 000

　　贷：银行存款 1 110 000

　　　　原材料 20 000

B. 20 天内付款。

借：应付账款 1 130 000

　　贷：银行存款 1 120 000

　　　　原材料 10 000

C. 30 天内付款。

借：应付账款 1 130 000

　　贷：银行存款 1 130 000

第四节 预收账款的核算

一、预收账款的定义

预收账款是指企业按照合同的规定向购货单位预收的款项。与应付账款不同，预收账款所形成的负债不是以货币偿付的，而是以货物偿付的。有些购销合同规定，销货企业可向购货企业预先收取一部分货款，待向对方发货后再收取其余货款。企业在发货前收取的货款，表明企业承担了在未来导致经济利益流出企业的应履行的义务，成为企业的一项负债。

二、预收账款的账户设置

企业应通过“预收账款”账户，核算预收账款的取得、偿付等情况。该账户贷方登记发生的预收账款的数额和购货单位补付账款的数额，借方登记企业向购货方发货后冲销的预收账款数额和退回购货方多付账款的数额，余额一般在贷方，反映企业向购货单位预收款项但尚未向购货方发货的数额，若为借方余额，则反映企业尚未转销的款项。企业应当按照购货单位设置明细账户进行明细核算。

三、预收账款的会计处理

预收账款的会计处理如图 9-3 所示。

1. 收到预收款时

企业向购货单位预收款项时，借记“银行存款”账户，贷记“预收账款”账户。

2. 销售实现时（提供货物）

销售实现时，按实现的收入和应交的增值税销项税额，借记“预收账款”账户，按照实现的营业收入，贷记“主营业务收入”账户；按照增值税专用发票上注明的增值税税额，贷记“应交税费——应交增值税（销项税额）”等账户。

3. 收到补付的款项时

收到购货单位补付的款项时，借记“银行存款”账户，贷记“预收账款”账户。

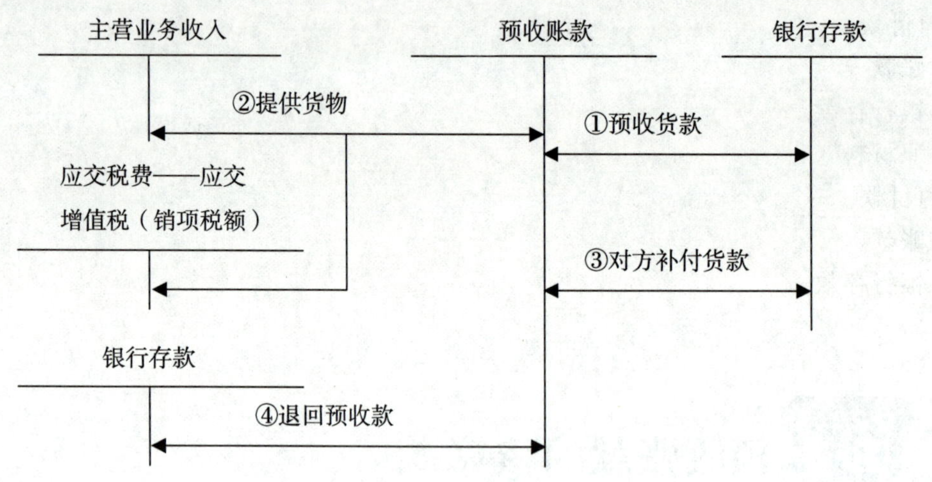

图 9-3　预收账款的会计处理

4. 退回多付款项

向购货单位退回其多付的款项时，借记“预收账款”账户，贷记“银行存款”账户。

【例 9-4】　宏达集团有限公司为增值税一般纳税人。2023 年 1 月，与甲企业签订供货合同，向其出售一批设备，货款金额共计 100 万元，应缴纳增值税税额 13 万元。根据购货合同规定，甲企业应当向宏达集团有限公司预付货款 60 万元，剩余货款在交货后付清。2023 年 6 月，收到甲企业交来的预付款 60 万元，并存入银行，且将货物发到甲企业并开出增值税发票，甲企业验收合格后付清了剩余货款。

有关会计处理如下：

（1）6 月收到甲企业交来的预付款 60 万元。

借：银行存款	600 000	
贷：预收账款——甲企业		600 000

（2）发货后收到甲企业剩余货款。

甲企业补付的货款＝113－60＝53（万元）

借：预收账款——甲企业	600 000	
银行存款	530 000	
贷：主营业务收入		1 000 000
应交税费——应交增值税（销项税额）		130 000

假若预收账款 120 万元，有关会计分录如下：

借：银行存款	1 200 000	
贷：预收账款——甲企业		1 200 000
借：预收账款——甲企业	1 200 000	

贷：主营业务收入　　1 000 000

　　应交税费——应交增值税（销项税额）　　130 000

　　银行存款　　70 000

此外，在预收账款核算中值得注意的是，企业预收账款情况不多的，也可不设置“预收账款”账户，将预收的款项直接记入“应收账款”账户的贷方。

第五节 应付职工薪酬的核算

一、职工薪酬的定义

职工薪酬是指企业为获得职工提供的服务而给予各种形式的报酬以及其他相关支出。这里所称的“职工”比较宽泛，包括以下三类人员。

1. 有合同

有合同是指与企业订立劳动合同的所有人员，含全职、兼职和临时职工。

2. 无合同但正式任命

无合同但正式任命是指未与企业订立劳动合同，但由企业正式任命的企业治理层和管理层人员，如董事会成员、监事会成员等，尽管有些董事会、监事会成员不是本企业员工，未与企业订立劳动合同，但对其发放的津贴、补贴等仍属于职工薪酬。

3. 无合同且未正式任命

无合同且未正式任命是指在企业的计划和控制下，虽未与企业订立劳动合同或未由其正式任命，但为其提供与职工类似服务的人员，如通过中介机构签订用工合同，为企业提供与本企业职工类似服务的人员。

二、职工薪酬核算的内容

职工薪酬核算是指企业因职工提供服务而支付的或放弃的对价，因此企业需要综合考虑职工薪酬的内容，以确保其准确性。职工薪酬主要包括以下几项内容。

1. 职工工资、奖金、津贴和补贴

职工工资、奖金、津贴和补贴是指构成工资总额的计时工资、计件工资、支付给职工的超额劳动报酬与增收节支的劳动报酬、为了补偿职工特殊或额外的劳动消耗和其他特殊原因支付给职工的津贴，以及为了保证职工工资水平不受物价影响支付给职工的物价补贴等。

2. 职工福利费

职工福利费主要是指尚未实行医疗统筹企业职工的医疗费用、职工因公负伤赴外地就医路费、职工生活困难补助，以及按照国家规定开支的其他职工福利支出。

3. 各种规定的保险费

各种规定的保险费是指企业按照国务院、各地方政府规定的基准和比例计算，向社会保险经办

机构缴纳的医疗保险费、养老保险费、失业保险费、工伤保险费和生育保险费等费用。向企业年金管理人缴纳的补充养老保险以及企业以购买商业保险形式提供给职工的各种保险待遇属于企业提供的职工薪酬，应当按照职工薪酬的原则进行确认、计量和披露。

值得注意的是，我国养老保险分为三个层次：第一层次是社会统筹与职工个人账户相结合的基本养老保险；第二层次是企业补充养老保险；第三层次是个人储蓄性养老保险，属于职工个人的行为，与企业无关，不属于职工薪酬核算的范畴。

无论是企业支付的基本养老保险费，还是补充养老保险费，企业都应当在职工提供服务的会计期间根据规定标准计提，按照受益对象进行分配，计入相关资产成本或当期损益。

4. 住房公积金

住房公积金是指企业按照国家规定的基准和比例计算，向住房公积金管理机构缴存的住房公积金。

5. 工会经费和职工教育经费

工会经费和职工教育经费是指企业为了改善职工文化生活，为职工学习先进技术和提高文化水平与业务素质，用于开展工会活动和职工教育及职业技能培训等相关支出。

6. 非货币性福利

非货币性福利是指企业以自己的产品或外购商品发放给职工作为福利，企业提供给职工无偿使用自己拥有的资产或租赁资产供职工无偿使用，如提供给企业高级管理人员使用的住房等；免费为职工提供诸如医疗保健的服务或向职工提供企业支付了一定补贴的商品或服务等，如以低于成本的价格向职工出售住房等。

7. 因解除与职工的劳动关系给予的补偿

因解除与职工的劳动关系给予的补偿是指出于分离办社会职能、实施主辅分离辅业改制分流安置富余人员、实施重组、改组计划、职工不能胜任等原因，企业在职工劳动合同到期之前解除与职工的劳动关系，或者为鼓励职工自愿接受裁减而提出补偿建议的计划中给予职工的经济补偿，即国际财务报告准则中所指的辞退福利。

8. 其他与获得职工提供的服务相关的支出

其他与获得职工提供的服务相关的支出是指除上述七种薪酬以外的其他为获得职工提供的服务而给予的薪酬，如企业提供给职工以权益形式结算的认股权、以现金形式结算但以权益工具公允价值为基础确定的现金股票增值权等。

三、应付职工薪酬的账户设置

企业通过“应付职工薪酬”账户，核算职工薪酬的提取、结算、使用等情况。该账户贷方记录已分配计入有关成本费用项目的职工薪酬的数额，借方记录实际发放职工薪酬的数额；该账户期末贷方余额，反映企业应付未付的职工薪酬。

根据具体核算内容不同，“应付职工薪酬”账户应当按照“工资”“职工福利”“社会保险费”“住房公积金”“工会经费”“职工教育经费”“非货币性福利”等应付职工薪酬项目设置明细账户，进行明细核算。

四、应付职工薪酬的账务处理

职工薪酬（包括货币性薪酬和非货币性福利）记入对应账户的原则是谁受益谁承担。根据职工服务的对象和部门来确定记入的成本费用账户。除因解除与职工的劳动关系给予的补偿外，应当根据职工提供服务的受益对象，具体区分以下情况进行处理。

生产部门人员的职工薪酬，借记“生产成本”（生产人员）、“制造费用”（管理人员）、“劳务成本”（以劳务作为销售对象的企业，其劳务的创造者）等账户，贷记“应付职工薪酬”账户。

管理部门、销售部门人员的职工薪酬，分别借记“管理费用”“销售费用”账户，贷记“应付职工薪酬”账户。

固定资产建设、投资性房地产开发、无形资产研发人员负担的职工薪酬，当符合资本化条件时，借记“在建工程”“投资性房地产”“研发支出”账户，不符合资本化条件时直接计入当期损益，贷记“应付职工薪酬”账户。

外商投资企业按规定从净利润中提取的职工奖励及福利基金，借记“利润分配——提取的职工奖励及福利基金”账户，贷记“应付职工薪酬”账户。

1. 确认应付职工薪酬

（1）货币性职工薪酬。

计量货币性应付职工薪酬时，国家规定了计提基础和计提比例的，应当按照国家规定的标准计提；没有规定计提基础和计提比例的，企业应当根据历史经验数据和实际情况，合理预计应付职工薪酬金额和应计入成本费用的薪酬金额。

当实际发生时，如果当期实际发生金额大于预计金额的，应当补提应付职工薪酬；当期实际发生金额小于预计金额的，应当冲回多提的应付职工薪酬。

【例 9-5】 2022 年 7 月，宏达集团有限公司当月应发工资 3 000 万元，其中：生产部门直接生产人员工资 1 500 万元，生产部门管理人员工资 200 万元，公司管理部门人员工资 500 万元，公司专设产品销售机构人员工资 200 万元，建造厂房人员工资 400 万元，内部开发存货管理系统人员工资 200 万元。

分析： 根据所在地政府规定，公司分别按照职工工资总额的 10%、12%、2%和 10.5%计提医疗保险费、养老保险费、失业保险费和住房公积金，缴纳给当地社会保险经办机构和住房公积金管理机构。公司内设医务室，根据 2023 年实际发生的职工福利费情况，公司预计 2024 年应承担的职工福利费金额为职工工资总额的 2%，职工福利的受益对象为上述所有人员。公司分别按照职工工资总额的 2%和 1.5%计提工会经费和职工教育经费。假定公司存货管理系统已处于开发阶段，并资本化为无形资产。

应计入生产成本的职工薪酬金额

=1 500+1 500×(10%+12%+2%+10.5%+2%+2%+1.5%)=2 100(万元)

应计入制造费用的职工薪酬金额

=200+200×(10%+12%+2%+10.5%+2%+2%+1.5%)=280(万元)

应计入管理费用的职工薪酬金额

=500+500×(10%+12%+2%+10.5%+2%+2%+1.5%)=700(万元)

应计入销售费用的职工薪酬金额

=200+200×(10%+12%+2%+10.5%+2%+2%+1.5%)=280(万元)

应计入在建工程成本的职工薪酬金额

=400+400×(10%+12%+2%+10.5%+2%+2%+1.5%)=560(万元)

应计入无形资产成本的职工薪酬金额

=200+200×(10%+12%+2%+10.5%+2%+2%+1.5%)=280(万元)

其中：

职工福利＝3 000×2％＝60(万元)

社会保险费＝3 000×(10％＋12％＋2％)＝720(万元)

住房公积金＝3 000×10.5％＝315(万元)

工会经费＝3 000×2％＝60(万元)

职工教育经费＝3 000×1.5％＝45(万元)

公司在分配工资、职工福利费、各种社会保险费、住房公积金、工会经费和职工教育经费等职工薪酬时有关会计处理如下：

借：生产成本	21 000 000	
制造费用	2 800 000	
管理费用	7 000 000	
销售费用	2 800 000	
在建工程	5 600 000	
研发支出——资本化支出	2 800 000	
贷：应付职工薪酬——工资		30 000 000
——职工福利		600 000
——社会保险费		7 200 000
——住房公积金		3 150 000
——工会经费		600 000
——职工教育经费		450 000

(2) 非货币性福利。

企业以其自产产品作为非货币性福利发放给职工的，应当根据受益对象，按照该产品的公允价值，计入相关资产成本或当期损益，同时确认应付职工薪酬，借记“管理费用”“生产成本”“制造费用”等账户，贷记“应付职工薪酬——非货币性福利”账户。

将企业拥有的房屋等资产无偿提供给职工使用的，应当根据受益对象，将该住房每期应计提的折旧计入相关资产成本或当期损益，同时确认应付职工薪酬，借记“管理费用”“生产成本”“制造费用”等账户，贷记“应付职工薪酬——非货币性福利”账户，并且同时借记“应付职工薪酬——非货币性福利”账户，贷记“累计折旧”账户。

租赁住房等资产供职工无偿使用的，应当根据受益对象，将每期应付的租金计入相关资产成本或当期损益，并确认应付职工薪酬，借记“管理费用”“生产成本”“制造费用”等账户，贷记“应付职工薪酬——非货币性福利”账户。

难以认定受益对象的非货币性福利，直接计入当期损益和应付职工薪酬。

【例 9-6】 宏达集团有限公司下属一家家电生产企业，共有职工 100 名，其中 80 名为直接参加生产的职工，20 名为总部管理人员。2024 年 1 月，公司以其生产的每台成本为 800 元的电冰箱作为春节福利发放给每名职工。该型号的电冰箱市场售价为每台 1 000 元，公司适用的增值税税率为 13％。

分析：本例中，应确认的应付职工薪酬＝100×1 000×(1＋13％)＝113 000(元)，其中，应记入“生产成本”账户的金额＝80×1 000×(1＋13％)＝90 400(元)，应记入“管理费用”账户的金额＝20×1 000×(1＋13％)＝22 600(元)

有关会计处理如下：

借：生产成本　　90 400
　　管理费用　　22 600
　　贷：应付职工薪酬——非货币性福利　　113 000

【例 9-7】 宏达集团有限公司为总部各部门经理级别以上的领导提供汽车免费使用，同时为副总裁以上高级管理人员每人租赁一套住房。总部共有部门经理以上职工 10 名，每人提供汽车免费使用，假定每辆汽车每月计提折旧 1 000 元；该公司共有副总裁以上高级管理人员 5 名，公司为其每人租赁一套带有家具和电器的公寓，月租金为每套 8 000 元。

有关会计处理如下：

借：管理费用　　40 000
　　贷：应付职工薪酬——非货币性福利　　40 000
借：应付职工薪酬——非货币性福利　　10 000
　　贷：累计折旧　　10 000

2. 发放职工薪酬

(1) 货币性质的职工薪酬。

支付货币性质的职工薪酬时，借记“应付职工薪酬”账户，贷记“银行存款”“库存现金”等账户；企业从应付职工薪酬中扣还的各种款项（代垫的家属药费、水电费、个人所得税等），借记“应付职工薪酬”账户，贷记“银行存款”“库存现金”“其他应收款”“应交税费——应交个人所得税”等账户。

【例 9-8】 宏达集团有限公司根据工资结算汇总表结算本月应付职工工资总额 500 万元，代扣职工水电费 100 万元，代扣个人所得税 100 万元，实发工资 300 万元。

有关会计处理如下：

①向银行提取现金。

借：库存现金　　3 000 000
　　贷：银行存款　　3 000 000

②发放工资，代扣款项。

借：应付职工薪酬——工资　　5 000 000
　　贷：库存现金　　3 000 000
　　　　其他应收款　　1 000 000
　　　　应交税费——应交个人所得税　　1 000 000

(2) 非货币性质的职工薪酬。

企业向职工食堂、职工医院、生活困难职工等支付职工福利费时，借记“应付职工薪酬——职工福利”账户，贷记“银行存款”“库存现金”等账户。

企业以自产产品作为职工薪酬发放给职工时，应确认主营业务收入，借记“应付职工薪酬——非货币性福利”账户，贷记“主营业务收入”账户，同时结转相关成本，涉及增值税销项税额的，还应进行相应的处理。

企业支付租赁住房等资产供职工无偿使用所发生的租金，借记“应付职工薪酬——非货币性福利”账户，贷记“银行存款”等账户。

【例 9-9】 宏达集团有限公司为增值税一般纳税人，其自产产品被集体福利部门领用，该批产品成本为 8 万元，市场售价为 10 万元，增值税税率为 13%。

有关会计处理如下：

借：应付职工薪酬——非货币性福利　93 000
　贷：库存商品　80 000
　　应交税费——应交增值税（销项税额）　13 000

①假若企业将该批产品发给职工个人，有关会计处理如下：

借：应付职工薪酬——非货币性福利　113 000
　贷：主营业务收入　100 000
　　应交税费——应交增值税（销项税额）　13 000
借：主营业务成本　80 000
　贷：库存商品　80 000

②假若该批产品系外购取得，采购成本为8万元，企业将其发给职工个人。有关会计处理如下：

A. 购入时。

借：库存商品　80 000
　应交税费——应交增值税（进项税额）　10 400
　贷：银行存款　90 400

B. 发放时。

借：应付职工薪酬——非货币性福利　90 400
　贷：库存商品　80 000
　　应交税费——应交增值税（进项税额转出）　10 400

或者可以将购入发放分录合并为：

借：应付职工薪酬——非货币性福利　90 400
　贷：银行存款　90 400

本章习题

一、简答题

1. 流动负债包含的内容有哪些？
2. 流动负债的特征是什么？
3. 应付票据的种类有哪些？各自核算有何不同？
4. 应付职工薪酬核算的内容是什么？
5. 应交税费核算的内容是什么？
6. 不同部门（不同项目）应付职工薪酬应如何核算？
7. 应交税费确认的条件（纳税义务发生的时间）是什么？

二、实训题

A公司为一般纳税企业，适用的增值税税率为13%。A公司于2022年1月1日从银行借入专门借款400万元用于购建生产经营用固定资产，借款期限为3年，年利率为5%，到期一次还本分期付息。次年1月6日支付利息。所借款项已存入银行。A公司用该借款于当日购买需要安装的设备一台，价款300万元，增值税额为39万元，该设备已于当日投入安装并支付安装费用100万元。2023年12月31日安装完毕达到预定可以使用状态。该固定资产预计使用10年，预计净残值为5万元。采用双倍余额递减法计算折旧。

要求：编制A公司上述经济业务的会计分录。

第十章

长期负债

学习要点

1. 长期借款的定义，长期借款在各个时期的会计处理。
2. 应付债券的种类。
3. 一般公司债券发行时、持续期间、偿还时的会计处理。
4. 可转换公司债券的含义及其会计处理。
5. 借款费用、借款的含义及种类，借款费用资本化及费用的确定与核算。

第一节 长期借款的核算

一、长期借款的定义

长期借款是指企业从银行或其他金融机构借入的期限在 1 年以上（不含 1 年）的借款。

二、长期借款的会计处理

企业应设置“长期借款”账户，并按贷款单位和贷款种类，分别以“本金”“利息调整”“应计利息”账户进行明细核算。

1. 取得

企业借入各种长期借款，按实际收到的款项，借记“银行存款”账户，贷记“长期借款——本金”账户；按其差额，借记“长期借款——利息调整”账户。

2. 计提利息

（1）分次付息。

在资产负债表日，企业应按长期借款的摊余成本和实际利率计算确定的长期借款的利息费用，借记“在建工程”“财务费用”“制造费用”等账户；按借款本金和合同利率计算确定的应付未付利息，贷记“应付利息”账户；按其差额，贷记“长期借款——利息调整”账户。

（2）一次还本付息。

在资产负债表日，企业应按长期借款的摊余成本和实际利率计算确定的长期借款的利息费用，借记“在建工程”“财务费用”“制造费用”等账户；按借款本金和合同利率计算确定的应付未付利息，贷记“长期借款——应计利息”账户；按其差额，贷记“长期借款——利息调整”账户。

3. 支付利息

（1）分次付息。

支付利息时，借记“应付利息”账户，贷记“银行存款”账户。

（2）一次还本付息。

支付利息时，借记“长期借款——应计利息”账户，贷记“银行存款”账户。

4. 偿还

企业到期归还长期借款，按归还的长期借款本金，借记“长期借款——本金”账户；按实际归还的款项，贷记“银行存款”账户。

三、举例

【例 10-1】 宏远股份有限公司为建造办公楼一幢，于 2022 年 1 月 1 日借入 2 年期限的长期专门借款 1 500 000 元，款项已存入银行。借款利率按市场利率确定为 9%，每年付息一次，期满后一次还清本金。2022 年年初，该公司以银行存款支付工程价款共计 900 000 元，2023 年年初，以银行存款支付工程费用 600 000 元。该厂房建造工程于 2023 年年底完工，达到预定可使用状态。假定不考虑闲置专门借款资金存款的利息收入或者投资收益。

其会计处理如下：

（1）2022 年 1 月 1 日取得借款。

借：银行存款　　1 500 000

　　贷：长期借款——本金　　1 500 000

（2）2022 年年初支付工程款。

借：在建工程——办公楼　　900 000

　　贷：银行存款　　900 000

（3）2022 年 12 月 31 日，计算 2022 年应计入工程成本的利息费用。

借款利息＝1 500 000×9%＝135 000（元）

借：在建工程——办公楼　　135 000

　　贷：应付利息　　135 000

（4）2022 年 12 月 31 日支付借款利息。

借：应付利息　　135 000

　　贷：银行存款　　135 000

（5）2023 年年初支付工程款。

借：在建工程——办公楼　　600 000

　　贷：银行存款　　600 000

（6）2023 年年底工程达到预定可使用状态。

该期应计入工程成本的利息＝1 500 000×9%＝135 000（元）

借：在建工程——办公楼　　135 000

　　贷：应付利息　　135 000

同时，

借：固定资产——办公楼　　1 770 000

　　贷：在建工程——办公楼　　1 770 000

（7）2023 年 12 月 31 日支付利息。

借：应付利息　　135 000

　　贷：银行存款　　135 000

（8）2024 年 1 月 1 日偿还本金。

借：长期借款——本金　　1 500 000

　　贷：银行存款　　1 500 000

第二节 应付债券的核算

一、应付债券的定义

应付债券是指企业为筹集长期资金，根据国家有关规定在符合条件的前提下实际发行的债券及应付的利息，它是企业筹集长期资金的一种重要方式。企业发行债券的价格受同期银行存款利率的影响较大，一般情况下，企业可以按面值发行、溢价发行和折价发行债券。具体可以发行一般公司债券、可转换公司债券。

二、一般公司债券

企业发行的一年期以上的债券部分属于长期负债。企业应设置“应付债券”账户，并分别通过“应付债券——面值”明细账户反映发行债券的面值，“应付债券——利息调整”明细账户反映面值与实际发行价之间的差额，“应付债券——应计利息”明细账户反映一次还本付息债券计提的利息。

1.债券的发行

（1）发行的方式。

①平价发行。当债券的票面利率与市场利率相同时，可按票面价值的价格发行。

②溢价发行。其他条件不变，当债券的票面利率高于市场利率时，可按超过债券票面价值的价格发行。溢价是企业以后各期多付利息而事先得到的补偿。

③折价发行。如果债券的票面利率低于市场利率，可按低于债券票面价值的价格发行。折价是企业以后各期少付利息而预先给投资者的补偿。

溢价或折价实质上是发行债券企业在债券存续期内对利息费用的一种调整。

（2）账务处理。

无论是平价发行，还是溢价发行或折价发行，企业均应按实际收到的款项，借记“银行存款”账户；按债券票面价值，贷记“应付债券——面值”账户；按实际收到的款项与票面价值之间的差额，贷记或借记“应付债券——利息调整”账户（注意：发行债券的发行费用应计入发行债券的初始成本，反映在“应付债券——利息调整”明细账户中）。

借：银行存款
　　应付债券——利息调整（差额）
　　贷：应付债券——面值（债券面值）
　　　　　　　——利息调整（差额）

2.利息调整的摊销

资产负债表日，企业应在债券存续期间内采用实际利率法进行利息调整，摊销发行时产生的差额。

（1）分期付息、一次还本的债券。

对于分期付息、一次还本的债券，企业应按应付债券的摊余成本和实际利率计算确定的债券利息费用，按照受益对象借记“在建工程”“制造费用”“财务费用”等账户；按面值和票面利率计算确定的应付未付利息，贷记“应付利息”账户；按其差额，借记或贷记“应付债券——利息调整”账户。

（2）一次还本付息的债券。

对于一次还本付息的债券，企业应按摊余成本和实际利率计算确定的债券利息费用，按照受益对象借记“在建工程”“制造费用”“财务费用”等账户；按面值和票面利率计算确定的应付未付利息，贷记“应付债券——应计利息”账户；按其差额，借记或贷记“应付债券——利息调整”账户。

3. 利息的支付

（1）分期付息、一次还本的债券。

采用分期付息、一次还本方式的，在每期支付利息时，借记“应付利息”账户，贷记“银行存款”账户。

（2）一次还本付息的债券。

采用一次还本付息方式的，企业应于债券到期支付债券利息时，借记“应付债券——应计利息”账户，贷记“银行存款”账户。

4. 债券的偿还

债券到期偿还本金时，借记“应付债券——面值”账户，贷记“银行存款”账户。

【例 10-2】 2020 年 1 月 1 日，宏达集团有限公司为建设一栋办公楼而发行 5 年期一次还本、分期付息的公司债券 1 000 万元，面值 1 250 万元，债券利息在每年 12 月 31 日支付，票面利率为年利率 4.72%。

分析：公司该批债券的实际利率为 r，则

$$1\,250\times4.72\%\times(P/A,r,5)+1\,250\times(P/F,r,5)=1\,000,$$

采用插值法，计算得出 $r=10\%$，

公司根据上述资料，采用实际利率法和摊余成本计算确定的利息费用，如表 10-1 所示。

表 10-1 利息费用

单位：万元

年份	期初摊余成本①	实际利息费用②=①×10%	现金流出③=1 250×4.72%	期末摊余成本余额④=①+②−③
2020	1 000	100	59	1 041
2021	1 041	104	59	1 086
2022	1 086	109	59	1 136
2023	1 136	114	59	1 191
2024	1 191	118*	1 250+59	0

注：*尾数调整 1 250+59−1 191=118。

根据表 10-1 的资料，公司的会计处理如下：

（1）2020 年 1 月 1 日发行债券。

借：银行存款　　10 000 000

　　应付债券——利息调整　　2 500 000

　　贷：应付债券——面值　　12 500 000

（2）2020 年 12 月 31 日计算利息费用。

借：在建工程　　1 000 000

　　贷：应付利息　　590 000

　　　　应付债券——利息调整　　410 000

（3）2020 年 12 月 31 日支付利息。

借：应付利息　　590 000

　　贷：银行存款　　590 000

2021 年至 2024 年确认利息费用的会计分录与 2020 年相同，金额与利息费用一览表的对应金额一致。

（4）2024 年 12 月 31 日归还债券本金。

借：应付债券——面值　　12 500 000

　　贷：银行存款　　12 500 000

三、可转换公司债券

1. 可转换公司债券的定义

可转换公司债券的全称是可转换为股票的公司债券，是指发行人依照法定程序发行，在一定期限内依照约定的条件可以转换为股票的公司债券，既含有负债成分，又含有权益成分。我国发行可转换公司债券采取记名式无纸化发行方式。

2. 可转换公司债券的账务处理

根据《企业会计准则第 37 号——金融工具列报》的规定，企业发行的可转换公司债券应当在初始确认时将其负债成分和权益成分进行分拆，分别进行处理。

企业应设置“应付债券——可转换公司债券——面值”账户反映可转换公司债券的面值，“应付债券——可转换公司债券——利息调整”账户反映可转换公司债券负债部分的价值与其面值之间的差额，“资本公积——其他资本公积”账户反映可转换公司债券权益部分的价值。

（1）发行时分拆账面价值。

企业在进行分拆时，应当首先确定负债成分的公允价值并以此作为其初始确认金额，确认为应付债券。负债成分的公允价值是合同规定的未来现金流量按一定利率（利率是在市场上具有可比信用等级并在相同条件下提供几乎相同现金流量，但不具有转换权的工具的适用利率）计算的现值。

其次，按照该可转换公司债券整体的发行价格扣除负债成分初始确认金额后的金额确定权益成分的初始确认金额，确认为资本公积。

最后，可转换公司债券发生的交易费用，应当在负债成分和权益成分之间按照其初始确认金额的相对比例进行分摊。

企业应按实际收到的款项，借记“银行存款”等账户；按可转换公司债券包含的负债成分面值，贷记“应付债券——可转换公司债券——面值”账户，可转换公司债券负债部分的价值与其面值之间的差额，借记或贷记“应付债券——可转换公司债券——利息调整”账户；按权益成分的价值，贷记“资本公积——其他资本公积”账户。

（2）持续期间。

在转换为股份前，其会计处理与一般公司债券相同，可转换公司债券的负债成分，在转换为股份前，即按照摊余成本和实际利率确认利息费用，按照面值和票面利率确认应付债券应计利息或者应付利息，差额摊销“利息调整”金额。

（3）转换债券。

可转换公司债券转换为股票时，按可转换公司债券的余额，借记“应付债券——可转换公司债券——面值”账户，借记或贷记“应付债券——可转换公司债券——利息调整”账户；按其权益成分的金额，借记“资本公积——其他资本公积”账户；按股票面值和转换的股数计算的股票面值总额，贷记“股本”账户，按其差额，贷记“资本公积——股本溢价”账户。不足一股时可以支付现金，贷记“库存现金”“银行存款”等账户。

第三节　借款费用的核算

一、借款费用概述

1. 借款费用的范围

借款费用是企业因借入资金所付出的代价，包括借款利息、折价或者溢价的摊销、辅助费用以及因外币借款而发生的汇兑差额等。对于企业发生的权益性融资费用，不应包括在借款费用中。承租人根据《企业会计准则第 21 号——租赁》所确认的融资租赁发生的融资费用属于借款费用。

（1）利息借款。

因借款而发生的利息包括企业向银行或者其他金融机构等借入资金发生的利息、发行公司债券发生的利息，以及为购建或者生产符合资本化条件的资产而发生的带息债务所承担的利息等。

（2）折价或溢价的摊销。

因借款而发生的折价或者溢价主要是指发行债券等所发生的折价或者溢价，发行债券中的折价或者溢价，其实质是对债券票面利息的调整（即将债券票面利率调整为实际利率），属于借款费用的范畴。例如，某公司发行公司债券，每张公司债券票面价值为 1 000 元，票面年利率为 6%，期限为 4 年，而同期市场利率为年利率 8%，由于公司债券的票面利率低于市场利率，为成功发行公司债券，该公司采取了折价发行的方式，折价金额在实质上是用于补偿投资者在购入债券后所收到的名义利息上的损失，应当作为以后各期利息费用的调整额。

（3）辅助费用。

辅助费用是指企业在借款过程中发生的诸如手续费、佣金、印刷费等费用，由于这些费用是因安排借款而发生的，也属于借入资金所付出的代价，是借款费用的构成部分。

（4）汇兑差额。

汇兑差额是由于汇率变动导致市场汇率与账面汇率出现差异，从而对外币借款本金及其利息的记账本位币金额所产生的影响金额。由于汇率的变化往往和利率的变化相连，它是企业外币借款所需承担的风险，因此，因外币借款相关汇率变化所导致的汇兑差额属于借款费用的有机组成部分。

2. 借款的分类

（1）专门借款。

专门借款通常有明确的用途，为购建或者生产某项符合资本化条件的资产而专门借入的，并通常应当具有标明该用途的借款合同。

（2）一般借款。

一般借款是指除专门借款之外的借款，一般借款在借入时没有特指用于符合资本化条件的资产的购建或者生产。

3. 符合资本化条件的资产

符合资本化条件的资产是指需要经过相当长时间（通常为1年及1年以上）的购建或者生产活动才能达到预定可使用或者可销售状态的固定资产、无形资产、投资性房地产和存货（存货主要包括房地产开发企业开发的用于对外出售的房地产开发产品、企业制造的用于对外出售的大型机械设备等，这类存货通常需要经过相当长时间的建造或者生产过程，才能达到预定可销售状态）等资产。

二、借款费用资本化期间

根据借款费用准则的规定，企业只有发生在资本化期间内的有关借款费用，才允许资本化。借款费用资本化期间，是指从借款费用开始资本化时点到停止资本化时点的期间，但不包括借款费用暂停资本化的期间（此期间借款费用应该费用化）。

1. 借款费用开始资本化的时点

借款费用同时满足下列条件的，才能开始资本化。

（1）资产支出已经发生。

资产支出包括为购建或者生产符合资本化条件的资产而以支付现金、转移非现金资产或者承担带息债务形式发生的支出。支付现金是指用货币资金支付符合资本化条件的资产的购建或者生产支出。转移非现金资产是指企业将自己的非现金资产直接用于符合资本化条件的资产的购建或者生产。承担带息债务是指企业为了购建或者生产符合资本化条件的资产所需用物资等而承担的带息应付款项。需要注意的是，企业以赊购方式购买这些物资所产生的债务可能带息，也可能不带息。如果企业赊购这些物资承担的是不带息债务，就不应当将购买价款计入资产支出，因为该债务在偿付前不需要承担利息，也没有占用借款资金。企业只有等到实际偿付债务，发生了资源流出时，才能将其作为资产支出。如果企业赊购物资承担的是带息债务，则企业要为这笔债务付出代价、支付利息，与企业向银行借入款项用以支付资产支出在性质上是一致的。所以，企业为购建或者生产符合资本化条件的资产而承担的带息债务应当作为资产支出，当该带息债务发生时，视同资产支出已经发生。

（2）借款费用已经发生。

借款费用已经发生是指企业因购建或者生产符合资本化条件的资产而专门借入款项的借款费用或者所占用的一般借款的借款费用已经发生。例如，某公司为了建造一项符合资本化条件的固定资产，使用自有资金购置了工程物资，该固定资产也已经开始动工兴建，但专门借款资金尚未到位，也没有占用一般借款资金，因此不允许开始借款费用的资本化。

（3）为使资产达到预定可使用或者可销售状态所必要的购建或者生产活动已经开始。

为使资产达到预定可使用或者可销售状态所必要的购建或者生产活动已经开始，是指符合资本化条件的资产的实体建造或者生产工作已经开始，如厂房的实际开工建造、无形资产的开发、船舶的建造等。企业仅仅持有资产，但没有发生为改变该资产形态而进行的实质上建造或者生产活动的，不符合上述条件。例如，某公司为了建设办公楼购置了建筑用地，但是尚未开工兴建房屋。因此，在这种情况下，即使该公司为了购置建筑用地已经发生了支出，也不应当将其认为为使资产达到预定可使用状态所必要的购建活动已经开始。

2. 借款费用暂停资本化的时点

符合资本化条件的资产在购建或者生产过程中发生非正常中断，且中断时间连续超过 3 个月的，应当暂停借款费用的资本化。中断的原因必须是非正常中断，属于正常中断的，相关借款费用仍可资本化。在实务中，企业应当遵循“实质重于形式”等原则来判断借款费用暂停资本化的时间，如果相关资产购建或者生产的中断时间较长而且满足其他规定条件的，相关借款费用应当暂停资本化。

（1）正常中断。

正常中断是由于购建或者生产符合资本化条件的资产达到预定可使用或者可销售状态所必要的程序，或者事先可预见的不可抗力因素导致的中断。例如，某些工程建造到一定阶段必须暂停下来进行质量或者安全检查，检查通过后才可继续下一阶段的建造工作，这类中断是在施工前可以预见的，而且是工程建造必须经过的程序，属于正常中断。某些地区的工程在建造过程中，由于可预见的不可抗力因素（如雨季或冰冻季节等原因）导致施工出现停顿，也属于正常中断。

（2）非正常中断。

非正常中断，通常是由于企业管理决策上的原因或者其他不可预见的原因等所导致的中断。例如，企业因与施工方发生了质量纠纷，或者工程、生产用料没有及时供应，或者资金周转发生了困难，或者施工、生产发生了安全事故，或者发生了与资产购建、生产有关的劳动纠纷等，导致资产购建或者生产活动发生中断，均属于非正常中断。

3. 借款费用停止资本化的时点

购建或者生产符合资本化条件的资产达到预定可使用或者可销售状态时，借款费用应当停止资本化。在符合资本化条件的资产达到预定可使用或者可销售状态之后所发生的借款费用，应当在发生时根据其发生额确认为费用，计入当期损益。

购建或者生产符合资本化条件的资产达到预定可使用或者可销售状态，可从图 10-1 中进行判断。

（1）符合资本化条件的资产的实体建造（包括安装）或者生产工作已经全部完成或者实质上已经完成。

（2）所购建或者生产的符合资本化条件的资产与设计要求、合同规定或者生产要求相符或者基本相符，即使有极个别与设计、合同或者生产要求不相符的地方，也不影响其正常使用或者销售。

（3）继续发生在所购建或生产的符合资本化条件的资产上的支出金额很少或者几乎不再发生。

购建或者生产符合资本化条件的资产需要试生产或者试运行的，在试生产结果表明资产能够正常生产出合格产品，或者试运行结果表明资产能够正常运转或者营业时，应当认为该资产已经达到预定可使用或者可销售状态。

购建或者生产的符合资本化条件的资产的各部分分别完工，且每部分在其他部分继续建造过程中可供使用或者可对外销售，且为使该部分资产达到预定可使用或可销售状态所必要的购建或者生产活动实质上已经完成的，应当停止与该部分资产相关的借款费用的资本化。购建或者生产的资产的各部分分别完工，但必须等到整体完工后才可使用或者可对外销售的，应当在该资产整体完工时停止借款费用的资本化。

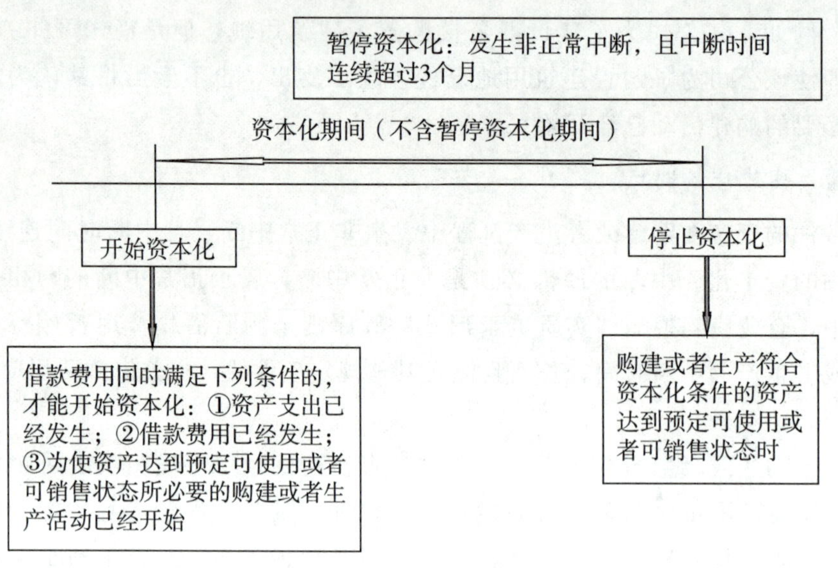

图 10-1　判断方法

三、借款费用的计量

由于借款费用包括借款利息、折价或者溢价的摊销、辅助费用以及因外币借款而发生的汇兑差额等，因此，分别从下列几个方面来核算。

1. 利息资本化金额的确定

在借款费用资本化期间内，每一会计期间的利息（包括折价或溢价的摊销）资本化金额，应当按照下列规定确定。

(1) 专门借款资本化金额。

在资本化期间内，为购建或者生产符合资本化条件的资产而借入专门借款的，应当以专门借款当期实际发生的利息费用，减去将尚未动用的借款资金存入银行取得的利息收入或进行暂时性投资取得的投资收益后的金额确定，即资本化金额＝利息支出－利息收入。

【例 10-3】　宏达集团有限公司为建造厂房于 2023 年 4 月 1 日从银行借入 1 000 万元专门借款，借款期限为 2 年，年利率为 6%，不考虑借款手续费。该项专门借款在银行的存款年利率为 3%。2023 年 7 月 1 日，宏达集团有限公司采取出包方式委托乙公司为其建造该厂房，并预付了 500 万元工程款，厂房实体建造工作于当日开始。该工程因发生施工安全事故于 2023 年 8 月 1 日至 9 月 30 日中断施工，10 月 1 日恢复正常施工，至年末工程尚未完工。该项厂房建造工程在 2023 年度应予资本化的利息金额为多少？

分析：由于工程于 2023 年 8 月 1 日至 9 月 30 日发生停工，这样能够资本化的期间为 2 个月。

2023 年度应予资本化的利息金额＝1 000×6%×6÷12－500×3%×6÷12＝22.5（万元）。

（2）一般借款资本化金额。

在资本化期间内，为购建或者生产符合资本化条件的资产而占用了一般借款的，企业应当根据累计资产支出超过专门借款部分的资产支出加权平均数乘以所占用一般借款的资本化率，计算确定一般借款应予资本化的利息金额。资本化率应当根据一般借款加权平均利率计算确定。其相关计算公式如下：

资本化金额＝累计资产支出超过专门借款部分的资产支出加权平均数×所占用一般借款的资本化率

所占用一般借款的资本化率＝所占用一般借款加权平均利率

＝所占用一般借款当期实际发生的利息之和÷所占用一般借款本金加权平均数

所占用一般借款本金加权平均数＝∑（所占用每笔一般借款本金×每笔一般借款在当期所占用的天数÷当期天数）

【例 10-4】 甲公司于 2022 年 1 月 1 日借入专门借款 1 000 万元，年利率为 6%，2 年期；于同年 11 月 1 日借入专门借款 500 万元，年利率为 8%，1 年期。公司于 2022 年 4 月 1 日正式动工兴建一幢办公楼，工期预计为 1 年零 3 个月，分别于 2022 年 4 月 1 日支付工程进度款 600 万元、2022 年 11 月 1 日支付工程进度款 500 万元，2022 年 12 月 31 日支付工程进度款 400 万元。假设闲置借款资金未进行短期投资。办公楼于 2023 年 6 月 30 日完工，达到预定可使用状态。工程于 2022 年 6 月 1 日至 10 月 31 日发生非正常中断。确定该公司的借款资本化金额。

分析：①确定借款费用资本化期间为 2022 年 4 月 1 日至 5 月 31 日和 2022 年 11 月 1 日至 2023 年 6 月 30 日。

②计算在资本化期间内专门借款实际发生的利息金额：

2022 年专门借款发生的利息金额＝1 000×6%×4÷12＋500×8%×2÷12＝26.7(万元)

2023 年 1 月 1 日至 6 月 30 日专门借款发生的利息金额＝1 000×6%×6÷12＋500×8%×6÷12＝50(万元)

③有关会计处理如下：

2022 年 12 月 31 日：

借：在建工程　　267 000

　　贷：应付利息　　267 000

2023 年 6 月 30 日：

借：在建工程　　500 000

　　贷：应付利息　　500 000

企业在购建或者生产符合资本化条件的资产时，如果专门借款资金不足，占用了一般借款资金的，或者企业为购建或者生产符合资本化条件的资产并没有借入专门借款，而占用的都是一般借款资金，则企业应当根据为购建或者生产符合资本化条件的资产而发生的累计资产支出超过专门借款部分的资产支出加权平均数乘以所占用一般借款的资本化率，计算确定一般借款应予资本化的利息金额。资本化率应当根据一般借款加权平均利率计算确定。如果符合资本化条件的资产的购建或者生产没有借入专门借款，则应以累计资产支出加权平均数为基础计算所占用的一般借款利息资本化金额。即企业占用一般借款资金购建或者生产符合资本化条件的资产时，一般借款的借款费用的资本化金额的确定应当与资产支出相挂钩。

2.借款辅助费用资本化金额的确定

辅助费用是企业为了安排借款而发生的必要费用，包括借款手续费（如发行债券手续费）、佣金等。如果企业不发生这些费用，就无法取得借款，因此辅助费用是企业借入款项所付出的一种代价，是借款费用的有机组成部分。

（1）专门借款发生的辅助费用。

专门借款发生的辅助费用，在所购建或者生产的符合资本化条件的资产达到预定可使用或者可销售状态之前发生的，应当在发生时根据其发生额予以资本化，计入符合资本化条件的资产的成本；在所购建或者生产的符合资本化条件的资产达到预定可使用或者可销售状态之后发生的，应当在发生时根据其发生额确认为费用，计入当期损益。

资本化和计入当期损益的辅助费用的金额，应根据《企业会计准则第 22 号——金融工具确认和计量》，按照实际利率法确定金融负债交易费用对每期利息费用的调整额。借款实际利率与合同利率差异较小的，也可以采用合同利率计算确定利息费用。

（2）一般借款发生的辅助费用。

一般借款发生的辅助费用，应当在发生时根据其发生额确认为费用，计入当期损益。

（3）金融负债交易费用。

辅助费用的发生将导致相关借款实际利率的上升，从而需要对各期利息费用作相应调整，在确定借款辅助费用资本化金额时可以结合借款利息资本化金额一起计算，其会计处理也应当保持一致。

根据《企业会计准则第 22 号——金融工具确认和计量》的规定，除以公允价值计量且其变动计入当期损益的金融负债之外，其他金融负债相关的交易费用应当计入金融负债的初始确认金额。为购建或者生产符合资本化条件的资产的专门借款或者一般借款，通常属于除以公允价值计量且其变动计入当期损益的金融负债之外的其他金融负债。因此，对于这些金融负债所发生的辅助费用需要计入借款的初始确认金额，即抵减相关借款的初始金额，从而影响以后各期实际利息的计算。

四、外币专门借款汇兑差额资本化金额的确定

当企业为购建或者生产符合资本化条件的资产所借入的专门借款为外币借款时，由于企业取得外币借款日、使用外币借款日和会计结算日往往并不一致，而外汇汇率又在随时发生变化，外币借款会产生汇兑差额。在资本化期间内，外币专门借款本金及利息的汇兑差额，应当予以资本化，计入符合资本化条件的资产的成本。

【例 10-5】 A 公司于 2022 年 1 月 1 日，为建造某工程项目专门以面值发行美元公司债券 5 000 万元，期限为 2 年，年利率为 6%，不考虑与发行债券有关的辅助费用、未支出专门借款的利息收入或投资收益。合同约定，每年 1 月 1 日支付当年利息，到期还本。

工程于 2022 年 1 月 1 日开始实体建造，2023 年 6 月 30 日完工，达到预定可使用状态。

公司的记账本位币为人民币，外币业务采用外币业务发生时当日的市场汇率折算。相关汇率（假定）如下：

2022 年 1 月 1 日，市场汇率为 1 美元＝7.4 元人民币；

2022 年 12 月 31 日，市场汇率为 1 美元＝7.5 元人民币；

2023 年 1 月 1 日，市场汇率为 1 美元＝7.6 元人民币；

2023 年 6 月 30 日，市场汇率为 1 美元＝7.7 元人民币。

分析：本例中，公司计算外币借款汇兑差额资本化金额如下（会计分录中金额单位为元）。

（1）计算 2022 年汇兑差额资本化金额。

①债券应付利息＝5 000×6%×7.5＝300×7.5＝2 250（万元）

其会计处理如下：

借：在建工程　　22 500 000

　　贷：应付利息　　22 500 000

②外币债券本金及利息汇兑差额＝5 000×(7.5－7.4)＋5 000×6%×(7.5－7.4)

＝500＋30＝530(万元)

其会计处理如下：

借：在建工程　　5 300 000

　　贷：应付债券　　5 300 000

（2）2023 年 1 月 1 日实际支付利息时，应当支付 300 万美元，折算成人民币为 2 280 万元。该金额与原账面金额 2 250 万元之间的差额 30 万元应当继续予以资本化，计入在建工程成本。

其会计处理如下：

借：应付利息　　22 500 000

　　在建工程　　300 000

　　贷：银行存款　　22 800 000

（3）计算 2023 年 6 月 30 日汇兑差额资本化金额。

①债券应付利息＝5 000×6%×1/2×7.7＝150×7.7＝1 155（万元）

其会计处理如下：

借：在建工程　　11 550 000

　　贷：应付利息　　11 550 000

②外币债券本金及利息汇兑差额＝5 000×(7.7－7.6)＋150×(7.7－7.6)

＝500＋15＝515(万元)

其会计处理如下：

借：在建工程　　5 150 000

　　贷：应付债券　　5 150 000

本章习题

一、简答题

1. 长期借款的定义是什么？
2. 应付债券的种类有哪些？
3. 债券的发行方式有哪些？
4. 可转换公司债券的含义是什么？

5. 借款费用核算的内容有哪些?

6. 可转换公司债券的转换方式、会计处理如何?

7. 借款费用资本化、费用化的条件及会计处理如何?

二、实训题

甲上市公司经批准于2021年1月1日按每份面值100元发行了1 000 000份5年期一次还本付息的可转换公司债券，共计100 000 000元，款项已收存银行，债券票面年利率为6%。债券发行1年后可转换为甲上市公司普通股股票，转股时每份债券可转10股，股票面值为每股1元。假定2022年1月1日债券持有人将持有的可转换公司债券全部转换为甲上市公司普通股股票。甲上市公司发行可转换公司债券时二级市场上与之类似的没有转换权的债券市场利率为9%。该可转换公司债券发生的利息费用不符合资本化条件。

要求：编制甲上市公司有关该可转换公司债券的会计分录。

第十一章

所有者权益

学习要点

1. 所有者权益的含义及其基本构成。
2. 实收资本和股本增减变动的会计处理。
3. 法定盈余公积金的提取方法及相关会计处理。
4. 未分配利润的核算。

第一节 认识所有者权益

一、所有者权益的含义和确认条件

1. 所有者权益的含义

所有者权益是指企业资产扣除负债后，由所有者享有的剩余权益。

公司的所有者权益又称股东权益。

所有者权益反映了所有者对企业资产剩余的索取权，是企业资产中扣除债权人权益后应由所有者享有的部分。

2. 所有者权益的确认条件

由于所有者权益体现的是所有者在企业中的剩余权益，因此，所有者权益的确认主要依赖于其他会计要素，尤其是资产和负债的确认；所有者权益金额的确定也主要取决于资产和负债的计量。例如，企业接受投资者投入的资产，在该资产符合企业资产确认条件时，也相应地符合了所有者权益的确认条件。

二、所有者权益的分类

1. 按来源构成分类

所有者权益按其来源，主要包括所有者投入的资本、直接计入所有者权益的利得和损失、留存收益等。

（1）所有者投入的资本。

所有者投入的资本是指所有者以货币和其他形式投入企业的资本。

所有者投入的资本既包括构成企业注册资本或者股本部分的金额，也包括投入资本超过注册资本或者股本部分的金额，即资本溢价或者股本溢价。这部分投入资本在我国企业会计准则体系中被计入资本公积，并在资产负债表中的资本公积项目下反映。

（2）直接计入所有者权益的利得和损失。

直接计入所有者权益的利得和损失是指不应计入当期损益、会导致所有者权益发生增减变动的、与所有者投入资本或者向所有者分配利润无关的利得或者损失。

利得是指由企业非日常活动所形成的、会导致所有者权益增加的、与所有者投入资本无关的经济利益的流入。

损失是指由企业非日常活动所发生的、会导致所有者权益减少的、与向所有者分配利润无关的经济利益的流出。

直接计入所有者权益的利得和损失主要包括可供出售金融资产的公允价值变动额、现金流量套期中套期工具利得或损失属于有效套期部分等。

（3）留存收益。

留存收益是企业历年实现的净利润留存于企业的部分，主要包括盈余公积和未分配利润。

2. 按投资主体分类

所有者权益按其投资主体可分为国家股、法人股、个人股和外资股四种。

（1）国家股。

有权代表国家投资的政府部门或机构，以国有资产投入公司所形成的股份。

（2）法人股。

企业法人以其依法可支配的资产投入公司形成的股份，或具有法人资格的事业单位和社会团体，利用国家允许用于经营的资产，以向公司投资的形式所形成的股份。

（3）个人股。

社会个人或本公司内部职工，以个人合法财产投入公司形成的股份。

上述三种股份都为国内投资主体所拥有，简称 A 股。

（4）外资股。

外资股主要包括外国和我国香港、澳门、台湾地区投资者，以购买人民币特种股票形式，向公司投资形成的股份，也称 B 股；我国有些公司的股份在境外地区或国家证券交易所公开上市的流通股份，如 H 股、N 股等。

这种分类的主要目的在于反映在企业里不同性质的股份所占比重，便于国家进行宏观调控。

三、企业组织形式与所有者权益

1. 企业组织形式

企业组织形式与所有者权益会计核算密切相关。

根据企业经营的法律责任，一般可将企业划分为非公司制企业组织形式和公司制企业组织形式。

（1）非公司制企业组织形式。

非公司制企业组织形式主要包括个人独资企业和合伙企业。

①个人独资企业是指由一个自然人投资，财产为投资人个人所有，投资人以其个人财产对企业债务承担无限责任的经营实体。

②合伙企业是指自然人、法人和其他组织为着共同目的，相互约定共同出资、共同经营、共享收益、共担风险而自愿联合成立的企业。

（2）公司制企业组织形式。

公司是指依法设立的，以盈利为目的，由股东投资形成的企业法人。

根据《中华人民共和国公司法》的规定：公司制企业组织形式包括有限责任公司和股份有限公司。

①有限责任公司是指股东以其认缴的出资额为限对公司承担责任，公司以其全部财产对公司的

债务承担责任的公司。

②股份有限公司是指将公司全部资本分为等额股份，股东以其认购的股份为限对公司承担责任，公司以其全部财产对公司的债务承担责任的公司。

值得注意的是，在现行的企业体系中，我国还存在一种特殊的有限责任公司形式——国有独资公司。

国有独资公司是指由国家授权的机构或者国家授权的部门单独投资设立的有限责任公司。

国有独资公司不设股东会，其重大事项由国家授权的机构或者部门授权的董事会决定。但是其合并、分立、解散、增资和发行债券的事项必须由国家授权的机构或者国家授权的部门批准。

2. 不同企业组织形式下所有者权益的特点

不同的组织形式，对资产和负债的会计处理并无重大影响，但是涉及所有者权益方面的会计处理却不尽相同。

公司组织是当今世界最典型、最广泛的企业组织形式，因此，本书在此仅以公司制企业为代表介绍所有者权益的特点。

（1）有限责任公司所有者权益的基本特点。

有限责任公司的投资者不是单一的，均按照公司章程所规定的出资方式、出资额和出资缴纳期限出资。在有限责任公司形式下，所有者的投入资本通过“实收资本”账户核算。

初建有限责任公司时，各投资者按照合同、协议或公司章程投入企业的资本，应全部记入“实收资本”账户，企业的实收资本应等于企业的注册资本。在企业增资扩股时，如有新投资者介入，新介入的投资者缴纳的出资额大于其按约定比例计算的其在注册资本中所占的份额部分，不记入“实收资本”账户，而作为资本公积，记入“资本公积”账户。

（2）股份有限公司所有者权益的基本特点。

股份有限公司与其他企业相比较，最显著的特点就是将企业的全部资本划分为等额股份，并通过发行股票的方式来筹集资本。股东以其所认购股份对公司承担有限责任。股份是很重要的指标。股票的面值与股份总数的乘积为股本，股本应等于企业的注册资本。

在股份有限责任公司形式下，股东的投入资本在会计核算上应设置“股本”账户。

企业发行股票取得的收入与股本总额往往不一致，公司发行股票取得的收入大于股本总额的，称为溢价发行；小于股本总额的，称为折价发行；等于股本总额的，称为面值发行。我国不允许企业折价发行股票。在采用溢价发行股票的情况下，企业应将相当于股票面值的部分记入“股本”账户，其余部分在扣除发行手续费、佣金等发行费用后记入“资本公积”账户。

（3）国有独资公司所有者权益的基本特点。

国有独资公司是一种特殊的有限责任公司形式，在会计核算上，单独把国有独资公司作为一种类型。这是因为这类企业组建时，所有者投入的资本全部作为实收资本入账。而其他类型的企业，所有者投入的资本不一定全部作为实收资本。国有独资公司不发行股票，不会产生股票溢价发行收入；也不会在追加投资时，为维持一定的投资比例而产生资本公积。

第二节 投入资本的核算

一、实收资本与股本

投资者设立企业首先必须投入资本。

为了反映和监督投资者投入资本的增减变动情况，企业必须按照国家颁布的《企业会计准则》的规定进行实收资本的核算，真实地反映所有者投入企业资本的状况，维护所有者各方在企业的权益。除股份有限公司以外，其他各类企业均应通过“实收资本”账户核算，股份有限公司应通过“股本”账户核算。

企业收到所有者投入企业的资本后，应根据有关原始凭证（如投资清单、银行通知单等），分别按不同的出资方式进行会计处理。

1. 接受现金资产投资的核算

（1）股份有限公司以外的企业接受现金资产投资的核算。

股份有限公司以外的企业在实际收到现金资产时，应按照其出资比例进行会计处理。实收资本的构成比例即投资者的出资比例或股东的股份比例，是确定所有者在企业所有者权益中所占的份额和参与企业财务经营决策的基础，也是企业进行利润分配或股利分配的依据，同时还是企业清算时确定所有者对净资产的要求权的依据。

【例 11-1】 A、B、C 共同投资设立宏达集团有限公司，注册资本为 3 000 000 元，A、B、C 持股比例分别为 50%、30%和 20%。按照公司章程规定，A、B、C 投入资本分别为 1 500 000 元、900 000 元和 600 000 元。宏达集团有限公司已如期收到各投资者一次缴足的款项。

其会计处理如下：

借：银行存款　　3 000 000

　　贷：实收资本——A　　1 500 000

　　　　　　　　——B　　900 000

　　　　　　　　——C　　600 000

（2）股份有限公司接受现金资产投资的核算。

股份有限公司是以发行股票的方式筹集股本的。股票是指企业签发的证明股东按其持有股份享有权利和承担义务的书面证明。由于股东按其所持股份比例享有权利和承担义务，为了便于反映和计算各股东所持股份占企业全部股本的比例，企业的股本总额按股票的面值与股份总数的乘积计算确定。股份有限公司发行股票时，既可以按面值发行股票，也可以溢价发行（我国目前不允许折价发行）。但是在“股本”账户必须记录股票的面值。股份有限公司在核定的股本总额及核定的股份总额的范围内发行股票时，应在实际收到现金资产时进行会计处理。

【例 11-2】 承例 11-1，假设股票每股面值 1 元，发行价格 6 元。股票发行成功，股票发行收入 60 000 000 元已全部收到（发行过程中的税费等因素忽略）。

其会计处理如下：

应记入“资本公积”账户的金额＝60 000 000－10 000 000＝50 000 000（元）

借：银行存款　60 000 000

　　贷：股本　10 000 000

　　　　资本公积——股本溢价　50 000 000

2. 接受实物投资的核算

当企业接受股东或国家以原材料、固定资产等实物进行投资时，应对接受的实物进行评估，以评估确认的价值作为实收资本入账。

（1）接受原材料投资。

企业接受的原材料投资，其投资额为原材料评估价值（一般包含运杂费。如果投资协议规定运杂费由企业负担，则运杂费应计入原材料价值，但不计入投资额）。企业应根据不含税原材料评估价值，借记“原材料”等账户；根据增值税税额，借记“应交税费——应交增值税（进项税额）”账户；根据原材料全部评估价值，贷记“实收资本”账户。

【例 11-3】　宏达集团有限公司于设立时收到 B 公司作为资本投入的原材料一批，该批原材料投资合同或协议约定价值（不含可抵扣的增值税进项税额部分）为 200 000 元，增值税进项税额为 26 000 元。B 公司已开具了增值税专用发票。假设合同约定的价值与公允价值相符，该进项税额允许抵扣，不考虑其他因素。

其会计处理如下：

借：原材料　200 000

　　应交税费——应交增值税（进项税额）　26 000

　　贷：实收资本——B 公司　226 000

（2）接受固定资产投资。

企业接受的机器设备等投资，其投资额为机器设备等的评估价值（一般包含运杂费。如果投资协议规定运杂费由受资企业负担，则运杂费应计入固定资产价值，但不计入投资额）。机器设备等的原值应根据具体情况确定。投入的机器设备如果为无须安装的机器设备，原值即为不含增值税的评估价值，应借记“固定资产”账户；根据增值税税额，借记“应交税费——应交增值税（进项税额）”账户；根据机器设备的全部评估价值贷记“实收资本”账户。如果为需要安装的机器设备，原值为不含增值税的评估价值与安装费之和，应根据不含增值税的评估价值与安装费借记“在建工程”账户；并根据增值税税额，借记“应交税费——应交增值税（进项税额）”账户；根据机器设备全部评估价值，贷记“实收资本”账户；根据安装费贷记“银行存款”账户。安装工程完工后，借记“固定资产”账户，贷记“在建工程”账户。

【例 11-4】　宏达集团有限公司于设立时收到 A 公司作为资本投入的需要安装的机器设备一台，确认的不含税评估价值为 800 000 元，增值税税额为 104 000 元，投资协议规定运杂费由受资企业负担，受资企业用银行存款实际支付运杂费 2 000 元。该企业收到机器设备后出包安装，用银行存款实际支付安装费 8 000 元。

其会计处理如下：

①收到机器设备。

借：在建工程　802 000

应交税费——应交增值税（进项税额）　104 000

贷：实收资本——A 公司　904 000

银行存款　2 000

②支付安装费。

借：在建工程　8 000

贷：银行存款　8 000

③安装工程完工。

借：固定资产　810 000

贷：在建工程　810 000

3. 接受无形资产投资的核算

企业收到股东或国家以无形资产进行投资时，其投资额为无形资产的评估价值。企业接受无形资产投资时，应借记“无形资产”账户，贷记“实收资本”账户。

【例 11-5】 宏达集团有限公司于设立时收到 C 公司作为资本投入的一项非专利技术，该非专利技术投资合同约定价值为 50 000 元。假设宏达集团有限公司接受该非专利技术符合国家注册资本管理的有关规定，可按合同约定作实收资本入账，合同约定的价值与公允价值相符，不考虑其他因素。

其会计处理如下：

借：无形资产——非专利技术　50 000

贷：实收资本——C 公司　50 000

4. 实收资本（或股本）增减变动的核算

一般情况下，企业的实收资本应相对固定不变，但在某些特定情况下，实收资本也可能发生增减变化。企业的实收资本（或股本），一般情况下不得随意增减，如果有必要增减，应具备一定的条件。

（1）实收资本（或股本）增加的核算。

一般企业增加资本主要有三个途径。一是接受投资者（包括原企业所有者和新投资者）追加投资。企业在实际收到投资者投入的资金时，会计处理中借记“银行存款”“固定资产”“原材料”等账户，贷记“实收资本”等账户。二是资本公积转增资本。核算时，应借记“资本公积”账户，贷记“实收资本”账户。三是盈余公积转增资本。核算时，应借记“盈余公积”账户，贷记“实收资本”账户。

需要注意的是，由于资本公积和盈余公积均属于所有者权益，用其转增资本时，如果是独资企业比较简单，直接结转即可。如果是股份公司或有限责任公司，应该按照原投资者出资比例相应增加各投资者的“实收资本”或“股本”。

（2）实收资本（或股本）减少的核算。

企业实收资本减少的原因大体有两种：一是资本过剩，二是企业发生重大亏损而需要减少实收资本。企业减少实收资本应按法定程序报经批准。

有限责任公司和一般企业实收资本减少的核算比较简单，按减少投资的数额，借记“实收资本”账户，贷记“银行存款”等账户。

股份有限公司由于采用发行股票的方式筹集资本，返还股款时，则要回购发行的股票。股份有限公司因减少注册资本而回购本公司股份的，应按实际支付的金额，借记“库存股”账户，贷记“银行存款”等账户；注销库存股时，按股票面值和注销股数计算的股票面值总额冲减“股本”，按注销库存股的账面余额与所冲减股本的差额冲减“资本公积——股本溢价”，股本溢价不足冲减的，再冲减盈余公积直至未分配利润。如果购回股票支付的价款低于面值总额的，所注销库存股的账面余额与所冲减股本的差额作为增加股本溢价处理。

【例 11-6】 宏达集团有限公司经批准收回该公司面值为 1 元的普通股股票 1 000 000 股，用以减少股本。该股票的发行价格为每股 1.2 元。收回股票的实际价款为 1 300 000 元。

其会计处理如下：

①收回股票。

借：库存股	1 300 000	
贷：银行存款		1 300 000

②注销该公司的股票。

库存股面值＝1×1 000 000＝1 000 000（元）

冲销股本溢价＝（1.2－1）×1 000 000＝200 000（元）

冲销盈余公积＝300 000－200 000＝100 000（元）

借：股本	1 000 000	
资本公积——股本溢价	200 000	
盈余公积	100 000	
贷：库存股		1 300 000

二、资本公积

资本公积是指企业收到投资者的超出其在企业注册资本（或股本）中所占份额的投资，以及直接计入所有者权益的利得和损失等。从形成来源看，资本公积来自两个方面：一方面是投资者投入的资本金额中超过法定资本部分的资本；另一方面是由其他直接计入所有者权益，但不形成实收资本的资产转化而来的。

资本公积包括资本溢价（或股本溢价）和直接计入所有者权益的所得和损失等。资本溢价（或股本溢价），是企业收到投资者的超出其在企业注册资本（或股本）中所占份额的投资。形成资本溢价（或股本溢价）的原因有溢价发行股票、投资者超额缴入资本等。直接计入所有者权益的所得和损失是指不应计入当期损益、会导致所有者权益发生增减变动的、与所有者投入资本或者向所有者分配利润无关的利得或者损失。

企业应当根据资本公积形成的来源不同，分别设置“资本溢价（或股本溢价）”“其他资本公积”账户进行明细核算。

1.资本溢价和股本溢价的核算

（1）资本溢价的核算。

资本溢价的核算除股份有限公司外的其他类型的企业，在企业创立时，投资者认缴的出资额与注册资本一致，一般不会产生资本溢价。但在企业重组或有新的投资者加入时，为了维护原有投资者的权益，新加入的投资者的出资额，未必全部作为实收资本核算，常常会出现资本溢价。因为企业进行正常生产经营中投资者投入的资金即使与企业初创阶段投入的资金在数量上一致，但其获利能力不一致，所以新加入的投资者往往要付出大于原投资者的出资额，才能取得与原投资者相同的出资比例。投资者多缴的部分就形成了资本溢价。

【例 11-7】　宏达集团有限公司由两位投资者各出资 500 000 元。1 年后，为扩大经营规模，经批准，其注册资本增加到 1 500 000 元，并引入第三位投资者加入。按照投资协议，新投资者需缴入现金 600 000 元，同时享有该公司三分之一的股份。宏达集团有限公司已收到该现金投资。

其会计处理如下：

借：银行存款　　600 000

　　贷：实收资本　　500 000

　　　　资本公积——资本溢价　　100 000

（2）股本溢价的核算。

股份有限公司在成立时可能会溢价发行股票，因而在成立之初，就可能会产生股本溢价。股本溢价的数额等于股份有限公司发行股票时实际收到的款额超过股票面值总额的部分。在按面值发行股票的情况下，企业发行股票取得的收入，应全部作为股本处理；在溢价发行股票的情况下，股票面值部分作为股本处理，超出股票面值的溢价收入应作为股本溢价处理。

发行股票相关的手续费、佣金等交易费用，如果是溢价发行股票的，应从溢价中抵扣，冲减资本公积（股本溢价）；无溢价发行股票或溢价金额不足以抵扣的，应将不足抵扣的部分冲减盈余公积和未分配利润。

【例 11-8】　宏达集团有限公司首次公开发行普通股 50 000 000 股，每股面值 1 元，每股发行价格为 3 元。宏达集团有限公司以银行存款支付发行手续费、咨询费等费用共计 6 000 000 元。假定发行收入已全部收到，发行费用已全部支付。

其会计处理如下：

①收到发行收入。

应增加的资本公积＝50 000 000×（3－1）＝100 000 000（元）

借：银行存款　　150 000 000

　　贷：股本　　50 000 000

　　　　资本公积——股本溢价　　100 000 000

②支付发行费用。

借：资本公积——股本溢价　　6 000 000

　　贷：银行存款　　6 000 000

2.其他资本公积的核算

其他资本公积是指除资本溢价（或股本溢价）项目以外所形成的资本公积，其中主要是指直接计入所有者权益的利得和损失，主要包括以下几项内容。

(1) 享有的被投资单位除净损益以外的所有者权益变动。企业对某被投资单位的长期股权投资采用权益法核算的，在持股比例不变的情况下，对因被投资单位除净损益以外的所有者权益的其他变动，企业按持股比例计算应享有的份额，确认为其他资本公积。

(2) 企业将自用房地产和存货转换为公允价值模式计量的投资性房地产时产生的利得和转换当日的公允价值大于原账面价值的差额，应确认为其他资本公积。

(3) 债权投资转换为可供出售金融资产的公允价值与账面价值的差额。企业将债权投资转换为可供出售金融资产时，转换日该项债权投资的公允价值与其账面价值的差额，应确认为其他资本公积。

(4) 可供出售金融资产的公允价值变动。可供出售金融资产的公允价值高于其账面余额的差额，应确认为其他资本公积。

(5) 以权益结算的股份支付。企业以权益结算的股份支付换取职工或其他方提供服务的，应按权益工具授予日的公允价值计入其他资本公积。

【例 11-9】 宏达集团有限公司于 2023 年 1 月 1 日向 A 公司投资 8 000 000 元。拥有该公司 20%的股份，并对该公司有重大影响，因而对 A 公司长期股权投资采用权益法核算。2023 年 12 月 31 日，A 公司净损益之外的所有者权益增加了 2 000 000 元。假定除此以外，A 公司的所有者权益没有变化，宏达集团有限公司的持股比例没有变化，A 公司资产的账面价值与公允价值一致。

其会计处理如下：

增加的资本公积＝2 000 000×20%＝400 000（元）

借：长期股权投资——A 公司　　400 000

　　贷：资本公积——其他资本公积　　400 000

3. 资本公积转增资本的核算

资本公积主要用于转增资本。企业在转增资本时，按各个股东在实收资本中所占的投资比例计算的金额，分别转增各个股东的投资金额，冲减资本公积，同时按照转增前的实收资本（或股本）的结构或比例，将转增的金额记入“实收资本”（或“股本”）账户下各所有者的明细分类账。

第三节 留存收益的核算

一、留存收益的性质及构成

1. 留存收益的性质

留存收益又称累积收益，是指企业历年剩余的净收益累积而成的资本。

虽然留存收益与投资者投入的资本均属于所有者权益，但投入资本是由所有者从企业外部投入的，它构成企业所有者权益的基本部分，而留存收益不是由投资者从外部投入的，而是依靠企业经营所得的盈利积累而成的。

留存收益属于所有者权益，企业的所有者有权力决定如何使用，按照《中华人民共和国公司法》有关规定，企业可将留存收益在所有者之间进行分配，作为所有者投资所得；也可以为了某些特殊用途和目的，将其中一部分留在企业不予分配。

2. 留存收益的构成

留存收益由盈余公积和未分配利润构成。

（1）盈余公积。

盈余公积是指企业从净利润中提取的积累资金。

国家为了约束企业过量分配，有关法规规定企业必须留有一定积累，不作分配，即通常所说的提取盈余公积。公司制企业的盈余公积包括法定盈余公积和任意盈余公积。

①法定盈余公积。按照《中华人民共和国公司法》有关规定，公司制企业应当按照净利润（弥补以前年度亏损，下同）的10%提取法定盈余公积。非公司制企业法定盈余公积的提取比例可超过净利润的10%。法定盈余公积累计额已达注册资本的50%时可以不再提取。值得注意的是，在计算提取法定盈余公积的基数时，不应包括企业年初未分配利润。

②任意盈余公积。公司制企业可根据自己的实际需要，提请股东大会的批准提取任意盈余公积。非公司制企业经类似权力机构批准，也可提取任意盈余公积。

法定盈余公积和任意盈余公积的区别在于其各自计提的依据不同，前者以国家的法律法规为依据，后者由企业的权力机构自行决定。

（2）未分配利润。

未分配利润是企业留待以后年度进行分配的历年结存的利润。它是经过弥补亏损、提取法定盈余公积、提取任意盈余公积和向投资者分配利润等利润分配之后剩余的利润。相对于所有者权益的其他部分来说，企业对于未分配利润的使用有较大的自主权。

二、盈余公积的核算

1. 盈余公积形成的核算

为了反映盈余公积的形成及使用情况，企业一般设置“盈余公积”账户，并分别按“法定盈余公积”“任意盈余公积”账户进行明细分类核算。

【例 11-10】 宏达集团有限公司 2023 年实现净利润为 10 000 000 元，年初未分配利润为零。经股东大会批准，博雅股份有限公司按当年净利润的 10%提取法定盈余公积，按当年净利润的 5%提取任意盈余公积。

其会计处理如下：

本年提取法定盈余公积金额＝10 000 000×10%＝1 000 000（元）

本年提取任意盈余公积金额＝10 000 000×5%＝500 000（元）

借：利润分配——提取法定盈余公积　　1 000 000

——提取任意盈余公积　500 000

贷：盈余公积——法定盈余公积　1 000 000

——任意盈余公积　500 000

2. 盈余公积使用的核算

企业提取的盈余公积经批准可用于弥补亏损、转增资本、发放现金股利或利润等。

(1) 弥补亏损的核算。

企业发生亏损时，应当由企业自行弥补。弥补亏损的渠道主要有三条。一是用以后年度税前利润弥补。按照现行制度规定，企业发生亏损时，可以用以后5年内实现的税前利润弥补，即税前利润弥补亏损的期间为5年。二是用以后年度税后利润弥补。企业发生的亏损经过5年期间未弥补的部分，应用以后年度税后利润弥补。三是以盈余公积弥补亏损。企业以提取的盈余公积弥补亏损时，应当由公司董事会提议，并经股东大会批准。

【例 11-11】 经公司董事会提议，股东大会批准，宏达集团有限公司用以前年度提取的盈余公积弥补当年亏损，当年弥补亏损的数额为500 000元。

其会计处理如下：

借：盈余公积　500 000

贷：利润分配——盈余公积补亏　500 000

(2) 转增资本的核算。

企业将盈余公积转增资本时，必须经过股东大会决议批准。在实际盈余公积转增资本时，按照转增前股东的实收资本（或股本）的结构或比例，将转增的金额记入“实收资本”（或“股本”）账户。盈余公积转增资本后，留存的盈余公积的数额不得少于注册资本的25%。

【例 11-12】 因扩大经营规模需要，经股东大会批准，宏达集团有限公司将盈余公积300 000元转增股本。

其会计处理如下：

借：盈余公积　300 000

贷：股本　300 000

(3) 发放现金股利或利润的核算。

盈余公积主要有弥补亏损、转增资本两项用途。在某些情况下，经过股东大会决议批准，盈余公积也可用于发放现金股利或利润。

【例 11-13】 宏达集团有限公司2023年12月31日普通股股本为50 000 000股，每股面值1元，可供投资者分配的利润为4 000 000元，盈余公积20 000 000元。2024年3月20日，股东大会批准了2023年度利润分配方案，按每股0.1元发放现金股利。宏达集团有限公司共需要分派5 000 000元现金股利，其中动用可供投资者分配的利润4 000 000元、盈余公积1 000 000元。

其会计处理如下：

①宣告分派股利。

借：利润分配——应付现金股利　4 000 000

盈余公积 1 000 000

贷：应付股利 5 000 000

②支付股利。

借：应付股利 5 000 000

贷：银行存款 5 000 000

三、未分配利润的核算

1. 未分配利润形成的核算

未分配利润是通过“利润分配”账户，核算企业利润的分配（或亏损的弥补）和历年分配（或弥补）后的未分配利润（或未弥补亏损）。该账户应分别按“提取法定盈余公积”“提取任意盈余公积”“应付现金股利或利润”“盈余公积补亏”“未分配利润”等账户进行明细核算。企业未分配利润通过“利润分配——未分配利润”等账户进行明细分类核算。

年度终了，企业应将全年实现的净利润或发生的净亏损，自“本年利润”账户转入“利润分配——未分配利润”账户，并将“利润分配”账户其他明细账户的余额，转入“未分配利润”明细账户。结转后，“利润分配——未分配利润”账户如果为贷方余额，表示累计未分配的利润数额；如果为借方余额，则表示累计未弥补的亏损数额。

2. 弥补亏损的核算

企业发生的亏损可以用以后 5 年内实现的税前利润弥补。在用以后年度实现的税前利润弥补以前年度亏损的情况下，企业当年实现的利润自“本年利润”账户转入“利润分配——未分配利润”账户的贷方，其贷方发生额与“利润分配——未分配利润”账户的借方余额自然抵补。因此，用以后年度实现的税前利润弥补以前年度亏损的，不需要进行专门的账务处理。

本章习题

一、简答题

1. 企业的所有者权益来源于几个方面？分别是什么？
2. 留存收益包括哪些内容？
3. 所有者权益与负债的主要区别是什么？
4. 法定盈余公积的提取依据是什么？有哪些用途？
5. 对盈余公积的提取和使用应如何进行会计核算？

二、实训题

华东公司发生下列实收资本业务。

(1) 该公司由投资者李某、赵某、刘某和王某共同投资设立，注册资本总额为 18 720 000 元。有关各方投资情况如下：①李某以现金投入 4 680 000 元，款项已收存银行，占企业注册资本的

25%。②赵某以一台机器设备投资，共同确认的价值为 4 680 000 元，设备已办理产权转移手续，占企业注册资本的 25%。③刘某投入外币现金 585 000 美元，已存入银行。收到外币当日的市场汇率（假定）为 1 美元＝8 元人民币，投资合同没有约定汇率，占企业注册资本的 25%。④王某投入原材料一批，共同确认的价值为 4 000 000 元，提供可抵扣的增值税专用发票上注明的增值税金额为 680 000 元，材料已验收入库，占企业注册资本的 25%。

（2）企业成立 2 年后，经股东会表决通过，决定用资本公积金 5 000 000 元和盈余公积金 5 000 000 元转增资本，已办妥相关变更注册手续。

（3）企业成立 5 年后，因经营环境发生重大变化，经股东会表决通过，决定减少其注册资本 20 000 000 元。在报经批准并履行必要的公告义务后，以银行存款支付减资款。

根据上述材料，编制有关会计分录。

第十二章

收入、费用和利润

学习要点

1. 收入的概念和分类，销售商品收入的会计处理、提供劳务收入的会计处理、让渡资产使用权的使用费收入的会计处理。

2. 费用的概念、主要内容及其会计处理。

3. 利润的构成，营业外收入和营业外支出的内容及其会计处理，本年利润的核算。

第一节 收入的核算

一、收入的概念和特征

收入是指企业在日常活动中形成的、会导致所有者权益增加的、与所有者投入资本无关的经济利益的总流入。

1. 收入是企业在日常活动中形成的经济利益的总流入

日常活动是指企业为完成其经营目标所从事的经常性活动以及与之相关的其他活动，通过主营业务和其他业务来反映。

主营业务一般包括工业企业销售自产产品、商业企业销售外购商品、建筑公司提供建筑劳务、交通运输公司提供运输劳务、金融保险单位提供金融保险业务、文化体育单位提供文化演出等活动，均属于企业为完成其经营目标所从事的经常性活动，由此形成的经济利益的总流入构成收入。

其他业务一般包括工业企业对外出售不需用的原材料、对外出租不需用的固定资产、出让无形资产的使用权、经营投资性房地产业务等活动，属于企业为完成其经营目标所从事的与经常性活动相关的活动。

非日常活动一般包括工业企业处置闲置固定资产、无形资产，因其他企业违约收取罚款等，这些活动形成的经济利益的总流入是企业的非日常活动，属于企业的利得而不是收入。

2. 收入会导致企业所有者权益的增加

收入是所有者创造的，所以会导致所有者权益的增加，虽然形成的经济利益总流入的形式多种多样，既可能表现为资产的增加，如增加货币资金、应收款项、其他非货币资产等；也可能表现为负债的减少，如减少预收账款；亦可能同时影响资产和负债，如销售实现时，部分冲减预收账款，部分增加银行存款。

企业为第三方或客户代收的款项，如企业代国家收取的消费税、代扣的营业税、个人所得税等，一方面增加企业的资产，另一方面增加企业的负债，并不增加企业的所有者权益，因此不构成本企业的收入。

3. 收入与所有者投入资本无关

所有者投入资本也会导致所有者权益增加，但是投入的资本的主要目的是为谋求享有企业资产的剩余权益，具体体现为控制权和影响程度，通过投入资本形成的经济利益的总流入不构成收入，而应确认为企业所有者权益的组成部分，如实收资本（股本）、资本公积——资本溢价（股本溢价）。而收入是所有者投入资本的最终目的，会增加企业的原始投入资本。

二、收入的分类

1. 按日常活动的性质划分

（1）销售商品收入。

销售商品收入是指企业通过销售外购商品和自产产品实现的收入。企业销售的其他存货如原材料、包装物等也视同企业的商品。

（2）提供劳务收入。

提供劳务收入是指企业通过提供劳务实现的收入，一般包括交通运输业、建筑业、邮电通信业、文化体育业、娱乐业、服务业（代理业、旅店业、饮食业、旅游业、仓储业、租赁业、广告业及其他服务业）。

（3）让渡资产使用权收入。

让渡资产使用权收入是指企业通过让渡资产使用权实现的收入。让渡资产使用权收入包括利息收入和使用费收入。利息收入主要是指金融企业对外贷款形成的利息收入以及同业之间发生往来形成的利息收入等。企业进行债权投资收取的利息、进行股权投资取得的现金股利等，也构成让渡资产使用权收入。使用费收入主要是指企业转让无形资产、固定资产等资产的使用权形成的使用费收入。

2. 按业务的主次划分

（1）主营业务收入。

主营业务收入是指企业为完成其经营目标所从事的经常性活动实现的收入。主营业务收入一般占企业总收入的比重较大，对企业的经济效益产生较大影响。不同行业企业的主营业务收入所包括的内容不同。

（2）其他业务收入。

不同行业企业的其他业务收入所包括的内容不同。例如，工业企业的其他业务收入主要包括对外销售材料、对外出租包装物、商品或固定资产、对外转让无形资产使用权、对外进行权益性投资（取得现金股利）或债权性投资（取得利息）、提供非工业性劳务等实现的收入。

三、收入的确认与计量

随着市场经济的日益发展、交易事项的日趋复杂，实务中收入确认和计量面临越来越多的问题。例如，越来越多的企业为了提高效益，不再以单纯地销售商品或者单纯地提供劳务的方式实现收入，而是在销售商品的同时提供与商品相关的服务，或者在提供服务的同时销售相关的商品。因此，企业确认收入的方式应当反映其向客户转让商品或提供服务的模式，收入的金额应当反映企业因转让这些商品或提供这些服务而预期有权收取的对价金额，以如实反映企业的生产经营成果，核算企业实现的损益。

企业应当在履行了合同中的履约业务，即在客户取得相关商品控制权时确认收入。取得相关商品控制权，是指能够主导该商品的使用并从中获得几乎全部的经济利益，也包括有能力阻止其他方主导该商品的使用并从中获得经济利益。企业在判断商品的控制权是否发生转移时，应当从客户的角度进行分析，即客户是否取得了相关商品的控制权以及何时取得该控制权。取得商品控制权的同时包括三个要素：一是能力，二是主导该商品的使用，三是能够获得几乎全部的经济利益。

基于以上原则，收入确认和计量分为五个步骤：第一步，识别与客户订立的合同；第二步，识别合同中的单项履约义务；第三步，确定交易价格；第四步，将交易价格分摊至各单项履约义务；第五步，履行各单项履约义务时确认收入。其中，第一步、第二步和第五步主要与收入的确认有关，第三步和第四步主要与收入的计量有关。具体内容如下。

(1) 识别与客户订立的合同。合同是指双方或多方之间达成的确立可执行权利和义务的协议。识别客户合同，是指识别合同各方是否已批准该合同并承诺将履行各自义务。在同一客户与企业签订多项合同且合同内容基本相同等情况下，企业可以将多项合同合并，并将其作为单个合同进行会计处理。

(2) 识别合同中的单项履约义务。合同包括向客户转让商品或服务的承诺。如果该商品或服务可明确区分，则对应的承诺即为单项履约义务；另外，还要识别该单项履约义务是在一段时期内分期履行，还是在某一时点履行，企业应根据不同情况分别进行会计处理。该商品或服务可明确区分，是指客户能够从单独使用某项商品（或服务）或将其与客户易于获得的其他资源一起使用中获益，且企业向客户转让该商品或服务的承诺可与合同中的其他承诺单独区分。

(3) 确定交易价格。交易价格一般是固定的对价金额，但有时也可能包含可变对价、重大融资成分及应付客户对价等，企业应考虑这些因素，确定最终交易价格。

(4) 将交易价格分摊至合同中的各单项履约义务。如果交易价格为多项履约义务的对价之和，则应按照一定标准将交易价格分摊至各单项履约义务。分配标准一般为各单项履约义务的市场价格；如果无法取得各单项履约义务的市场价格，也可以将各单项履约义务的预计成本作为分配标准。

(5) 在履行了履约义务时确认营业收入。企业应在履行了向客户转让已承诺的商品或服务的履约业务时确认营业收入，营业收入的计量金额为分摊至已履行的履约义务的金额。

需要说明的是，上述步骤主要是针对复杂业务的营业收入确认与计量。但是，企业大部分业务为简单业务，而简单业务中的有些步骤不一定存在，就不需要完全按照上述步骤进行营业收入的确认和计量。例如，商品零售企业销售商品时不需要签订合同，则不需要识别客户合同和识别合同中的履约义务；又如，客户合同中不包含可变对价、重大融资成分及应付客户对价等，则合同规定的交易价格即为最终交易价格；再如，客户合同中的商品为单件商品，则不需要再单独识别合同中的履约义务及交易价格的分摊。

四、销售商品收入的会计处理

销售商品收入的会计处理主要涉及一般销售商品业务、已经发出商品但不符合收入确认条件的销售业务、销售折让、采用预售款方式销售商品、销售退回、委托代销商品等情况。

1. 一般销售商品业务符合收入确认条件的会计处理

在进行销售商品的账务处理时，要以销售商品收入确认的五个条件为前提。若符合收入准则所规定的五项确认条件的，企业应及时确认收入并结转相关销售成本。通常情况下，销售商品采用托收承付方式，在办妥托收手续时确认收入；交款提货销售商品的，在开出发票账单收到货款时确认收入。

【例 12-1】 宏达集团有限公司采用托收承付结算方式向乙公司销售一批商品，开出的增值税专用发票上注明售价为 100 万元，增值税税率为 13%。商品已经发出，并已向银行办妥托收手续。该批商品的成本为 80 万元。

其会计处理如下：

(1) 确认收入。

借：应收账款——乙公司　　　　1 130 000

贷：主营业务收入　　1 000 000

应交税费——应交增值税（销项税额）　　130 000

（2）结转成本。

借：主营业务成本　　800 000

贷：库存商品　　800 000

【例 12-2】　宏达集团有限公司向乙公司销售商品一批，开出的增值税专用票上注明售价为 100 万元，增值税税额为 13 万元。宏达集团有限公司收到乙公司开出的不带息银行承兑汇票一张，票面金额为 113 万元，期限为 2 个月。该批商品已经发出，宏达集团有限公司以银行存款代垫运杂费 5 000 元。该批商品成本为 80 万元。

其会计处理如下：

（1）确认收入。

借：应收票据　　1 130 000

应收账款　　5 000

贷：主营业务收入　　1 000 000

应交税费——应交增值税（销项税额）　　130 000

银行存款　　5 000

（2）结转成本。

借：主营业务成本　　800 000

贷：库存商品　　800 000

2. 已经发出商品但不符合收入确认条件的销售业务的会计处理

如果企业售出商品时不符合销售商品收入确认的五项条件，不应确认收入。已经发出但尚未确认销售收入的商品成本，企业应增设“发出商品”账户单独反映。“发出商品”账户核算一般销售方式下，已经发出但尚未确认销售收入的商品成本，由于风险报酬尚未转移则实物资产仍属于本企业所有，即“发出商品”仍属于企业资产，在报表中列报。

结合我国税法有关规定，虽然发出的商品不符合收入确认条件，但如果销售该商品的纳税义务已经发生，如已经开出增值税专用发票，则应确认应缴的增值税销项税额。借记“应收账款”等账户，贷记“应交税费——应交增值税（销项税额）”账户。如果同时不符合税法上纳税义务的条件，则无须进行登记负债。

【例 12-3】　宏达集团有限公司为增值税一般纳税企业，2024 年 5 月 1 日销售 A 商品 1 000 件，每件商品的标价为 100 元（不含增值税），商品的实际成本为 80 元/件，A 商品适用的增值税税率为 13%；在销售合同中规定现金折扣条件为（2/10，1/20，n/30）。A 商品于 5 月 1 日发出，购货方于 5 月 9 日付款。假定计算现金折扣时含增值税。

其会计处理如下：

（1）2024 年 5 月 1 日销售实现时，确认收入。

借：应收账款　　113 000

贷：主营业务收入　　100 000

应交税费——应交增值税（销项税额）　　13 000

结转成本。

借：主营业务成本　　80 000

　　贷：库存商品　　80 000

（2）若5月9日收到货款（10日内收到货款享受2%的现金折扣）。

借：银行存款　　110 740

　　主营业务收入　　2 260

　　贷：应收账款　　113 000

其中，现金折扣额=113 000×2%=2 260（元）

（3）若5月19日收到货款（20日内收到货款享受1%的现金折扣）。

借：银行存款　　111 870

　　主营业务收入　　1 130

　　贷：应收账款　　113 000

其中，现金折扣额=113 000×1%=1 130（元）

（4）若5月底才收到货款（超过折扣期限，不享受折扣条件，则应按全额付款）。

借：银行存款　　113 000

　　贷：应收账款　　113 000

3.销售折让的会计处理

销售折让是指企业因售出商品的质量不合格等原因而在售价上给予的减让。对于销售折让，企业应分不同情况进行处理：已确认收入的售出商品发生销售折让的，通常应当在发生时冲减当期销售商品收入；若已确认收入的销售折让属于资产负债表日后事项的，应当按照有关资产负债表日后事项的相关规定进行处理。

【例12-4】　宏达集团有限公司销售一批商品给乙公司，开出的增值税专用发票上注明的售价为100万元，增值税税额为13万元。该批商品的成本为80万元。货到后，乙公司发现商品质量不合格，要求在价格上给予10%的折让。乙公司提出的销售折让要求符合原合同的约定，宏达集团有限公司同意并办妥相关手续，开具了增值税专用发票（红字）。假定此前宏达集团有限公司已确认该批商品的销售收入，销售款项尚未收到，发生的销售折让允许扣减当期增值税销项税额。

其会计处理如下：

（1）销售实现。

借：应收账款　　1 130 000

　　贷：主营业务收入　　1 000 000

　　　　应交税费——应交增值税（销项税额）　　130 000

借：主营业务成本　　800 000

　　贷：库存商品　　800 000

（2）发生销售折让。

借：应收账款　　113 000（红字）

　　贷：主营业务收入　　100 000（红字）

　　　　应交税费——应交增值税（销项税额）　　13 000（红字）

（3）实际收到款项。

借：银行存款 1 017 000

贷：应收账款 1 017 000

本例中，假定发生销售折让前，因该项销售在货款回收上存在不确定性，宏达集团有限公司未确认该批商品的销售收入，纳税义务也未发生；发生销售折让后2个月，乙公司承诺近期付款。

则宏达集团有限公司会计处理如下：

（1）发出商品。

借：发出商品 800 000

贷：库存商品 800 000

（2）乙公司承诺付款，宏达集团有限公司确认销售收入。

借：应收账款 1 017 000

贷：主营业务收入 900 000

应交税费——应交增值税（销项税额） 117 000

借：主营业务成本 800 000

贷：发出商品 800 000

（3）实际收到款项。

借：银行存款 1 017 000

贷：应收账款 1 017 000

4. 采用预收款方式销售商品的会计处理

采用预收款方式销售商品是指交易双方约定购买方在商品尚未收到前按合同或协议约定分期付款，销售方在收到最后一笔款项时才交货。在这种方式下，销售方直到收到最后一笔款项才将商品交付购货方，此时商品所有权上的主要风险和报酬才转移给购货方，企业通常应在发出商品时确认收入，在此之前预收的货款均应确认为销售方的负债。

【例12-5】 2022年3月10日宏达集团有限公司与乙公司签订合同，双方约定采用分期预收款方式向乙公司销售一批商品。该批商品实际成本为1 600 000元。协议约定，该批商品销售价格为2 000 000元；乙公司应在协议签订时预付不含增值税销售价格50%的货款，剩余货款于5月10日支付。假定宏达集团有限公司在收到剩余货款时，销售该批商品的增值税纳税义务发生，增值税税率为13%；不考虑其他因素。

宏达集团有限公司的会计处理如下：

（1）收到50%的货款。

借：银行存款 1 000 000

贷：预收账款 1 000 000

（2）收到剩余货款，发生增值税纳税义务。

借：预收账款 1 000 000

银行存款 1 260 000

贷：主营业务收入 2 000 000

应交税费——应交增值税（销项税额） 260 000

借：主营业务成本　　1 600 000

　　贷：库存商品　　1 600 000

5. 销售退回的会计处理

企业售出的商品由于质量、品种和规定等不符合要求而购买方发生的退货即为销售退回。对于销售退回，企业应分不同情况进行会计处理。

（1）对于未确认收入的售出商品发生销售退回的，企业应按已记入“发出商品”账户的商品成本金额，借记“库存商品”账户，贷记“发出商品”账户。

（2）对于已确认收入的售出商品发生退回的，企业应在发生时冲减当期销售商品收入，同时冲减当期销售商品成本。如该项销售退回已发生现金折扣的，应同时调整相关财务费用的金额；如该项销售退回允许扣减增值税税额的，应同时调整“应交税费——应交增值税（销项税额）”账户的相应金额。

（3）已确认收入的售出商品发生的销售退回属于资产负债表日后事项的，应当按照有关资产负债表日后事项的相关规定进行会计处理。

6. 委托代销商品的会计处理

委托代销商品具体可分为采用支付手续费方式委托代销商品和视同买断方式委托代销商品两种方式。

（1）采用支付手续费方式委托代销商品的会计处理。

采用支付手续费方式委托代销商品，是指委托方和受托方签订合同或协议，委托方根据代销商品金额或数量向受托方支付手续费。在这种代销方式下，委托方在发出商品时，商品所有权上的主要风险和报酬并未转移给受托方，委托方在发出商品时通常不应确认销售商品收入，而应在收到受托方开出的代销清单时确认销售商品收入，同时将应支付的代销手续费计入销售费用；受托方应在代销商品销售后，按合同或协议约定的方法计算确定代销手续费，确认劳务收入。

委托方可通过“发出商品”或“委托代销商品”账户反映已发出的商品，受托方可通过“受托代销商品”账户反映收到的商品。受托方在确认代销手续费收入时，借记“受托代销商品”账户，贷记“其他业务收入”等账户。

【例 12-6】 宏达集团有限公司委托乙公司销售商品 100 件，商品已经发出，每件成本为 800 元。合同约定乙公司应按每件 1 000 元对外销售，宏达集团有限公司按售价的 10%向乙公司支付手续费。乙公司对外实际销售 100 件，开出的增值税专用发票上注明的销售额为 100 000 元，增值税税额为 13 000 元，款项已经收到。宏达集团有限公司收到乙公司开具的代销清单时，向乙公司开具一张相同金额的增值税专用发票。假定：宏达集团有限公司发出商品时纳税义务尚未发生；宏达集团有限公司采用实际成本核算，乙公司采用进价核算代销商品。

①宏达集团有限公司的会计处理如下：

A. 发出商品。

借：发出商品　　80 000

　　贷：库存商品　　80 000

B. 收到代销清单。

借：应收账款　　113 000

贷：主营业务收入　　100 000
　　应交税费——应交增值税（销项税额）　　13 000

借：主营业务成本　　80 000
　贷：发出商品　　80 000

借：销售费用　　10 000
　贷：应收账款　　10 000

代销手续费金额＝100 000×10％＝10 000（元）

C. 收到乙公司支付的货款。

借：银行存款　　103 000
　贷：应收账款　　103 000

②乙公司的会计处理如下：

A. 收到商品时。

借：受托代销商品　　100 000
　贷：受托代销商品款　　100 000

B. 对外销售。

借：银行存款　　113 000
　贷：受托代销商品　　100 000
　　应交税费——应交增值税（销项税额）　　13 000

C. 结转应付款、收到增值税专用发票。

借：受托代销商品款　　100 000
　贷：应付账款　　100 000

借：应交税费——应交增值税（进项税额）　　13 000
　贷：应付账款　　13 000

D. 支付货款并确认代销手续费收入。

借：应付账款　　113 000
　贷：银行存款　　103 000
　　其他业务收入　　10 000

（2）视同买断方式委托代销商品的账务处理。

视同买断方式委托代销商品是指委托方和受托方签订合同或协议，委托方按合同或协议收取代销的货款，实际售价由受托方自定，实际售价与合同或协议价之间的差额归受托方所有的销售方式。具体又可分为以下两种情况。

①如果委托方和受托方之间的协议明确标明，受托方在取得代销商品后，无论能否卖出、是否获利，均与委托方无关，那么委托方和受托方之间的代销商品交易，与委托方直接销售商品给受托方没有实质区别。在符合销售商品收入确认条件时，委托方应在发出商品时确认收入。

②如果协议表明，将来受托方没有将商品售出时可以将商品退回给委托方，或受托方因代销商品出现亏损时可以要求委托方补偿，那么委托方在交付商品时不确认收入，而是应在收到代销清单时确认收入。

【例 12-7】 宏达集团有限公司委托乙公司销售某批商品 100 件，协议价为 100 元/件，该商品成本为 80 元/件，增值税税率为 13%，乙公司将以 120 元/件的价格出售。假定商品已经发出，根据代销协议，乙公司可以将没有代销出去的商品退回宏达集团有限公司；宏达集团有限公司将该批商品交付乙公司时发生增值税纳税义务。

①宏达集团有限公司的会计处理如下：

A. 宏达集团有限公司将该批商品交付乙公司。

借：发出商品　8 000
　贷：库存商品——××商品　8 000

B. 收到代销清单。

借：应收账款——乙公司　11 300
　贷：主营业务收入　10 000
　　应交税费——应交增值税（销项税额）　1 300
借：主营业务成本　8 000
　贷：发出商品　8 000

C. 收到乙公司支付的货款。

借：银行存款　11 300
　贷：应收账款——乙公司　11 300

②乙公司的会计处理如下：

A. 收到该批商品。

借：受托代销商品　10 000
　贷：受托代销商品款　10 000

B. 对外销售。

借：银行存款　13 560
　贷：主营业务收入　12 000
　　应交税费——应交增值税（销项税额）　1 560
借：主营业务成本　10 000
　贷：受托代销商品　10 000

C. 结转应付款、收到增值税专用发票。

借：受托代销商品款　10 000
　贷：应付账款——甲公司　10 000
借：应交税费——应交增值税（进项税额）　1 300
　贷：应付账款——甲公司　1 300

D. 支付货款。

借：应付账款——甲公司　11 300
　贷：银行存款　11 300

7. 商品需要安装和检验销售的会计处理

商品需要安装和检验销售是指售出的商品需要经过安装和检验等过程的销售方式。在这种销售方式下，在购买方接受交货以及安装和检验完毕前，销售方通常不应确认收入。如果安装程序比较简单或检验是为了最终确定合同或协议价格而必须进行的程序，则销售方可以在发出商品时确认收入。

8. 以旧换新销售的会计处理

以旧换新销售是指销售方在销售商品的同时回收与所售商品相同的旧商品。在这种销售方式下，销售的商品应当按照销售商品收入确认条件确认收入，回收的商品作为购进商品进行处理。

【例 12-8】 宏达集团有限公司为促销开展家电以旧换新业务。2024 年 3 月，宏达集团有限公司共销售彩色电视机 100 台，每台不含增值税销售价格为 2 000 元，每台销售成本为 900 元；同时回收 100 台旧彩色电视机，每台回收价格为 226 元；款项均已收付。

宏达集团有限公司的会计处理如下：

（1）2024 年 3 月，宏达集团有限公司销售 100 台彩色电视机。

分录	借方	贷方
借：库存现金	226 000	
贷：主营业务收入——彩色电视机		200 000
应交税费——应交增值税（销项税额）		26 000
借：主营业务成本——彩色电视机	90 000	
贷：库存商品——彩色电视机		90 000

（2）2024 年 3 月，宏达集团有限公司回收 100 台彩色电视机。

分录	借方	贷方
借：原材料	22 600	
贷：库存现金		22 600

9. 房地产销售的会计处理

房地产销售是指房地产开发企业自行开发房地产，并在市场上进行销售。对于房地产销售，企业应按一般商品销售收入确认条件确认收入。

在房地产销售中，房地产法定所有权的转移，通常表明其所有权上的主要风险和报酬转移给买方，企业应确认销售商品收入。但也有可能出现法定所有权转移后，所有权上的主要风险和报酬没有转移的情况。例如，企业根据合同或协议约定，仍有责任实施重大行动，如工程尚未完工。在这种情况下，企业通常应在实施的重大行动完成时确认销售商品收入。又如，合同或协议存在重大不确定因素，如买方有权退房。在这种情况下，企业通常应在这些重大不确定因素消失后确认销售商品收入。再如，房地产销售后，企业仍有某种程度的继续涉入，如销售回购协议、企业保证买方在特定时期内获得既定投资报酬的协议等。在这种情况下，企业应分析交易的实质，以确定是作为销售处理，还是作为融资、租赁或利润分成处理。

10. 具有融资性质的分期收款销售商品的会计处理

企业销售商品，有时会采取分期收款的方式，如分期收款发出商品，即商品已经交付，货款分期收回。在这种销售方式下，企业将商品交付给购货方，通常表明与商品所有权有关的风险和报酬已经转移给购货方，如果延期收取的货款具有融资性质，其实质是企业向购货方提供免息的信贷，在符合收入确认条件时，应当根据应收款项的公允价值（或现行售价）一次确认收入。按照合同约定的收款日期分期收回货款，强调的只是一个结算时点，与风险和报酬的转移没有关系，因此，企业不应当按照合同约定的收款日期确认收入。

应收的合同或协议价款与其公允价值之间的差额，应当在合同或协议期间内，按照应收款项的摊余成本和实际利率计算确定的金额进行摊销，作为财务费用的抵减处理。其中，实际利率是指具有类似信用等级的企业发行类似工具的现时利率，或者将应收的合同或协议价款折现为商品现销价格时的折现率等。在实务中，基于重要性要求，如果应收的合同或协议价款与其公允价值之间的差额，按照应收款项的摊余成本和实际利率进行摊销与采用直线法进行摊销结果相差不大的，也可以采用直线法进行摊销。

11. 售后回购的会计处理

售后回购，是指销售商品的同时，销售方同意日后再将同样或类似的商品购回。在这种销售方式下，销售方应根据合同或协议条款判断销售商品是否满足收入确认条件。

（1）通常情况下，以固定价格回购的售后回购交易属于融资交易，商品所有权上的主要风险和报酬没有转移，企业不应确认收入；回购价格大于原售价的差额，企业应在回购期间按期计提利息费用，计入财务费用。

企业采用售后回购方式融入资金的，应按实际收到的金额，借记“银行存款”账户，贷记“其他应付款”账户。回购价格与原销售价格之间的差额，应在售后回购期间内按期计提利息费用，借记“财务费用”账户，贷记“其他应付款”账户。按照合同约定购回该项商品时，应按实际支付的金额，借记“其他应付款”账户，贷记“银行存款”账户。

（2）有确凿证据表明售后回购交易满足销售商品收入确认条件的，销售的商品按售价确认收入，回购的商品作为购进商品处理。

12. 售后租回的会计处理

售后租回，是指销售商品的同时，销售方同意在日后再将同样的商品租回。在这种销售方式下，销售方应根据合同或协议条款判断企业是否已将商品所有权上的主要风险和报酬转移给购货方，以确定是否确认销售商品收入。在大多数情况下，售后租回属于融资交易，企业不应确认销售商品收入，售价与资产账面价值之间的差额应当分不同情况进行处理。

13. 出售材料等存货的会计处理

企业在日常活动中还可能发生对外销售不需用的原材料、随同商品对外销售单独计价的包装物等业务。企业销售原材料、包装物等存货也视同商品销售，其收入确认和计量原则比照商品销售。企业销售原材料、包装物等存货实现的收入作为其他业务收入处理，结转的相关成本作为其他业务成本处理。

企业销售原材料、包装物等存货实现的收入以及结转的相关成本，通过“其他业务收入”“其他业务成本”账户核算。

“其他业务收入”账户核算企业除主营业务活动以外的其他经营活动实现的收入，包括销售材料、出租包装物和商品、出租固定资产、出租无形资产等实现的收入。该账户贷方登记企业实现的各项其他业务收入，借方登记期末结转入“本年利润”账户的其他业务收入，结转后该账户应无余额。

“其他业务成本”账户核算企业除主营业务活动以外的其他经营活动所发生的成本，包括销售材料的成本、出租固定资产的折旧额、出租无形资产的摊销额、出租包装物的成本或摊销额。该账户借方登记企业结转或发生的其他业务成本，贷方登记期末结转入“本年利润”账户的其他业务成本，结转后该账户应无余额。

五、提供劳务收入的确认和计量

企业提供的劳务各不相同，开始和完工的日期也不相同。企业提供劳务收入的确认原则因劳务完成时间的不同而不同。

1. 在同一会计期间内开始并完成的劳务

对于一次就能完成的劳务，或在同一会计期间内开始并完成的劳务，应在提供劳务交易完成时确认收入，确认的金额通常为从接受劳务方已收或应收的合同或协议价款，确认原则与销售商品收入的确认原则相同。

企业对外提供劳务，如果属于企业的主营业务，所实现的收入应作为主营业务收入处理，结转的相关成本应作为主营业务成本处理；如果属于主营业务以外的其他经营活动，所实现的收入应作为其他业务收入处理，结转的相关成本应作为其他业务成本处理。企业对外提供劳务发生的支出一般先通过"劳务成本"账户予以归集，同生产企业的"生产成本"账户，待确认为费用时，根据业务性质再由"劳务成本"账户转入"主营业务成本"或"其他业务成本"账户。

2. 劳务的开始和完成分属不同的会计期间

（1）提供劳务交易结果能够可靠地估计的条件。

当企业提供的劳务同时满足下列条件时，提供劳务交易的结果能够可靠地估计。

①收入的金额能够可靠地计量。收入的金额能够可靠地计量是指提供劳务收入的总额能够合理地估计。通常情况下，企业应当按照从接受劳务方已收或应收的合同或协议价款确定提供劳务收入总额。随着劳务的不断提供，可能会根据实际情况增加或减少已收或应收的合同或协议价款，此时，企业应及时调整提供劳务收入总额。

②相关的经济利益很可能流入企业。相关的经济利益很可能流入企业是指提供劳务收入总额收回的可能性大于不能收回的可能性。企业在确定提供劳务收入总额能否收回时，应当结合接受劳务方的信誉、以前的经验以及双方就结算方式和期限达成的合同或协议条款等因素，综合进行判断。通常情况下，企业提供的劳务符合合同或协议要求，接受劳务方承诺付款，就表明提供劳务收入总额收回的可能性大于不能收回的可能性。

③交易的完工进度能够可靠地确定。企业可以根据提供劳务的特点，选用下列方法确定提供劳务交易的完工进度。

A. 已完工作的测量。这是一种比较专业的测量方法，由专业测量师对已经提供的劳务进行测量，并按一定方法计算确定提供劳务交易的完工程度。

B. 已经提供的劳务占应提供劳务总量的比例。这种方法主要以劳务量为标准确定提供劳务交易的完工程度。

C. 已经发生的成本占估计总成本的比例。这种方法主要以成本为标准确定提供劳务交易的完工程度。只有反映已提供劳务的成本才能包括在已经发生的成本中，只有反映已提供或将提供劳务的成本才能包括在估计总成本中。

④交易中已发生和将发生的成本能够可靠地计量。交易中已发生和将发生的成本能够可靠地计量，是指交易中已经发生和将要发生的成本能够合理地估计。企业应当建立完善的内部成本核算制度和有效的内部财务预算及报告制度，准确地提供每期发生的成本，并对完成剩余劳务将要发生的成本作出科学、合理的估计。同时应随着劳务的不断提供或外部情况的不断变化，随时对将要发生的成本进行修订。

（2）完工百分比法。

如果劳务的开始和完成分属不同的会计期间，且企业在资产负债表日提供劳务交易的结果能够可靠估计的，应采用完工百分比法确认提供劳务收入。

完工百分比法是指按照提供劳务交易的完工进度确认收入和费用的方法。在这种方法下，确认的提供劳务收入金额能够提供各个会计期间关于提供劳务交易及其业绩的有用信息。

企业应当在资产负债表日按照提供劳务收入总额乘以完工进度扣除以前会计期间累计已确认提供劳务收入后的金额，确认当期提供劳务收入；同时，按照提供劳务估计总成本乘以完工进度扣除以前会计期间累计已确认劳务成本后的金额，结转当期劳务成本。用公式表示如下：

本期确认的收入＝劳务总收入×本期末止劳务的完工进度－以前期间已确认的收入

本期确认的费用＝劳务总成本×本期末止劳务的完工进度－以前期间已确认的费用

在采用完工百分比法确认提供劳务收入的情况下，企业应按计算确定的提供劳务收入金额，借记“应收账款”“银行存款”等账户，贷记“主营业务收入”账户。结转提供劳务成本时，借记“主营业务成本”账户，贷记“劳务成本”账户。

(3) 提供劳务交易结果不能可靠地估计。

企业在资产负债表日提供劳务交易结果如果不能可靠地估计的，即不能同时满足上述四个条件时，企业不能采用完工百分比法确认提供劳务收入。此时，企业应正确预计已经发生的劳务成本能够得到补偿和不能得到补偿，分别进行会计处理。

①已经发生的劳务成本预计全部能够得到补偿的，应按已收或预计能够收回的金额确认提供劳务收入，并结转已经发生的劳务成本。

②已经发生的劳务成本预计部分能够得到补偿的，应按能够得到补偿的劳务成本金额确认提供劳务收入，并结转已经发生的劳务成本。

③已经发生的劳务成本预计全部不能得到补偿的，应将已经发生的劳务成本计入当期损益（主营业务成本或其他业务成本），不确认提供劳务收入。

3. 同时销售商品和提供劳务的会计处理

企业与其他企业签订的合同或协议包括销售商品和提供劳务时，根据销售商品部分和提供劳务部分是否能够区分且单独计量，分为以下两种情况。

(1) 销售商品部分和提供劳务部分能够区分且能够单独计量的，应当将销售商品的部分作为销售商品处理，将提供劳务的部分作为提供劳务处理。

(2) 销售商品部分和提供劳务部分不能够区分，或虽能区分但不能够单独计量的，应当将销售商品部分和提供劳务部分全部作为销售商品处理。

六、特殊劳务交易的处理

下列提供的劳务满足收入确认条件的，应按规定确认收入。

1. 安装费

安装费，应在资产负债表日根据安装的完工进度确认收入。安装工作是商品销售附带条件的，安装费在确认商品销售实现时确认收入。

2. 宣传媒介收费

宣传媒介收费，应在相关的广告或商业行为开始出现于公众面前时确认收入。广告的制作费，在资产负债表日根据制作广告的完工进度确认收入。

3. 为特定客户开发软件收费

为特定客户开发软件收费，应在资产负债表日根据开发的完工进度确认收入。

4. 包括在商品售价内可区分的服务费

包括在商品售价内可区分的服务费，应在提供服务的期间内分期确认收入。

5. 艺术表演、招待宴会和其他特殊活动收费

艺术表演、招待宴会和其他特殊活动收费，应在相关活动发生时确认收入。收费涉及几项活动的，预收的款项应合理分配给每项活动，分别确认收入。

6. 申请入会费和会员费

申请入会费和会员费只允许取得会籍，所有其他服务或商品都要另行收费的，在款项收回不存在重大不确定性时确认收入。申请入会费和会员费能使会员在会员期内得到各种服务或商品，或者以低于非会员的价格销售商品或提供服务的，在整个收益期内分期确认收入。

7. 特许权费

属于提供设备和其他有形资产的特许权费，在交付资产或转移资产所有权时确认收入；属于提供初始及后续服务的特许权费，在提供服务时确认收入。

【例 12-9】　宏达集团有限公司与乙公司签订协议，宏达集团有限公司允许乙公司经营其连锁店。协议约定，甲公司共向乙公司收取特许权费 600 000 元，其中，提供家具、柜台等收费 200 000 元，这些家具、柜台成本为 180 000 元；提供初始服务，如帮助选址、培训人员、融资、广告等收费 300 000 元，共发生成本 200 000 元（其中，140 000 元为人员薪酬，60 000 元为以银行存款支付的广告费用）；提供后续服务收费 100 000 元，发生成本 50 000 元（均为人员薪酬）。协议签订当日，乙公司一次性付清所有款项。

假定不考虑其他因素，宏达集团有限公司的会计处理如下：

（1）收到款项。

分录	借方	贷方
借：银行存款	600 000	
贷：预收账款——乙公司		600 000

（2）确认家具、柜台的特许权费收入并结转成本。

分录	借方	贷方
借：预收账款——乙公司	200 000	
贷：主营业务收入——提供家具、柜台		200 000
借：主营业务成本——提供家具、柜台	180 000	
贷：库存商品——家具、柜台		180 000

（3）提供初始服务。

分录	借方	贷方
借：劳务成本——提供初始服务	200 000	
贷：应付职工薪酬		140 000
银行存款		60 000
借：预收账款——乙公司	300 000	
贷：主营业务收入——提供初始服务		300 000
借：主营业务成本——提供初始服务	200 000	
贷：劳务成本——提供初始服务		200 000

（4）提供后续服务。

分录	借方	贷方
借：劳务成本——提供后续服务	50 000	
贷：应付职工薪酬		50 000

借：预收账款——乙公司　　100 000
　　贷：主营业务收入——提供后续服务　　100 000
借：主营业务成本——提供后续服务　　50 000
　　贷：劳务成本——提供后续服务　　50 000

8. 长期收费

长期为客户提供重复的劳务收取的劳务费，应在相关劳务活动发生时确认收入。

【例 12-10】　宏达集团有限公司与乙公司签订合同，为乙公司提供网络定期维护劳务，每月月末收取劳务费 10 000 元。假定月末款项均已收到，不考虑其他因素。

宏达集团有限公司的会计处理如下：

借：银行存款　　10 000
　　贷：主营业务收入——网络维护　　10 000

七、让渡资产使用权的使用费收入的确认、计量原则和会计处理

让渡资产使用权收入包括利息收入和使用费收入。利息收入主要是指金融企业对外贷款形成的利息收入以及同业之间发生往来形成的利息收入等。使用费收入主要指让渡无形资产等资产使用权的使用费收入，出租固定资产取得的租金，进行债权投资收取的利息，进行股权投资取得的现金股利等。

1. 让渡资产使用权的使用费收入的确认和计量原则

让渡资产使用权的使用费收入同时满足下列条件的，才能予以确认。

（1）相关的经济利益很可能流入企业。

企业在确定让渡资产使用权的使用费收入金额是否很可能收回时，应当根据对方企业的信誉和生产经营情况、双方就结算方式和期限等达成的合同或协议条款等因素，综合进行判断。如果企业估计使用费收入金额收回的可能性不大，就不应确认收入。

（2）收入的金额能够可靠地计量。

当让渡资产使用权的使用费收入金额能够可靠估计时，企业才能确认收入。让渡资产使用权的使用费收入金额，应按照有关合同或协议约定的收费时间和方法计算确定。不同的使用费收入，收费时间和方法各不相同。有一次性收取一笔固定金额的，如一次性收取 10 年的场地使用费；有在合同或协议规定的有效期内分期等额收取的，如合同或协议规定在使用期内每期收取一笔固定的金额；也有分期不等额收取的，如合同或协议规定按资产使用方每期销售额的百分比收取使用费等。

如果合同或协议规定一次性收取使用费，且不提供后续服务的，应当视同销售该项资产一次性确认收入；提供后续服务的，应在合同或协议规定的有效期内分期确认收入。如果合同或协议规定分期收取使用费的，应按合同或协议规定的收款时间和金额或规定的收费方法计算确定的金额分期确认收入。

2. 让渡资产使用权的使用费收入的会计处理

（1）利息收入的处理。

企业应在资产负债表日，按照他人使用本企业货币资金的时间和实际利率计算确定利息收入金额。按计算确定的利息收入金额，借记“应收利息”“贷款”“银行存款”等账户，贷记“利息收入”“其他业务收入”等账户。

（2）使用费收入的处理。

企业让渡资产使用权的使用费收入，一般作为其他业务收入处理；让渡资产所计提的摊销额等，一般作为其他业务成本处理。

【例 12-11】　宏达集团有限公司向丁公司转让某商品的商标使用权，约定丁公司每年末按年销售收入的 20%支付使用费，使用期 10 年。第一年，丁公司实现销售收入 1 500 000 元；第二年，丁公司实现销售收入 2 000 000 元。假定宏达集团有限公司均于每年末收到使用费。

宏达集团有限公司确认使用费收入的会计处理如下：

①第一年末确认使用费收入。

应确认的使用费收入＝1 500 000×20%＝300 000（元）

借：银行存款　　300 000

　　贷：其他业务收入　　300 000

②第二年末确认使用费收入。

应确认的使用费收入＝2 000 000×20%＝400 000（元）

借：银行存款　　400 000

　　贷：其他业务收入　　400 000

第二节　费用的核算

一、费用的概念和特征

1. 费用的概念

费用是指企业在日常活动中发生的、会导致所有者权益减少的、与向所有者分配利润无关的经济利益的总流出。

2. 费用的特征

（1）费用是企业在日常活动中发生的经济利益的总流出。

日常活动是指企业为完成其经营目标所从事的经常性活动以及与之相关的其他活动。工业企业制造并销售产品、商业企业购买并销售商品、咨询公司提供咨询服务、软件开发企业为客户开发软件、安装公司提供安装服务、租赁公司出租资产等活动中发生的经济利益的总流出构成费用。工业企业对外出售不需用的原材料结转的材料成本等，也构成费用。

费用形成于企业日常活动的特征使其与产生于非日常活动的损失相区分。企业从事或发生的某些活动或事项也能导致经济利益流出企业，但不属于企业的日常活动。例如，企业处置固定资产、无形资产等非流动资产，因违约支付罚款，对外捐赠，因自然灾害等非常原因造成财产毁损等，这些活动或事项形成的经济利益的总流出属于企业的损失而不是费用。

（2）费用会导致企业所有者权益的减少。

费用既可能表现为资产的减少，如减少银行存款、库存商品等；也可能表现为负债的增加，如增加应付职工薪酬、应交税费（应交营业税、消费税）等。根据“资产－负债＝所有者权益”的会计等式，费用一定会导致企业所有者权益的减少。

企业经营管理中的某些支出并不减少企业的所有者权益，也就不构成费用。例如，企业以银行存款偿还一项负债，只是一项资产和一项负债的等额减少，对所有者权益没有影响，因此，不构成企业的费用。

（3）费用与向所有者分配利润无关。

向所有者分配利润或股利属于企业利润分配的内容，不构成企业的费用。

二、费用的主要内容及其核算

企业的费用主要包括主营业务成本、其他业务成本、税金及附加、销售费用、管理费用和财务费用等。

1. 主营业务成本

主营业务成本是指企业销售商品、提供劳务等经常性活动所发生的成本。企业一般在确认销售商品、提供劳务等主营业务收入时，或在月末，将已销售商品、已提供劳务的成本结转入主营业务成本。

2. 其他业务成本

其他业务成本是指企业除主营业务活动以外的企业经营活动所发生的成本。

3. 税金及附加

税金及附加是指企业经营活动应负担的相关税费，如计入当期损益的消费税、营业税、城市维护建设税、教育费附加、资源税和土地增值税等。

4. 销售费用

销售费用是指企业在销售商品和材料、包装物，提供劳务过程中发生的各项费用，包括企业在销售商品过程中发生的包装费、保险费、展览费和广告费商品维修费、预计产品质量保证损失、运输费、装卸费等费用，以及企业发生的为销售本企业商品而专设的销售机构的职工薪酬、业务费、折旧费、固定资产修理费等费用。

企业发生的销售费用，通过“销售费用”账户核算，并在“销售费用”账户中按费用项目设置明细账，进行明细核算。期末，“销售费用”账户的余额结转“本年利润”账户后无余额。

企业（金融）应将“销售费用”账户改为“业务及管理费”账户，核算企业（金融）在业务经营和管理过程中所发生的各项费用，包括折旧费、业务宣传费、业务招待费、电子设备运转费、钞币运送费、安全防范费、邮电费、劳动保护费、外事费、印刷费、低值易耗品摊销、职工工资及福利费、差旅费、水电费、职工教育经费、工会经费、会议费、诉讼费、公证费、咨询费、无形资产摊销、长期待摊费用摊销、取暖降温费、聘请中介机构费、技术转让费、绿化费、董事会费、财产保险费、劳动保险费、待业保险费、住房公积金、物业管理费、研究费用、提取保险保障基金等。

【例 12-12】 宏达集团有限公司销售一批产品，在销售过程中发生运输费 5 000 元、装卸费 3 000 元，挑选费 2 000 元，均用银行存款支付。

其会计处理如下：

借：销售费用　　10 000

　　贷：银行存款　　10 000

5. 管理费用

管理费用是指企业为组织和管理生产经营活动而发生的各种管理费用。管理费用具体包括：企业在筹建期间发生的开办费、董事会和行政管理部门在企业的经营管理中发生的或者应由企业统一负担的公司经费（包括行政管理部门职工薪酬、物料消耗、低值易耗品摊销、办公费和差旅费等）、董事会费（包括董事会成员津贴、会议费和差旅费等）、聘请中介机构费、咨询费（含顾问费）、诉讼费、业务招待费、房产税、车船税、土地使用税、印花税、技术转让费、矿产资源补偿费、研究费用、排污费以及企业行政管理部门发生的固定资产修理费等。

企业核算管理费用的发生和结转情况时应通过“管理费用”账户。该账户应按管理费用的费用项目进行明细核算，借方登记企业发生的各项管理费用，贷方登记期末全转入“本年利润”账户的管理费用，作为损益类科目，其结转后应无余额。

【例 12-13】　某企业就一项产品的设计方案向有关专家进行咨询，以现金支付咨询费 70 000 元。

其会计处理如下：

借：管理费用　　70 000

　　贷：库存现金　　70 000

6. 财务费用

财务费用是指企业为筹集生产经营所需资金等发生的筹资费用，包括利息支出（减利息收入）、汇兑损益以及相关的手续费、企业发生的现金折扣或收到的现金折扣等。

企业发生的财务费用，通过“财务费用”账户核算，并在“财务费用”账户中按费用项目设置明细账，进行明细核算。期末，“财务费用”账户的余额结转“本年利润”账户后无余额。

【例 12-14】　某股份有限公司于 2024 年 1 月 1 日平价发行公司债券，面值 300 000 万元，期限 2 年，年利率 6%，到期后本息一次归还。债券在发行过程中，发生的手续费率为债券面值的 1%，即 3 000 万元。

有关手续费的会计处理如下：

借：财务费用　　30 000 000

　　贷：银行存款　　30 000 000

第三节　利润的核算

一、利润的构成

利润是指企业在一定会计期间的经营成果。利润包括收入减去费用后的净额、直接计入当期利润的利得和损失等。

直接计入当期利润的利得和损失，是指应当计入当期损益、会导致所有者权益发生增减变动的、与所有者投入资本或者向所有者分配利润无关的利得和损失，如营业外收入与营业外支出。利润由以下几个部分构成。

1. 营业利润

营业利润的计算公式为：

营业利润＝营业收入－营业成本－税金及附加－销售费用－管理费用－研发费用－财务费用－资产减值损失－信用减值损失＋其他收益±投资净损益±公允价值变动净损益±资产处置净损益

其中，营业收入是指企业营业业务所实现的收入总额，包括主营业务收入和其他业务收入。

营业成本是指企业经营业务所发生的实际成本总额，包括主营业务成本和其他业务成本。

税金及附加是指企业经营业务应负担的税金及附加费用，如消费税、城市维护建设税、资源税、房产税、车船税、城镇土地使用税、印花税、教育费附加等。

研发费用是指企业在研究与开发过程中发生的费用化支出，是管理费用的一部分，在利润表中应将其从管理费用中分离出来，单独列报。

其他收益是指与企业日常活动相关，但不宜冲减成本费用而应计入其他收益的政府补助，如增值税即征即退、与资产相关的政府补助确认为递延收益后的分期摊销等。

资产处置净损益是指企业出售划分为持有待售的非流动资产（金融资产、长期股权投资和投资性房地产除外）或处置组（子公司和业务除外）时确认的处置利得或损失，以及处置（包括抵债、投资、非货币性资产交换、捐赠等）未划分为持有待售的固定资产、在建工程、无形资产等产生的处置利得或损失。

2. 利润总额

利润总额的计算公式为：

利润总额＝营业利润＋营业外收入－营业外支出

其中，营业外收入是指企业发生的与其日常活动无直接关系的各项利得。

营业外支出是指企业发生的与其日常活动无直接关系的各项损失。

3. 净利润

净利润的计算公式为：

净利润＝利润总额－所得税费用

其中，所得税费用是指企业确认的应从当期利润总额中扣除的所得税费用。

二、营业外收入和营业外支出的核算

1. 营业外收入的核算

（1）营业外收入核算的内容。

营业外收入是指企业发生的与其生产经营无直接关系的各项收入，包括固定资产盘盈、处置固定资产净收益、非货币性交易收益、出售无形资产收益、罚款净收入等。营业外收入并不是企业经营资金耗费所产生的，不需要企业付出代价，实际上是经济利益的净流入，不可能也不需要与有关的费用进行配比。营业外收入主要包括非流动资产处置利得、盘盈利得、罚没利得、捐赠利得、确实无法支付而按规定程序经批准后转作营业外收入的应付款项等。

其中，非流动资产处置利得包括固定资产处置利得和无形资产出售利得。固定资产处置利得是指企业出售固定资产所取得价款或报废固定资产的材料价值和变价收入等，扣除处置固定资产的账面价值、清理费用、处置相关税费后的净收益；无形资产出售利得是指企业出售无形资产所取得的价款，扣除无形资产的账面价值、出售相关税费后的净收益。

盘盈利得主要指对于现金等清查盘点中盘盈的现金等，报经批准后计入营业外收入的金额。

罚没利得是指企业取得的各项罚款，在弥补由于对违反合同或协议而造成的经济损失后的罚款净收益。

捐赠利得是指企业接受捐赠产生的利得。

（2）营业外收入的会计处理。

企业应通过“营业外收入”账户，核算营业外收入的取得及结转情况。该账户贷方登记企业确认的各项营业外收入，借方登记期末结转入本年利润的营业外收入。结转后该账户应无余额。该账户应按照营业外收入的项目进行明细核算。

企业确认营业外收入，借记“固定资产清理”“银行存款”“待处理财产损溢”“应付账款”等账户，贷记“营业外收入”账户。期末，应将“营业外收入”账户余额转入“本年利润”账户，借记“营业外收入”账户，贷记“本年利润”账户。

【例 12-15】　某企业本期营业外收入总额为 20 000 元，期末结转本年利润。

其会计处理如下：

借：营业外收入　　20 000

　　贷：本年利润　　20 000

2. 营业外支出的核算

（1）营业外支出核算的内容。

营业外支出是指不属于企业生产经营费用，与企业日常生产经营活动没有直接的关系，但应从企业实现的利润总额中扣除的支出，包括固定资产盘亏、报废、毁损和出售的净损失、非季节性和非修理性期间的停工损失、罚款支出、非常损失、公益救济性的捐赠、赔偿金、违约金等。

盘亏损失主要指对于财产清查盘点中盘亏的资产，在查明原因处理时按确定的损失计入营业外支出的金额。

罚款支出是指企业由于违反税收法规、经济合同等而支付的各种滞纳金和罚款。

公益性捐赠支出是指企业对外进行公益性捐赠发生的支出。

非常损失是指企业对于因客观因素（如自然灾害等）造成的损失，在扣除保险公司赔偿后应计入营业外支出的净损失。

（2）营业外支出的会计处理。

企业应通过“营业外支出”账户，核算营业外支出的发生及结转情况。该账户借方登记企业发生的各项营业外支出，贷方登记期末结转入本年利润的营业外支出。结转后该账户应无余额。该账户应按照营业外支出的项目进行明细核算。

企业发生营业外支出时，借记“营业外支出”账户，贷记“固定资产清理”“待处理财产损溢”“库存现金”“银行存款”等账户。期末，应将“营业外支出”账户余额结转入“本年利润”账户，借记“本年利润”账户，贷记“营业外支出”账户。

【例 12-16】　某企业处置固定资产损失 50 000 元转作营业外支出。

其会计处理如下：

借：营业外支出　　50 000

　　贷：固定资产清理　　50 000

三、利润的结转与分配

1. 利润的结转

企业应设置“本年利润”账户，用于核算企业当期实现的净利润或发生的净亏损。会计期末结转本年利润的方法有表结法和账结法两种。年度终了，应将本年收入和支出相抵后结出的本年实现的净利润，由“本年利润”科目结转入“利润分配”科目。

【例 12-17】 华兴股份有限公司 2023 年度取得主营业务收入 10 000 万元，其他业务收入 2 500 万元，投资净收益 800 万元，营业外收入 250 万元；发生主营业务成本 6 500 万元，其他业务成本 2 000 万元，税金及附加 120 万元，销售费用 580 万元，管理费用 450 万元，财务费用 180 万元，资产减值损失 150 万元，信用减值损失 50 万元，公允价值变动净损失 100 万元，资产处置净损失 40 万元，营业外支出 100 万元；本年度确认的所得税费用为 600 万元。假设华兴股份有限公司年末一次性结转利润。华兴股份有限公司结转利润的会计处理如下：

（1）2023 年 12 月 31 日，结转本年损益类账户余额。

	借方	贷方
借：主营业务收入	100 000 000	
其他业务收入	25 000 000	
投资收益	8 000 000	
营业外收入	2 500 000	
贷：本年利润		135 500 000
借：本年利润	108 700 000	
贷：主营业务成本		65 000 000
其他业务成本		20 000 000
税金及附加		1 200 000
销售费用		5 800 000
管理费用		4 500 000
财务费用		1 800 000
资产减值损失		1 500 000
信用减值损失		500 000
公允价值变动损益		1 000 000
资产处置净损失		400 000
营业外支出		1 000 000
所得税费用		6 000 000

（2）2023 年 12 月 31 日，结转本年净利润。

	借方	贷方
借：本年利润	26 800 000	
贷：利润分配——未分配利润		26 800 000

2. 利润的分配

企业当期实现的净利润，加上年初未分配利润（或减去年初未弥补亏损）后的余额，为可供分配的利润。可供分配的利润，一般按下列顺序分配。

（1）提取法定盈余公积是指企业根据有关法律的规定，按照净利润 10%提取的盈余公积。法定盈余公积累计金额超过企业注册资本的50%以上时，可以不再提取。

（2）提取任意盈余公积是指企业按股东大会决议提取的盈余公积。

（3）应付现金股利或利润是指企业按照利润分配方案分配给股东的现金股利，也包括非股份有限公司分配给投资者的利润。

（4）转作股本的股利，是指企业按照利润分配方案以分派股票股利的形式转作股本的股利，也包括非股份有限公司以利润转增的资本。我国《公司法》规定股份有限公司股利的发放形式主要有现金股利和股票股利两种。

企业应当设置“利润分配”科目，核算利润的分配（或亏损的弥补）和历年分配（或弥补）后积存的余额，该科目还应当设置“提取法定盈余公积”“应付优先股股利”“提取任意盈余公积”“应付普通股股利”“转作资本（或股本）的普通股股利”“未分配利润”等明细科目，进行明细核算。

【例 12-18】　华兴股份有限公司 2023 年度实现净利润 2 680 万元，按净利润的 10%提取法定盈余公积，按净利润 15%提取任意盈余公积，向股东分派现金股利 400 万元，同时分派每股面值 1 元的股票股利 500 万股。

其会计处理如下：

（1）提取盈余公积。

	借方	贷方
借：利润分配——提取法定盈余公积	2 680 000	
——提取任意盈余公积	4 020 000	
贷：盈余公积——法定盈余公积		2 680 000
——任意盈余公积		4 020 000

（2）分派现金股利。

	借方	贷方
借：利润分配——应付现金股利	4 000 000	
贷：应付股利		4 000 000

（3）分派股票股利，已办妥增资手续。

	借方	贷方
借：利润分配——转作股本的股利	5 000 000	
贷：股本		5 000 000

（4）结转“利润分配”账户所属其他明细账户余额。

	借方	贷方
借：利润分配——未分配利润	15 700 000	
贷：利润分配——提取盈余公积	2 680 000	
——提取任意盈余公积		4 020 000
——应付现金股利		4 000 000
——转作股本的股利		5 000 000

本章习题

一、简答题

1. 收入、费用的种类有哪些？

2. 收入、费用的特点是什么？

3. 销售商品收入的确认条件是什么？销售商品收入金额如何确定？在涉及现金折扣、商业折扣、销售折让时，如何确定销售商品收入的金额？

4. 一般销售商品业务、不满足收入确认条件的销售业务、销售折让、销售退回如何进行账务处理？

5. 利润如何计算？营业外收入和营业外支出、本年利润如何核算？

6. 采用完工百分比法确认劳务收入的条件是什么？在完工百分比法下，本期确认的收入和费用如何计算？如何进行会计处理？

7. 所得税会计核算的流程是什么？

二、实训题

甲公司2023年有关损益类科目的年末余额如表12-1所示。假设该企业采用表结法年末一次结转损益类科目，所得税税率为33%。

表12-1　甲公司2023年有关损益类科目的年末余额

单位：元

科目名称	结账前余额
主营业务收入	6 000 000（贷）
其他业务收入	700 000（贷）
公允价值变动损益	150 000（贷）
投资收益	600 000（贷）
营业外收入	50 000（贷）
主营业务成本	4 000 000（借）
其他业务成本	400 000（借）
税金及附加	80 000（贷）
销售费用	500 000（借）
管理费用	770 000（借）
财务费用	200 000（借）
资产减值损失	100 000（借）
营业外支出	250 000（借）

要求：编制甲公司2023年末未结转本年利润的会计分录。

第十三章

财务报表

学习要点

1. 资产负债表的编制方法。
2. 利润表的编制方法。
3. 现金流量表的编制方法。

第一节 认识财务报表

财务报表是指企业提供的反映企业某一特定日期的财务状况和某一会计期间的经营成果、现金流量等会计信息的文件。

企业发生的各项经济业务，通过日常的会计核算，按照一定的会计程序在有关的账簿中进行全面、连续、分类、汇总的记录和计算，所以，会计账簿可以全面反映企业在一定时期的财务状况和经营成果。但是，这些日常核算资料数量太多，不能集中、概括地反映企业的财务信息，而且企业的投资者、债权人和政府管理部门等相关利益人不能直接使用这些比较分散的会计记录，因此，需要定期将日常会计核算资料加以分类、调整和汇总，按照一定的形式编制成报表性信息，来总括性地反映企业经济活动的过程和结果，为有关各方进行管理和决策提供所需的会计信息。

一、财务报表的内容与作用

财务报表是对企业财务状况、经营成果和现金流量的结构性表述。

财务报表至少应当包括下列组成部分：①资产负债表；②利润表；③现金流量表；④所有者权益（或股东权益，下同）变动表；⑤附注。

财务报表是企业提供会计信息的一种重要手段，它对于改善企业外部有关方面的经济决策环境和加强企业内部经营管理，具有重要作用。

财务报表的基本作用可以概括为以下几个方面。

(1) 企业的投资者和债权人可以利用财务报表了解有关企业经营成果、财务状况及现金流动情况等会计信息，以便进行正确的投资决策和信贷决策。

(2) 企业管理者可以利用财务报表，考核和分析财务成本计划或预算的完成情况，评价经济效益。

(3) 国家有关部门可以利用各单位提供的财务报表资料进行汇总分析，进而了解和掌握各部门、各地区经济计划完成情况以及各种财经法律制度的执行情况等，加强宏观经济管理。

二、财务报表的分类

财务报表分为月度、季度、半年度和年度财务报表。

月度、季度财务报表是指月度和季度终了时提供的报表；半年度财务报表是指在每个会计年度的前 6 个月结束后对外提供的财务报表；月度、季度和半年度报表统称为中期财务报表。

年度财务报表是指年度终了对外提供的财务报表。

三、财务报表的编制原则

为了保证财务报表的质量，编制财务报表时应遵循以下几个原则。

(1) 企业应当以持续经营为基础，根据实际发生的交易和事项，按照国家统一会计准则的规定进行确认和计量，在此基础上编制财务报告，不能以附注披露代替会计确认和计量。

在编制财务报告过程中，企业管理层应当综合考虑市场经营风险、企业的盈利能力、偿债能力、财务弹性等因素，对企业的持续经营能力进行评价。如果判定企业将处于非持续经营状态，应当采用其他基础编制财务报告，此时要在附注中进行说明。

（2）财务报表项目的列报应当在各个会计期间保持一致，一般情况下不得随意变更。

（3）在编制财务报表的过程中，应当考虑报表项目的重要性。

对于性质或功能不同的项目，如长期股权投资与固定资产，应当在财务报表中单独列报；对于性质或功能类似的项目，应当予以合并，如库存商品与原材料，都作为存货项目列报。

重要性，是指财务报表某项目的省略或错报会影响使用者据此作出经济决策的，该项目就具有重要性。判断项目的重要性，应当考虑该项目的性质是否属于企业日常活动，是否对企业的财务状况和经营成果具有较大影响等因素；判断项目金额大小的重要性，应当通过单项金额占资产总额、负债总额、所有者权益总额、营业收入总额、营业成本总额、净利润等直接相关项目金额的比重加以确定。

（4）财务报表中的资产项目和负债项目的金额、收入项目和费用项目的金额通常不能相互抵销。

但是，资产项目按扣除减值准备后的净额列示，能够反映资产可以给企业带来的实际经济利益，不属于抵销。另外，非日常活动的发生具有偶然性，其产生的损益以收入扣减费用后的净额列示，更有利于财务报告使用者的经济决策，也不属于抵销。

（5）当期财务报表的列报，至少应当提供所有列报项目上一可比会计期间的比较数据，以及与理解当期财务报表相关的说明。

（6）在财务报表的显著位置至少应当披露下列各项：①编报企业的名称；②资产负债表日或财务报表涵盖的会计期间；③人民币金额单位；④财务报表是合并财务报表的，应当予以标明。

（7）至少应当按年编制财务报表。年度财务报表涵盖的期间短于1年的，应当作出说明。

第二节　资产负债表的编制

一、资产负债表的概念与作用

资产负债表是指总括地反映企业在某一特定日期所拥有或控制的经济资源、所承担的现时义务和所有者对净资产的要求权，即反映了一个企业在特定日期的财务状况。

通过资产负债表，使用者可以分析了解到企业以下几个方面的信息。

（1）企业所拥有或控制的经济资源（资产）。

（2）企业所负担的债务（负债），以及企业的偿债能力。

（3）企业所有者在企业里所享有的权益。

（4）企业未来财务状况的变动趋势。

二、资产负债表的结构

在结构上，资产负债表是根据“资产＝负债＋所有者权益”这一会计基本等式而设计编制的。

在我国，资产负债表采用账户式结构，报表分为左右两方，左方列示资产各项目，按其流动性程度的高低顺序排列，反映全部资产的分布及存在形态；右方列示负债和所有者权益各项目，负债按其到期日由近及远的顺序排列，所有者权益按其永久性递减的顺序排列，反映全部负债和所有者权益的内容及构成情况。资产负债表左右双方平衡，即资产总计等于负债和所有者权益总计。

资产负债表的基本格式如表 13-1 所示。

表 13-1　资产负债表

会企 01 表

编制单位：宏达集团有限公司　　2023 年 12 月 31 日　　单位：元

资产	年初余额	期末余额	负债和所有者权益	年初余额	期末余额
流动资产：			**流动负债：**		
货币资金	2 079 100	1 493 167	短期借款	500 000	300 000
交易性金融资产	26 800	28 800	交易性金融负债	0	0
应收票据	80 000	0	应付票据	250 000	100 000
应收账款	392 000	492 940	应付账款	760 000	675 000
预付款项	65 000	0	预收款项	0	0
应收利息	0	0	应付职工薪酬	51 000	51 000
应收股利	0	0	应交税费	40 800	153 317
其他应收款	4 500	4 500	应付利息	12 000	24 000
存货	348 200	518 710	应付股利	0	81 145
其中：消耗性生物资产	0	0	其他应付款	65 000	65 000
一年内到期的非流动资产	0	0	一年内到期的非流动负债	850 000	400 000
其他流动资产	0	0	其他流动负债	0	0
流动资产合计	2 995 600	2 538 117	**流动负债合计**	2 528 800	1 849 462
非流动资产：			**非流动负债：**		
可供出售金融资产	80 000	90 000	长期借款	950 000	1 220 500
债权投资	0	0	应付债券	0	0
长期应收款	0	0	长期应付款	0	0
长期股权投资	215 500	215 500	专项应付款	0	0
投资性房地产	0	0	预计负债	0	0
固定资产	2 309 000	3 290 100	递延所得税负债	8 000	20 400
在建工程	1 600 000	670 000	其他非流动负债	0	0
工程物资	0	130 000	非流动负债合计	958 000	1 240 900
固定资产清理	0	0	**负债合计**	3 486 800	3 090 362
生产性生物资产	0	0	**所有者权益：**		
油气资产	0	0	实收资本（或股本）	1 000 000	1 000 000

续表

资产	年初余额	期末余额	负债和所有者权益	年初余额	期末余额
无形资产	960 000	880 000	资本公积	3 433 300	3 440 800
开发支出	0	20 000	减：库存股	0	0
商誉	0	0	盈余公积	150 000	171 555
长期待摊费用	0	0	未分配利润	90 000	131 000
递延所得税资产	0	0	**所有者权益合计**	4 673 300	4 743 355
其他非流动资产	0	0			
非流动资产合计	5 164 500	5 295 600			
资产总计	8 160 100	7 833 717	**负债和所有者权益总计**	8 160 100	7 833 717

三、资产负债表的编制方法

1.“期末余额”的填制方法

在日常核算中，企业的每一项资产、负债和所有者权益是通过各有关账户来记录的，所以期末各有关账户的余额就代表了该时点资产、负债和所有者权益的金额。作为总括地反映企业资产、负债和所有者权益的资产负债表项目，原则上都可以直接根据有关总账账户的期末余额填列。但是，为了更好地满足报表使用者的要求，资产负债表的某些项目需要根据总账账户和明细账户的记录分析计算后填列。

具体来说，资产负债表的填制方法可分为以下几类。

（1）直接根据总账账户余额填列。

例如，“交易性金融资产”“固定资产清理”“长期待摊费用”“递延所得税资产”“短期借款”“交易性金融负债”“应付票据”“应付职工薪酬”“应交税费”“应付利息”“应付股利”“其他应付款”“递延所得税负债”“实收资本”“资本公积”“库存股”“盈余公积”等项目，都应当根据相关总账账户的余额直接填列。

（2）根据几个总账账户的余额计算填列。

例如，“货币资金”项目，是根据“库存现金”“银行存款”“其他货币资金”等账户期末余额合计填列的；“存货”项目，是根据“材料采购”“原材料”“库存商品”“委托加工物资”“包装物”“低值易耗品”“材料成本差异”“生产成本”“自制半成品”“产成品”等账户借贷方余额的差额计算填列的；“未分配利润”项目，是根据“本年利润”“利润分配”账户余额计算填列的。

（3）根据有关明细账户的余额计算填列。

例如，“应收账款”项目，是根据“应收账款”“预收账款”等账户所属明细账户的期末借方余额之和计算填列的；“预收款项”项目，是根据“应收账款”“预收账款”等账户所属明细账户的期末贷方余额之和计算填列的；“应付账款”项目，是根据“应付账款”“预付账款”等账户所属明细账户的期末贷方余额之和计算填列的；“预付款项”项目，是根据“应付账款”“预付账款”等账户所属明细账户的期末借方余额之和计算填列的。

（4）根据总账账户和明细账户的余额分析计算填列。

例如，“长期应收款”项目，是根据“长期应收款”总账账户余额，减去“未实现融资收益”总账账户余额，再减去所属相关明细账户中将于一年内到期的部分后的数额填列；“长期借款”“应付债券”等项目，是根据总账账户余额扣除所属明细账户中将于一年内到期的部分后的数额填列的；“长期应付款”项目，是根据“长期应付款”总账账户余额，减去“未确认融资费用”总账账户余额，再减去所属相关明细账户中将于一年内到期的部分后的数额填列的。

（5）根据总账账户与其备抵账户抵销后的净额填列。

例如，“存货”项目，是根据存货各账户的期末余额，减去“存货跌价准备”账户期末余额后的金额填列的；“债权投资”项目，是根据“债权投资”账户期末余额，减去“债权投资减值准备”账户期末余额后的金额填列的；“固定资产”项目，是根据“固定资产”账户期末余额，减去“累计折旧”“固定资产减值准备”等账户期末余额后的金额填列的。

2.“年初余额”的填制方法

“年初余额”栏内各项目数字，应根据上年末资产负债表“期末余额”栏内所列数字填列。如果本年度资产负债表规定的各个项目的名称和内容同上年度不相一致，应对上年末资产负债表各项目的名称和数字按本年度的规定进行调整，按调整后的数字填入本表“年初余额”栏内。

四、资产负债表编制举例

【例 13-1】　宏达集团有限公司是增值税一般纳税人，所得税税率为 25%。2022 年和 2023 年流通在外的股份为 100 万股。其 2023 年 1 月 1 日有关科目的余额如表 13-2 所示。

表 13-2　科目余额表 1

2023 年 1 月 1 日　　单位：元

科目名称	借方余额	科目名称	贷方余额
库存现金	3 100	短期借款	500 000
银行存款	1 908 000	应付票据	250 000
其他货币资金	168 000	应付账款	760 000
交易性金融资产	26 800	其他应付款	65 000
应收票据	80 000	应付职工薪酬	51 000
应收账款	400 000	应交税费	40 800
坏账准备	−8 000	应付利息	12 000
预付账款	65 000	长期借款	1 800 000
其他应收款	4 500	其中：1 年内到期的非流动负债	850 000
物资采购	120 000	递延所得税负债	8 000
原材料	91 200	股本	1 000 000
包装物	10 000	资本公积	3 433 300
低值易耗品	70 000	盈余公积	150 000
库存商品	60 000	利润分配（未分配利润）	90 000
材料成本差异	3 500		
存货跌价准备	−6 500		
可供出售金融资产	80 000		

续表

科目名称	借方余额	科目名称	贷方余额
长期股权投资	220 000		
长期股权投资减值准备	−4 500		
固定资产	3 099 000		
累计折旧	−600 000		
固定资产减值准备	−190 000		
在建工程	1 600 000		
无形资产	1 200 000		
累计摊销	−240 000		
开发支出			
长期待摊费用			
合计	8 160 100	合计	8 160 100

该公司2023年度发生的经济业务如下。

（1）购入原材料一批，材料价款200 000元，增值税税额34 000元，共计234 000元，原已预付材料款65 000元，余款169 000元用银行存款支付，材料未到。

（2）收到原材料一批，实际成本120 000元，计划成本115 000元，材料已验收入库，货款已于上月支付。

（3）购入无须安装的设备一台，价款90 000元，支付的增值税15 300元，支付包装费、运费1 100元，均以银行存款支付。设备已交付使用。

（4）购入工程物资一批，价款130 000元，增值税税额22 100元，均已用银行存款支付。

（5）收到银行通知，用银行存款支付到期的商业承兑汇票150 000元，偿还应付账款85 000元。

（6）销售产品一批，销售价款400 000元，应收取增值税税额68 000元，产品已发出，价款尚未收到。

（7）从银行借入3年期借款500 000元，借款已存入银行，该项借款用于购建固定资产。

（8）应付在建工程人员薪酬410 000元。

（9）一项工程完工，计算应负担的长期借款利息160 000元，该项借款本息未付。

（10）一项工程完工，交付生产使用，已办理竣工手续，固定资产价值1 500 000元。

（11）销售产品一批，价款800 000元，应收增值税税额136 000元，货款银行已收。

（12）出售一台不需用的设备，收到总价款468 000元（其中增值税税额68 000元），设备原价800 000元，已计提折旧260 000元，减值准备100 000元，设备已交付购入单位。

（13）收到一项长期股权投资的现金股利40 000元，存入银行。该项投资按成本法核算，被投资单位的所得税率与本公司一致。

（14）归还短期借款本金200 000元，利息10 000元，共计210 000元。

（15）用银行汇票支付采购材料价款，公司收到开户银行转来银行汇票多余款收账通知，通知上所填多余款为417元，购入材料价款及运费共计125 300元，增值税税额为20 283元。

（16）上述购入材料已验收入库，该批材料的计划价格为125 600元。

（17）用银行存款支付职工薪酬1 037 000元，其中包括支付给在建工程人员的薪酬410 000元。

（18）分配应支付的职工薪酬627 000元（不包括在建工程应负担的薪酬410 000元）：其中生产

人员薪酬 570 000 元，车间管理人员薪酬 11 400 元，行政管理部门人员薪酬 45 600 元。

（19）用银行存款支付研发部门的新技术开发支出 20 000 元，该项支出符合资本化条件。

（20）用银行存款支付产品展览费 15 000 元，广告费 13 000 元。

（21）基本生产领用原材料，计划成本 300 000 元；领用低值易耗品，计划成本 60 000 元，采用一次摊销法核算。

（22）结转领用的原材料与低值易耗品的成本差异，材料成本差异率为 2%。

（23）销售产品一批，价款 300 000 元，增值税税额 51 000 元，收到金额为 351 000 元的商业承兑汇票一张。

（24）将上述商业承兑汇票向银行办理贴现，贴现息为 24 000 元，该票据的到期日为 2023 年 4 月 20 日。同时，将手中持有的已到期的面值为 80 000 元的无息银行承兑汇票交银行解讫，款项已收妥。

（25）提取应计入本期损益的借款利息共 32 500 元，其中，短期借款利息 22 000 元，长期借款利息 10 500 元。

（26）计提固定资产折旧 120 000 元，其中，应计入制造费用 100 000 元，管理费用 20 000 元。

（27）摊销无形资产 80 000 元。

（28）用银行存款支付管理部门水电费 12 000 元、生产车间水电费 75 000 元。

（29）用银行存款支付本年度企业财产保险费 67 100 元。

（30）本期产品销售应缴纳的城市维护建设税 14 875 元，教育费附加 6 375 元。

（31）用银行存款缴纳增值税 120 000 元，城市维护建设税 14 875 元，教育费附加 6 375 元。

（32）年末交易性金融资产的公允价值为 28 800 元，应确认公允价值变动收益 2 000 元。

（33）年末可供出售金融资产的公允价值为 90 000 元，较年初增加 10 000 元（该项可供出售金融资产于上年购入，取得成本为 74 000 元，上年末公允价值为 80 000 元）。

（34）计算并结转本期完工产品成本 1 123 600 元。没有期初在产品，本期生产的产品全部完工入库。

（35）结转本期产品销售成本 900 000 元。

（36）基本生产车间盘亏一台设备，原价 280 000 元，已计提折旧 225 000 元，减值准备 25 000 元。

（37）偿还长期借款本金 850 000 元。

（38）收回应收账款 360 000 元，存入银行。

（39）应收某客户的货款 5 000 元，已确定不能收回。

（40）按应收账款余额的 2%计提坏账准备。

（41）计提存货跌价准备 11 190 元。

（42）计提固定资产减值准备 20 000 元。

（43）第 36 项业务中盘亏的固定资产损失 30 000 元已被批准转入营业外支出。

（44）结转各收入、费用科目，确定利润总额 203 300 元。

（45）计算、结转所得税。假设应交所得税为 49 700 元，所得税费用为 59 600 元，增加递延所得税负债 9 900 元。

（46）用银行存款缴纳所得税 48 500 元。

（47）提取盈余公积 21 555 元，分配普通股现金股利 81 145 元。

（48）将利润分配各明细科目的余额转入“未分配利润”明细科目，结转本年利润。

本例中的账务处理除可供出售金融资产外都不单独考虑递延所得税因素。

要求：根据上述资料，编制宏达集团有限公司 2023 年 12 月 31 日的资产负债表。

1. 编制会计分录

(1) 借：材料采购	200 000	
应交税费——应交增值税（进项税额）	34 000	
贷：银行存款		169 000
预付账款		65 000
(2) 借：原材料	115 000	
材料成本差异	5 000	
贷：材料采购		120 000
(3) 借：固定资产	91 100	
应交税费——应交增值税（进项税额）	15 300	
贷：银行存款		106 400
(4) 借：工程物资	130 000	
应交税费——应交增值税（进项税额）	22 100	
贷：银行存款		152 100
(5) 借：应付票据	150 000	
应付账款	85 000	
贷：银行存款		235 000
(6) 借：应收账款	468 000	
贷：主营业务收入		400 000
应交税费——应交增值税（销项税额）		68 000
(7) 借：银行存款	500 000	
贷：长期借款		500 000
(8) 借：在建工程	410 000	
贷：应付职工薪酬		410 000
(9) 借：在建工程	160 000	
贷：长期借款 ——应付利息		160 000
(10) 借：固定资产	1 500 000	
贷：在建工程		1 500 000
(11) 借：银行存款	936 000	
贷：主营业务收入		800 000
应交税费——应交增值税（销项税额）		136 000
(12) 借：固定资产清理	440 000	
累计折旧	260 000	
固定资产减值准备	100 000	
贷：固定资产		800 000
借：银行存款	468 000	
贷：固定资产清理		400 000
应交税费——应交增值税（销项税额）		68 000
借：营业外支出——处置固定资产净损失	40 000	

贷：固定资产清理 40 000

(13) 借：银行存款 40 000

贷：投资收益 40 000

(14) 借：短期借款 200 000

应付利息 10 000

贷：银行存款 210 000

(15) 借：材料采购 125 300

应交税费——应交增值税（进项税额） 20 283

银行存款 417

贷：其他货币资金 146 000

(16) 借：原材料 125 600

贷：材料采购 125 300

材料成本差异 300

(17) 借：应付职工薪酬 1 037 000

贷：银行存款 1 037 000

(18) 借：生产成本 570 000

制造费用 11 400

管理费用 45 600

贷：应付职工薪酬 627 000

(19) 借：开发支出 20 000

贷：银行存款 20 000

(20) 借：销售费用——展览费 15 000

——广告费 13 000

贷：银行存款 28 000

(21) 借：生产成本 300 000

贷：原材料 300 000

借：制造费用 60 000

贷：低值易耗品 60 000

(22) 原材料应负担材料成本差异：300 000×2%＝6 000（元）

低值易耗品应负担成本差异：60 000×2%＝1 200（元）

借：生产成本 6 000

制造费用 1 200

贷：材料成本差异 7 200

(23) 借：应收票据 351 000

贷：主营业务收入 300 000

应交税费——应交增值税（销项税额） 51 000

(24) 借：银行存款 327 000

财务费用 24 000

贷：应收票据 351 000

借：银行存款 80 000

会计分录	借方	贷方
贷：应收票据		80 000
（25）借：财务费用	32 500	
贷：应付利息		22 000
长期借款——应付利息		10 500
（26）借：管理费用	20 000	
制造费用	100 000	
贷：累计折旧		120 000
（27）借：管理费用	80 000	
贷：累计摊销		80 000
（28）借：管理费用	12 000	
制造费用	75 000	
贷：银行存款		87 000
（29）借：管理费用	67 100	
贷：银行存款		67 100
（30）借：税金及附加	21 250	
贷：应交税费——应交城建税		14 875
应交教育费附加		6 375
（31）借：应交税费——应交增值税（已交税金）	120 000	
应交城建税	14 875	
应交教育费附加	6 375	
贷：银行存款		141 250
（32）借：交易性金融资产——公允价值变动	2 000	
贷：公允价值变动损益		2 000
（33）借：可供出售金融资产	10 000	
贷：资本公积		7 500
递延所得税负债		2 500
（34）借：生产成本	247 600	
贷：制造费用		247 600
借：库存商品	1 123 600	
贷：生产成本		1 123 600
（35）借：主营业务成本	900 000	
贷：库存商品		900 000
（36）借：累计折旧	225 000	
固定资产减值准备	25 000	
待处理财产损溢——待处理固定资产损溢	30 000	
贷：固定资产		280 000
（37）借：长期借款	850 000	
贷：银行存款		850 000
（38）借：银行存款	360 000	
贷：应收账款		360 000
（39）借：坏账准备	5 000	

贷：应收账款　5 000

(40) 应补提的坏账准备=503 000×2%－3 000=7 060（元）

借：资产减值损失——计提的坏账准备　7 060

贷：坏账准备　7 060

(41) 借：资产减值损失——计提的存货跌价准备　11 190

贷：存货跌价准备　11 190

(42) 借：资产减值损失——计提的固定资产减值准备　20 000

贷：固定资产减值准备　20 000

(43) 借：营业外支出——固定资产盘亏　30 000

贷：待处理财产损溢——待处理固定资产损溢　30 000

(44) 借：主营业务收入　1 500 000

投资收益　40 000

公允价值变动损益　2 000

贷：本年利润　1 542 000

借：本年利润　1 338 700

贷：主营业务成本　900 000

税金及附加　21 250

销售费用　28 000

管理费用　224 700

财务费用　56 500

资产减值损失　38 250

营业外支出　70 000

(45) 借：所得税费用　59 600

贷：应交税费——应交所得税　49 700

递延所得税负债　9 900

借：本年利润　59 600

贷：所得税费用　59 600

(46) 借：应交税费——应交所得税　48 500

贷：银行存款　48 500

(47) 本年利润总额=1 542 000－1 338 700－59 600=143 700（元）

提取盈余公积：143 700×15%=21 555（元）

借：利润分配——提取盈余公积　21 555

贷：盈余公积　21 555

借：利润分配——应付普通股股利　81 145

贷：应付股利　81 145

(48) 借：本年利润　143 700

贷：利润分配——未分配利润　143 700

借：利润分配——未分配利润　102 700

贷：利润分配——提取盈余公积　21 555

——应付普通股股利　81 145

2. 根据 T 形账户记录编制 2023 年 12 月 31 日的科目余额表

科目余额表如表 13-3 所示。

表 13-3 科目余额表 2

2023 年 12 月 31 日 单位：元

科目名称	借方余额	科目名称	贷方余额
库存现金	3 100	短期借款	300 000
银行存款	1 468 067	应付票据	100 000
其他货币资金	22 000	应付账款	675 000
交易性金融资产	28 800	其他应付款	65 000
应收票据	0	应付职工薪酬	51 000
应收账款	503 000	应付股利	81 145
坏账准备	−10 060	应交税费	153 317
预付账款	0	应付利息	24 000
其他应收款	4 500	长期借款	1 620 500
材料采购	200 000	其中：1 年内到期的非流动负债	400 000
原材料	31 800	递延所得税负债	20 400
包装物	10 000	股本	1 000 000
低值易耗品	10 000	资本公积	3 440 800
库存商品	283 600	盈余公积	171 555
材料成本差异	1 000	利润分配（未分配利润）	131 000
存货跌价准备	−17 690		
可供出售金融资产	90 000		
长期股权投资	220 000		
长期股权投资减值准备	−4 500		
固定资产	3 610 100		
累计折旧	−235 000		
固定资产减值准备	−85 000		
工程物资	130 000		
在建工程	670 000		
无形资产	1 200 000		
累计摊销	−320 000		
开发支出	20 000		
合计	7 833 717	合计	7 833 717

3. 编制 2023 年 12 月 31 日资产负债表（见表 13-1）

资产负债表部分项目的金额计算如下：

(1) 货币资金＝库存现金＋银行存款＋其他货币资金
＝3 100＋1 468 067＋22 000＝1 493 167（元）

(2) 应收账款＝应收账款的账面余额－坏账准备
＝503 000－10 060＝492 940（元）

(3) 存货＝材料采购＋原材料＋包装物＋低值易耗品＋库存商品＋材料成本差异－存货跌价准备
＝200 000＋31 800＋10 000＋10 000＋283 600＋1 000－17 690＝518 710（元）

(4) 长期股权投资＝长期股权投资账户期末余额－长期股权投资减值准备
＝220 000－4 500＝215 500（元）

(5) 固定资产＝固定资产账户期末余额－累计折旧－固定资产减值准备
＝3 610 100－235 000－85 000＝3 290 100（元）

(6) 无形资产＝无形资产账户期末余额－累计摊销
＝1 200 000－320 000＝880 000（元）

第三节 利润表的编制

一、利润表的概念与作用

利润表是指反映某一会计期间经营成果的财务报表。在利润表上要反映企业在一个会计期间的所有收入和费用，并求出报告期的利润额。

利润表至少应当单独列示反映下列信息的项目。

(1) 营业收入。

(2) 营业成本。

(3) 税金及附加。

(4) 销售费用。

(5) 管理费用。

(6) 财务费用。

(7) 投资收益。

(8) 公允价值变动损益。

(9) 资产减值损失。

(10) 非流动资产处置损益。

(11) 所得税费用。

(12) 净利润。

利用利润表，可以评价一个企业的经营成果和投资效率，分析企业的盈利能力以及预测未来一定时期的盈利趋势。

二、利润表的结构

常见的利润表结构主要有单步式和多步式两种。

单步式利润表是将本期所有收入项目加在一起，再将所有费用项目加在一起，两者相减，通过一次计算得出本期净利润。

多步式利润表是将企业日常经营活动中发生的收入和费用项目与偶然发生的收入和费用项目分开，分别列示来反映企业的多种利润指标。

在我国，企业利润表采用的基本上是多步式结构，净利润是分若干个层次计算列示的，一般可以分为以下几步。

1. 计算列示营业利润

其计算公式为：

营业利润＝主营业务收入＋其他业务收入－主营业务成本－其他业务成本－税金及附加－销售费用－管理费用－财务费用－资产减值损失＋公允价值变动收益＋投资收益

2. 计算列示利润总额

其计算公式为：

利润总额＝营业利润＋营业外收入－营业外支出

3. 计算列示净利润

其计算公式为：

净利润＝利润总额－所得税费用

4. 列示每股收益

每股收益是通过列示基本每股收益和稀释每股收益两项指标来反映的。

利润表的基本格式如表 13-4 所示。

表 13-4　利润表

编制单位：宏达集团有限公司　　2023 年度　　单位：元

项目	本年度金额	上年度金额
一、营业收入	1 500 000	1 200 000
减：营业成本	900 000	750 000
税金及附加	21 250	18 000
销售费用	28 000	25 000
管理费用	224 700	191 000
财务费用	56 500	50 000
资产减值损失	38 250	25 000
加：公允价值变动收益（损失以“－”号填列）	2 000	1 000
投资收益（损失以“－”号填列）	40 000	50 000
其中：对联营企业和合营企业的投资收益	0	0
二、营业利润（亏损以“－”号填列）	273 300	192 000
加：营业外收入	0	30 000
减：营业外支出	70 000	65 000

续表

项目	本年度金额	上年度金额
其中：非流动资产处置损失	80 000	100 000
三、利润总额（亏损以“—”号填列）	203 300	157 000
减：所得税费用	59 600	48 000
四、净利润（净亏损以“—”号填列）	143 700	109 000
五、每股收益		
（一）基本每股收益	0.143 7	0.109 0
（二）稀释每股收益	0.143 7	0.109 0

三、利润表的编制方法

（1）报表中各项目主要根据各损益类账户的发生额分析填列。

（2）“本年度金额”栏反映各项目的本年度实际发生数；“上年度金额”栏反映的是上年度的发生数，根据上年度利润表的数字填列。如果上年度利润表的项目名称和内容与本年度利润表不相一致，应对上年度利润表项目的名称和数字按本年度的规定进行调整后填列。

四、利润表编制举例

【例 13-2】 承例 13-1，编制宏达集团有限公司 2023 年度的利润表。

（1）根据例 13-1 中的 T 形账户记录，宏达集团有限公司 2023 年度损益类账户累计发生净额如表 13-5 所示。

表 13-5 损益类账户 2023 年度累计发生净额

单位：元

科目名称	借方发生额	贷方发生额
主营业务收入		1 500 000
主营业务成本	900 000	
税金及附加	21 250	
销售费用	28 000	
管理费用	224 700	
财务费用	56 500	
资产减值损失	38 250	
公允价值变动损益		2 000
投资收益		40 000
营业外支出	70 000	
所得税费用	59 600	

（2）编制宏达集团有限公司 2023 年度利润表，如表 13-4 所示。

五、每股收益

普通股或潜在普通股（主要指可转换公司债券、认股权证和股份期权等）已公开交易的企业以及正处于公开发行普通股或潜在普通股过程中的企业应当在利润表中分别列示基本每股收益和稀释每股收益指标。

1. 基本每股收益

基本每股收益仅考虑当期实际发行在外的普通股股份，按照归属于普通股股东的当期净利润除以当期实际发行在外普通股的加权平均数计算确定。

计算基本每股收益时，分子为归属于普通股股东的当期净利润，即企业当期实现的可供普通股股东分配的净利润，或应由普通股股东分担的净亏损金额。发生亏损的企业，每股收益以负数列示。

计算基本每股收益时，分母为当期发行在外普通股的算术加权平均数，即期初发行在外普通股股数根据当期新发行或回购的普通股股数乘以其发行在外的时间权重计算的股数进行调整后的数量。

发行在外普通股加权平均数的计算公式为：

发行在外普通股加权平均数＝期初发行在外普通股股数＋当期新发行普通股股数×已发行时间÷报告期时间－当期回购普通股股数×已回购时间/报告期时间

已发行时间、报告期时间和已回购时间一般按照天数计算；在不影响计算结果合理性的前提下，也可以采用简化的计算方法。

【例 13-3】 宏达集团有限公司 2023 年初发行在外的普通股为 10 000 万股；7 月 1 日新增发行普通股 5 000 万股；9 月 1 日回购普通股 3 000 万股。该公司 2023 年度实现净利润为 6 000 万元。计算该公司 2023 年的基本每股收益。

该公司发行在外普通股加权平均数＝10 000＋5 000×6÷12－3 000×4÷12＝11 500（万股）

基本每股收益＝6 000÷11 500≈0.522（元）

2. 稀释每股收益

企业存在稀释性潜在普通股的，应当分别调整归属于普通股股东的当期净利润和发行在外普通股的加权平均数，并据以计算稀释每股收益。

稀释性潜在普通股，是指假设当期转换为普通股会减少每股收益的潜在普通股。

潜在普通股，是指赋予其持有者在报告期或以后期间享有取得普通股权利的一种金融工具或其他合同，包括可转换公司债券、认股权证、股份期权等。

当公司存在潜在普通股时，应考虑其对普通股每股收益的稀释性，计算稀释每股收益。

第四节 现金流量表的编制

一、现金流量表的概念与作用

现金流量表，是指反映企业在一定会计期间现金和现金等价物流入和流出的报表。其中，现金是指企业库存现金以及可以随时用于支付的存款。不能随时用于支付的存款不属于现金。现金等价物，是指企业持有的期限短、流动性强、易于转换为已知金额现金、价值变动风险很小的投资。期限短，一般是指从购买日起3个月内到期。现金等价物通常包括3个月内到期的债券投资等，而权益性投资变现的金额通常不确定，一般不作为现金等价物。

编制现金流量表的目的，是给信息使用者提供企业一定会计期间内有关现金流入和流出的信息。利用现金流量表，使用者可以了解企业的以下信息。

(1) 企业在未来会计期间产生净现金流量的能力。

(2) 企业偿还债务及支付企业所有者的投资报酬的能力。

(3) 企业的利润与经营活动所产生的净现金流量发生差异的原因。

(4) 会计年度内影响或不影响现金的投资活动与筹资活动。

二、现金流量的种类

现金流量是指现金和现金等价物的流入与流出，可以分为如下三大类。

1. 经营活动产生的现金流量

经营活动是指企业投资活动和筹资活动以外的所有交易和事项，包括销售商品或提供劳务、购买商品或接受劳务、收到的税费返还、支付职工薪酬、支付各项税费、支付广告费用等。

通过反映经营活动产生的现金流量，可以说明企业的经营活动对现金流入和流出的影响程度，判断企业在不使用对外筹资手段的情况下，是否足以维持生产经营、偿还债务、支付股利、对外投资等。

2. 投资活动产生的现金流量

投资活动是指企业长期资产的购建和不包括在现金等价物范围内的投资及其处置活动，包括取得和收回投资、购建和处置固定资产、购建和处置无形资产等。

通过反映投资活动产生的现金流量，可以判断投资活动对企业现金流量净额的影响程度。

3. 筹资活动产生的现金流量

筹资活动是指导致企业资本及债务规模和构成发生变化的活动。筹资活动包括发行股票或接受投入资本、分派现金股利、取得和偿还银行借款、发行和偿还公司债券等。

通过反映筹资活动产生的现金流量，可以分析企业通过筹资活动获取现金的能力，判断筹资活动对企业现金流量净额的影响程度。

对于企业日常活动之外不经常发生的特殊项目，如自然灾害损失、保险赔款、捐赠等，应当归并到现金流量表的相关类别中，并单独反映。

三、现金流量表的内容和结构

现金流量表主要由正表和补充资料两部分构成。

1. 正表

正表中包括五项内容：一是经营活动产生的现金流量，二是投资活动产生的现金流量，三是筹资活动产生的现金流量，四是汇率变动对现金的影响额，五是现金及现金等价物的净增加额。在前三类现金流量中，又分别列示现金流入和现金流出各项目及小计，具体内容如下。

(1) 经营活动产生的现金流量。

①销售商品、提供劳务收到的现金。

②收到的税费返还。

③收到其他与经营活动有关的现金。

④购买商品、接受劳务支付的现金。

⑤支付给职工以及为职工支付的现金。

⑥支付的各项税费。

⑦支付其他与经营活动有关的现金。

（2）投资活动产生的现金流量。

①收回投资收到的现金。

②取得投资收益收到的现金。

③处置固定资产、无形资产和其他长期资产收回的现金净额。

④处置子公司及其他营业单位收到的现金净额。

⑤收到其他与投资活动有关的现金。

⑥购建固定资产、无形资产和其他长期资产支付的现金。

⑦投资支付的现金。

⑧取得子公司及其他营业单位支付的现金净额。

⑨支付其他与投资活动有关的现金。

（3）筹资活动产生的现金流量。

①吸收投资收到的现金。

②取得借款收到的现金。

③收到其他与筹资活动有关的现金。

④偿还债务支付的现金。

⑤分配股利、利润或偿付利息支付的现金。

⑥支付其他与筹资活动有关的现金。

2. 补充资料

现金流量表补充资料包括将净利润调节为经营活动的现金流量、不涉及现金收支的重大投资和筹资活动、现金及现金等价物的净变动情况等项目。

现金流量表及其补充资料如表 13-6 和表 13-7 所示。

表 13-6　现金流量表

编制单位：宏达集团有限公司　　2023 年度　　单位：元

项目	金额
一、经营活动产生的现金流量	
销售商品、提供劳务收到的现金	1 703 000
收到的税费返还	
收到其他与经营活动有关的现金	
经营活动现金流入小计	1 703 000
购买商品、接受劳务支付的现金	624 583
支付给职工以及为职工支付的现金	627 000
支付的各项税费	189 750

续表

项目	金额
支付其他与经营活动有关的现金	107 100
经营活动现金流出小计	1 548 433
经营活动产生的现金流量净额	154 567
二、投资活动产生的现金流量	
收回投资收到的现金	
取得投资收益收到的现金	40 000
处置固定资产、无形资产和其他长期资产收回的现金净额	468 000
处置子公司及其他营业单位收到的现金净额	
收到其他与投资活动有关的现金	
投资活动现金流入小计	508 000
购建固定资产、无形资产和其他长期资产支付的现金	668 500
投资支付的现金	
取得子公司及其他营业单位支付的现金净额	
支付其他与投资活动有关的现金	20 000
投资活动现金流出小计	688 500
投资活动产生的现金流量净额	−180 500
三、筹资活动产生的现金流量	
吸收投资收到的现金	
取得借款收到的现金	500 000
收到其他与筹资活动有关的现金	
筹资活动现金流入小计	500 000
偿还债务支付的现金	1 050 000
分配股利、利润或偿付利息支付的现金	10 000
支付其他与筹资活动有关的现金	
筹资活动现金流出小计	1 060 000
筹资活动产生的现金流量净额	−560 000
四、汇率变动对现金的影响	
五、现金及现金等价物的净增加额	−585 933

表 13-7　现金流量表补充资料

单位：元

补充资料	本年度金额
一、将净利润调节为经营活动现金流量	
净利润	143 700

续表

补充资料	本年度金额
加：资产减值准备	38 250
固定资产折旧、油气资产折耗、生产性生物资产折旧	120 000
无形资产摊销	80 000
处置固定资产、无形资产和其他长期资产的损失（收益以“－”号填列）	70 000
固定资产报废损失（收益以“－”号填列）	
公允价值变动损失（收益以“－”号填列）	－2 000
财务费用（收益以“－”号填列）	56 500
投资损失（收益以“－”号填列）	－40 000
递延所得税资产减少（增加以“－”号填列）	
递延所得税负债增加（减少以“－”号填列）	9 900
存货的减少（增加以“－”号填列）	－181 700
经营性应收项目的减少（增加以“－”号填列）	13 000
经营性应付项目的增加（减少以“－”号填列）	－153 083
其他	
经营活动产生的现金流量净额	154 567
二、不涉及现金收支的重大投资和筹资活动	
债务转为资本	
一年内到期的可转换公司债券	
融资租入固定资产	
三、现金及现金等价物的净变动情况	
现金的期末余额	1 493 167
减：现金的期初余额	2 079 100
加：现金等价物的期末余额	
减：现金等价物的期初余额	
现金及现金等价物净增加额	－585 933

四、现金流量表的填列方法

1. 经营活动产生的现金流量

经营活动产生的现金流量是一项重要的指标，它可以说明企业在不动用从外部筹得资金的情况下，通过经营活动产生的现金流量是否足以偿还负债、支付股利和对外投资。经营活动产生的现金流量可以采用直接法和间接法两种方法反映。

直接法是通过现金流入和现金流出的主要类别列示经营活动的现金流量。采用直接法报告企业经营活动产生的现金流量时，各个现金流入与现金流出项目的数据可以通过企业的会计记录取得，也可以通过对利润表中的营业收入、营业成本以及其他项目进行调整后取得。间接法是以本期净利润为起算点，调整不涉及现金的收入、费用、营业外收支等有关项目的增减变动，据以计算出经营活动产生的现金流量。国际会计准备鼓励采用直接法编制现金流量表。在我国，现金流量表也以直接法编制，但在现金流量表的附注补充资料中还按照间接法反映经营活动现金流量的情况。

(1)“销售商品、提供劳务收到的现金”项目。

该项目反映企业本期销售商品、提供劳务收到的现金，以及前期销售商品、提供劳务本期收到的现金（包括销售收入和应向购买者收取的增值税销项税额）和本期预收的款项，减去本期销售本期退回商品和前期销售本期退回商品支付的现金。企业销售材料和代购代销业务收到的现金，也在本项目反映。

该项目可以根据“库存现金”“银行存款”“应收账款”“应收票据”“预收账款”“主营业务收入”“其他业务收入”等账户的记录分析填列。实践中，通常可以利润表上的“营业收入”为起点结合相关账户进行调整。

①由于该项目包括应向购买者收取的增值税销项税额，因此应在营业收入的基础上加上本期的增值税销项税额。

②由于企业的商品销售和劳务供应往往并非都是现金交易，因此应在营业收入的基础上加上应收账款与应收票据的减少数（或减去应收账款与应收票据的增加数）。

③如果企业有预收货款业务，还应再加上预收账款的增加数（或减去预收账款的减少数）。

④如果企业采用备抵法核算坏账，发生坏账会减少应收账款余额，但并没有实际的现金流入；而坏账收回会有现金流入，但营业收入和应收账款余额没有变化，所以要在前述调整的基础上减去本期确认的坏账，加上本期收回的坏账。

⑤如果企业本期有应收票据贴现，发生了贴现息，则应减去应收票据的贴现息，因为贴现息代表了应收票据的减少，并没有相应的现金流入。

⑥如果企业发生了按我国税法相关规定应视同销售的业务，若将商品用于在建工程，则相应的销项税额应减去，因为这部分销项税额没有相应的现金流入，也与应收账款或应收票据无关。

综合以上分析可知：

销售商品、提供劳务收到的现金＝营业收入＋销项税额＋应收账款、应收票据减少数（或“－”应收账款、应收票据增加数）＋预收账款增加数（或“－”预收账款减少数）－本期核销的坏账＋本期收回前期核销的坏账－应收票据贴现息－视同销售的销项税额

(2)“收到的税费返还”项目。

该项目反映企业收到返还的所得税、增值税、消费税、关税和教育费附加等各种税费返还款。

该项目可以根据“库存现金”“银行存款”“营业外收入”“其他应收款”等账户的记录分析填列。

(3)“收到其他与经营活动有关的现金”项目。

该项目反映企业经营租赁收到的租金、罚款、流动资产损失中由个人赔偿的现金等其他与经营活动有关的现金流入，金额较大的应当单独列示。

该项目可以根据“库存现金”“银行存款”“营业外收入”等账户的记录分析填列。

(4)“购买商品、接受劳务支付的现金”项目。

该项目反映企业本期购买商品、接受劳务实际支付的现金（包括增值税进项税额）以及本期支付前期购买商品、接受劳务的未付款项和本期预付款项，减去本期发生的购货退回收到的现金。企业购买材料和代购代销业务支付的现金，也在该项目反映。

该项目可以根据“库存现金”“银行存款”“应付账款”“应付票据”“预付账款”“主营业务成本”

“其他业务支出”等账户的记录分析填列。实践中通常以利润表上的营业成本为基础进行调整。

①由于该项目包括支付的增值税进项税额，因此应在营业成本的基础上加上本期的增值税进项税额。

②营业成本与购买商品并无直接联系，就商品流通企业而言，营业成本加上存货增加数或减去存货减少数，便可大致确定本期购进商品的成本。

③本期购进商品成本并不等于本期购进商品支付的现金，因为可能存在赊购商品或预付货款的情形。所有应加上应付账款和与应付票据的减少数，或减去应付账款与应付票据的增加数；应加上预付账款的增加数，减去预付账款的减少数。

④对于工业企业来说，存货包括材料、在产品与产成品等，也就是说存货的增加并非都与购进商品（材料）相联系，本期发生的应计入产品成本的工资费用、折旧费用等也会导致存货增加，但与商品购进无关，因而应进一步扣除计入本期生产成本的非材料费用。

⑤调整其他与商品购进和商品销售无关的存货增减变动，主要包括存货盘亏和盘盈、用存货对外投资或接受存货投资等。

综合以上分析可知：

购买商品、接受劳务支付的现金＝营业成本＋进项税额＋存货增加数（或“－”存货减少数）＋应付账款、应付票据减少数（或“－”应付账款、应付票据增加数）＋预付账款增加数（或“－”预付账款减少数）＋存货盘亏（或“－”存货盘盈）＋用于投资的存货成本（或“－”接受投资增加的存货）－计入本期生产成本的非材料费用

（5）“支付给职工以及为职工支付的现金”项目。

该项目反映企业本期实际支付给职工的工资、奖金、各种津贴和补贴等职工薪酬（包括代扣代缴的职工个人所得税）。

该项目不包括支付给离退休人员的各项费用及支付给在建工程人员的工资及其他费用。企业支付给离退休人员的各项费用（包括支付的统筹退休金以及未参加统筹的退休人员的费用），在“支付其他与经营活动有关的现金”项目反映；支付给在建工程人员的工资及其他费用，在“购建固定资产、无形资产和其他长期资产支付的现金”项目反映。

企业为职工支付的养老、失业等社会保险基金、补充养老保险、住房公积金、支付给职工的住房困难补助，以及企业支付给职工或为职工支付的其他福利费用等，应按照职工的工作性质和服务对象，分别在该项目和“购建固定资产、无形资产和其他长期资产支付的现金”项目反映。

该项目可以根据“应付职工薪酬”“库存现金”“银行存款”等账户的记录分析填列。

（6）“支付的各项税费”项目。

该项目反映企业本期发生并支付、以前各期发生本期支付以及预交的各项税费，包括所得税、增值税、营业税、消费税、印花税、房产税、土地增值税、车船税、教育费附加等。但不包括计入固定资产价值、实际支付的耕地占用税，也不包括本期退回的增值税、所得税，本期退回的增值税、所得税在“收到的税费返还”项目反映。

该项目可以根据“应交税费”“库存现金”“银行存款”等账户的记录分析填列。

（7）“支付其他与经营活动有关的现金”项目。

该项目反映企业经营租赁支付的租金、支付的差旅费、业务招待费、保险费、罚款支出等其他与经营活动有关的现金流出，金额较大的应当单独列示。

该项目可以根据“库存现金”“银行存款”“管理费用”“营业外支出”等账户的记录分析填列。

2. 投资活动产生的现金流量

（1）“收回投资收到的现金”项目。

该项目反映企业出售、转让或到期收回除现金等价物以外的对其他企业的权益工具、债务工具和合营中的权益。收回债务工具实现的投资收益、处置子公司及其他营业单位收到的现金净额不包括在该项目内。

该项目可根据“可供出售金融资产”“债权投资”“长期股权投资”“库存现金”“银行存款”等账户的记录分析填列。

（2）“取得投资收益收到的现金”项目。

该项目反映企业除现金等价物以外的对其他企业的权益工具、债务工具和合营中的权益投资分回的现金股利和利息等，不包括股票股利。

该项目可根据“库存现金”“银行存款”“投资收益”等账户的记录分析填列。

（3）“处置固定资产、无形资产和其他长期资产收回的现金净额”项目。

该项目反映企业出售、报废固定资产、无形资产和其他长期资产所取得的现金（包括因资产毁损而收到的保险赔偿收入），减去为处置这些资产而支付的有关费用后的净额。如收回的现金净额为负数，则应在“支付其他与投资活动有关的现金”项目反映。

该项目可以根据“固定资产清理”“库存现金”“银行存款”等账户的记录分析填列。

（4）“处置子公司及其他营业单位收到的现金净额”项目。

该项目反映企业处置子公司及其他营业单位所取得的现金减去相关处置费用，以及子公司及其他营业单位持有的现金和现金等价物后的净额。

该项目可以根据“长期股权投资”“库存现金”“银行存款”等账户的记录分析填列。

（5）“收到其他与投资活动有关的现金”项目。

该项目反映除了上述项目以外，所收到的其他与投资活动有关的现金流入，如企业收回购买股票和债券时支付的已宣告但尚未领取的现金股利或已到付息期尚未领取的债券利息。金额较大的项目单独列示。

该项目可根据“应收股利”“应收利息”“库存现金”“银行存款”等账户的记录分析填列。

（6）“购建固定资产、无形资产和其他长期资产支付的现金”项目。

该项目反映企业购买、建造固定资产、取得无形资产和其他长期资产所支付的现金（含增值税税款等），以及用现金支付的应由在建工程和无形资产负担的职工薪酬。不包括为购建固定资产而发生的借款利息资本化的部分，以及融资租入固定资产支付的租赁费，这部分支出在筹资活动产生的现金流量中反映。

该项目可以根据“固定资产”“在建工程”“无形资产”“库存现金”“银行存款”等账户的记录分析填列。

（7）“投资支付的现金”项目。

该项目反映企业取得除现金等价物以外的对其他企业的权益工具、债务工具和合营中的权益所支付的现金以及支付的佣金、手续费等附加费用，但取得子公司及其他营业单位支付的现金净额除外。

该项目可以根据“可供出售金融资产”“债权投资”“长期股权投资”“库存现金”“银行存款”等

账户的记录分析填列。

(8)“取得子公司及其他营业单位支付的现金净额”项目。

该项目反映企业购买子公司及其他营业单位购买出价中以现金支付的部分，减去子公司及其他营业单位持有的现金和现金等价物后的净额。

该项目可以根据“长期股权投资”“库存现金”“银行存款”等账户的记录分析填列。

(9)“支付其他与投资活动有关的现金”项目。

该项目反映企业除上述项目外支付的其他与投资活动有关的现金流入或流出，企业购买股票和债券时实际支付的价款中包含的已宣告但尚未领取的现金股利或已到付息期尚未领取的债券利息等，金额较大的项目应当单独列示。

该项目可根据“应收股利”“应收利息”“库存现金”“银行存款”等账户的记录分析填列。

3. 筹资活动产生的现金流量

(1)“吸收投资收到的现金”项目。

该项目反映企业以发行股票、债券等方式筹集资金实际收到的款项，减去直接支付给金融企业的佣金、手续费、宣传费、咨询费、印刷费等发行费用后的净额。

该项目可根据“实收资本（股本）”“库存现金”“银行存款”等账户的记录分析填列。

(2)“取得借款收到的现金”项目。

该项目反映企业举借各种短期、长期借款而收到的现金。

该项目可根据“短期借款”“长期借款”“库存现金”“银行存款”等账户的记录分析填列。

(3)“收到其他与筹资活动有关的现金”项目。

该项目反映除上述各项目外所收到的其他与筹资活动有关的现金流入，如接受捐赠等。金额较大的项目要单独列示。

该项目可根据“营业外支出”“库存现金”“银行存款”等账户的记录分析填列。

(4)“偿还债务支付的现金”项目。

该项目反映企业以现金偿还债务的本金。企业支付的借款利息和债券利息在“分配股利、利润或偿付利息支付的现金”项目反映，不包括在该项目内。

该项目可根据“短期借款”“长期借款”“应付债券”“库存现金”“银行存款”等账户的记录分析填列。

(5)“分配股利、利润或偿付利息支付的现金”项目。

该项目反映企业实际支付的现金股利、支付给其他投资单位的利润或用现金支付的借款利息、债券利息。

该项目可根据“应付股利”“应付利息”“财务费用”“库存现金”“银行存款”等账户的记录分析填列。

(6)“支付其他与筹资活动有关的现金”项目。

该项目反映企业除上述项目外，收到或支付的其他与筹资活动有关的现金流入或流出，如捐赠支出、融资租入固定资产支付的租赁费等。金额较大的项目应当单独列示。

该项目可根据“营业外支出”“长期应付款”“库存现金”“银行存款”等账户的记录分析填列。

4.“汇率变动对现金的影响”项目

该项目反映企业外币现金流量以及境外子公司的现金流量折算为记账本位币时，所采用的现金流量发生日的即期汇率或按照系统合理的方法确定的、与现金流量发生日即期汇率近似的汇率折算的金额（编制合并现金流量表时还包括折算境外子公司的现金流量，应当比照处理）与“现金及现金等价物净增加额”中外币现金净增加额按期末汇率折算的金额之间的差额。

在编制现金流量表时，可逐笔计算外币业务发生的汇率变动对现金的影响，也可采用简化的计算方法，即通过现金流量表补充资料中“现金及现金等价物净增加额”数额与现金流量表中“经营活动产生的现金流量净额”“投资活动产生的现金流量净额”“筹资活动产生的现金流量净额”三项之和比较，其差额即为“汇率变动对现金的影响”项目的金额。

5. 现金流量表补充资料

现金流量表的补充资料是以间接法编制的经营活动的现金流量，以对现金流量表中采用直接法反映的经营活动现金流量进行核对和补充说明。

采用间接法将净利润调节为经营活动的现金流量时，需要调整的项目可分为四大类：①实际没有支付现金的费用；②实际没有收到现金的收益；③不属于经营活动的损益；④经营性应收应付项目的增减变动。

（1）将净利润调节为经营活动的现金流量各项目的填列方法。

①“资产减值准备”项目。该项目反映企业本期计提的坏账准备、存货跌价准备、长期股权投资减值准备、债权投资减值准备、投资性房地产减值准备、固定资产减值准备、在建工程减值准备、无形资产减值准备、商誉减值准备、生产性生物资产减值准备、油气资产减值准备等资产减值准备。

该项目可以根据“资产减值损失”账户的记录分析填列。

②“固定资产折旧”“油气资产折耗”“生产性生物资产折旧”项目。该项目分别反映企业本期计提的固定资产折旧、油气资产折耗、生产性生物资产折旧。

该项目可根据“累计折旧”“累计折耗”等账户的贷方发生额分析填列。

③“无形资产摊销”“长期待摊费用摊销”项目。该项目分别反映企业本期计提的无形资产摊销、长期待摊费用摊销。

这两个项目可根据“累计摊销”“长期待摊费用”账户的贷方发生额分析填列。

④“处置固定资产、无形资产和其他长期资产的损失”项目。该项目反映企业本期处置固定资产、无形资产和其他长期资产发生的净损益。

该项目可根据“营业外收入”“营业外支出”等账户所属有关明细账户的记录分析填列。

⑤“固定资产报废损失”项目。该项目反映企业本期固定资产盘亏发生的损失。

该项目可根据“营业外收入”“营业外支出”等账户所属有关明细账户的记录分析填列。

⑥“公允价值变动损失”项目。该项目反映企业持有的采用公允价值计量且其变动计入当期损益的金融资产、金融负债等的公允价值变动损益。

该项目可根据“公允价值变动损益”账户所属有关明细账户的记录分析填列。

⑦“财务费用”项目。该项目反映企业本期发生的应属于投资活动或筹资活动的财务费用。

本项目可根据“财务费用”账户的本期借方发生额分析填列（若为收益，则以“-”号填列）。

⑧“投资损失”项目。该项目反映企业本期投资所发生的损失减去收益后的净损失。

该项目可根据利润表“投资收益”项目的数字填列（若为投资收益，则以“-”号填列）。

⑨“递延所得税资产减少”项目。该项目反映企业资产负债表“递延所得税资产”项目的期初余额与期末余额的差额。

该项目可根据“递延所得税资产”账户的发生额分析填列。

⑩“递延所得税负债增加”项目。该项目反映企业资产负债表“递延所得税负债”项目的期初余额与期末余额的差额。

该项目可根据“递延所得税负债”账户的发生额分析填列。

⑪“存货的减少”项目。该项目反映企业资产负债表“存货”项目的期初余额与期末余额的差额。若期末数大于期初数，则以“－”号填列。

⑫“经营性应收项目的减少”项目。该项目反映企业本期经营性应收项目（包括应收票据、应收账款、预付款项、长期应收款和其他应收款中与经营活动有关的部分及应收的增值税销项税额等）的期初余额与期末余额的差额。若期末数大于期初数，则以“－”号填列。

⑬“经营性应付项目的增加”项目。该项目反映企业本期经营性应付项目（包括应付票据、应付账款、预收款项、应付职工薪酬、应交税费、应付利息、应付股利、长期应付款、其他应付款中与经营活动有关的部分及应付的增值税进项税额等）的期初余额与期末余额的差额。若期末数小于期初数，则以“－”号填列。

（2）“不涉及现金收支的重大投资和筹资活动”项目。

该项目反映企业一定期间内影响资产或负债但不形成该期现金收支的所有投资和筹资活动的信息。这些投资和筹资活动虽然不涉及现金收支，但对以后各期的现金流量有重大影响，因此应单列项目在补充资料中反映。

不涉及现金收支的重大投资和筹资活动具体包括以下几项。

①“债务转为资本”项目，反映企业本期转为资本的债务金额。

②“一年内到期的可转换公司债券”项目，反映企业一年内到期的可转换公司债券的本息。

③“融资租入固定资产”项目，反映企业本期融资租入固定资产的最低租赁付款额扣除应分期计入利息费用的未确认融资费用的净额。

（3）现金及现金等价物净增加额变动情况。

该项目反映企业一定会计期间现金及现金等价物的期末余额减去期初余额后的净变动额，是对现金流量表中“现金及现金等价物净增加额”项目的补充说明，该项目金额应与现金流量表中的“现金及现金等价物净增加额”项目的金额核对相符。

五、现金流量表的编制方法

在具体编制现金流量表时，可以采用工作底稿法或T形账户法等技术方法进行编制，也可以采用分析填列法，直接根据有关账户记录分析填列。

1. 工作底稿法

工作底稿法是以工作底稿为手段，以利润表和资产负债表数据为基础，结合有关账户的记录，对现金流量表的每一项目进行分析并编制调整分录，从而编制出现金流量表的一种方法。

在直接法下，整个工作底稿纵向分成三段：第一段是资产负债表项目，列示资产负债表各项目的期初数、调整分录借贷方和期末数；第二段是利润表项目，列示利润表各项目的调整分录的借贷方和利润表本期数；第三段是现金流量表项目，这一栏目的数字可直接用来编制正式的现金流量表。

采用工作底稿法编制现金流量表的具体步骤如下。

（1）将资产负债表的年初余额和期末余额过入工作底稿的“期初数”栏和“期末数”栏。

（2）对当期业务进行分析并编制调整分录。

调整分录大体分为以下几类：第一类涉及利润表中的收入、成本和费用项目以及资产负债表中的资产、负债及所有者权益项目，通过调整，将权责发生制下的收入、费用转换为现金基础；第二类涉及资产负债表和现金流量表中的投资和筹资项目，反映投资和筹资活动的现金流量；第三类涉及利润表和现金流量表中的投资和筹资项目，目的是将利润表中有关投资和筹资方面的收入和费用列入现金流量表的投资、筹资现金流量表中。此外，还有一些调整分录并不涉及现金收支，只是为了核对资产负债表项目的期末年初变动。

在调整分录中，有关现金和现金等价物的事项，并不直接借记或贷记“库存现金”等账户，而是分别记入“经营活动产生的现金流量”“投资活动产生的现金流量”“筹资活动产生的现金流量”有关项目，借记表示现金流入，贷记表示现金流出。

（3）将调整分录过入工作底稿中的相应部分。

（4）核对调整分录，借贷合计应当相等，资产负债表项目期初数加减调整分录中的借贷金额后，应当等于期末数。

（5）根据工作底稿中的现金流量表项目部分编制正式的现金流量表。

2. T 形账户法

T 形账户法是以利润表和资产负债表为基础，结合有关账户的记录，对现金流量表的每一项目进行分析并编制调整分录，通过 T 形账户编制出现金流量表的方法。

采用 T 形账户法编制现金流量表的具体步骤如下。

（1）为所有的非现金项目（包括资产负债表项目和利润表项目）分别开设 T 形账户，并将各自的期末年初变动数过入各账户。

（2）开设一个大的“现金及现金等价物”T 形账户，每边分为经营活动、投资活动和筹资活动三个部分，左边记现金流入，右边记现金流出。与其他账户一样，过入期末年初变动数。

（3）以利润表项目为基础，结合资产负债表分析每一个非现金项目的增减变动，并据此编制调整分录。

（4）将调整分录过入各 T 形账户，并进行核对，该账户借贷相抵后的余额与原先过入的期末年初变动数应当一致。

（5）根据大的“现金及现金等价物”T 形账户编制正式的现金流量表。

3. 分析填列法

分析填列法是根据资产负债表、利润表和有关会计账户明细账的记录，分析计算出现金流量表各项目的金额，并据此编制现金流量表的一种方法。

本章习题

一、简答题

1. 一套完整的财务报告由哪些部分构成？
2. 资产负债表的编制方法是什么？
3. 利润表有哪几种结构？

二、实训题

某企业 2023 年 12 月 31 日结账后有关科目余额如表 13-8 所示。

表 13-8 某企业 2023 年 12 月 31 日结账后有关科目余额

2023 年 12 月 31 日 单位：万元

总账科目	明细科目	借方余额		贷方余额	
		总账科目	明细科目	总账科目	明细科目
应收账款		800			
	—A 公司	1 000			
	—B 公司			200	
预收账款				5 000	
	—C 公司			7 000	
	—D 公司	2 000			
坏账准备			100		

假设此处坏账准备均属于应收账款计提，计算该企业 2023 年 12 月 31 日资产负债表中相关项目的金额。

参考文献

[1] 财政部. 企业会计准则 [S]. 上海：立信会计出版社，2019.

[2] 财政部. 企业会计准则——应用指南 [S]. 上海：立信会计出版社，2019.

[3] 财政部. 小企业会计准则 [S]. 上海：立信会计出版社，2019.

[4] 财政部会计资格评价中心. 初级会计实务 [M]. 北京：中国财政经济出版社，2019.

[5] 财政部会计资格评价中心. 中级财务会计 [M]. 北京：经济科学出版社，2019.

[6] 财政部会计资格评价中心. 初级会计实务 [M]. 北京：中国财政经济出版社，2019.

[7] 中国注册会计师协会. 会计 [M]. 北京：中国财政经济出版社，2019.

[8] 宁健，丁增稳. 财务会计 [M]. 北京：中国商业出版社，2019.

[9] 朱光应，丁增稳，陈继林. 初级会计实务 [M]. 重庆：重庆大学出版社，2016.